Commandant **Henri ANDRILLON**

Chevalier de la Légion d'Honneur, Cité à l'ordre de l'Armée
Lauréat de l'Académie Française

L'EXPANSION

DE

L'ALLEMAGNE

SES CAUSES, SES FORMES

SES CONSÉQUENSES

Ouvrage couronné, par l'Académie Française, du Prix Guérin, destiné à récompenser les livres « les plus propres à relever parmi nous, les idées, les mœurs et les caractères et à ramener notre Société aux principes les plus salutaires pour l'avenir. »

Honoré d'une publication en langue japonaise,
par le Cercle militaire de Tokio (1916).

PARIS

MARCEL RIVIÈRE & Cie

31, rue Jacob

Capitaine Henri ANDRILLON

L'EXPANSION
DE
L'ALLEMAGNE

SES CAUSES

SES FORMES

SES CONSÉQUENCES

Ouvrage Honoré de Souscriptions Ministérielles

DEUXIÈME MILLE

PARIS

LIBRAIRIE MARCEL RIVIÈRE & Cᴵᴱ

31, RUE JACOB, 31

1914

INTRODUCTION

Aucun Français ne pourrait, sans en être aussi vivement impressionné que nous-même, constater les grandes illusions de ses compatriotes sur l'Allemagne ; constater l'opposition qui existe entre l'idéal français et l'idéal allemand, en matière de relations internationales et d'organisation sociale ; constater l'intensité de vie dont les Allemands donnent l'exemple chez eux, le magnifique mouvement d'expansion dont ils donnent le spectacle hors de chez eux, dans tous les pays du monde, en France en particulier, et constater, enfin, qu'il y a une relation directe de cause à effet entre cet idéal allemand, d'une part, et, d'autre part, l'intensité de la vie allemande, la puissance d'expansion de l'Allemagne.

Cette expansion de l'Allemagne, dont l'étude fait l'objet du présent ouvrage, est, peut-être, le phénomène politique et social le plus important de l'histoire contemporaine.

Nous nous proposons, en premier lieu, de rechercher et d'analyser, en détail, les *causes* de cette expansion ; nous étudierons dans le chapitre premier, les *Forces Morales* d'expansion ; puis, dans le chapitre II, les *Forces Matérielles d'expansion* et l'*Organisation Méthodique* des forces morales et des forces matérielles en vue de l'expansion nationale.

Nous étudierons ensuite, dans les chapitres III, IV, V et VI, les *Effets* de ces causes, c'est-à-dire les faits actuels, ou formes actives, et les faits en puissance, ou formes latentes d'expansion que ces causes engendrent dans le monde entier, ainsi que les *conséquences actuelles* et les *conséquences possibles* de ces faits.

Nous rechercherons, au chapitre VII, quelle est la valeur respective de toutes ces forces en travail dont nous aurons, dans les chapitres précédents, étudié la nature et les effets d'ensemble. Après avoir établi que les Forces Morales analysées dans le chapitre premier sont les causes prépondérantes de l'expansion de l'Allemagne contemporaine, nous rechercherons quelles sont la valeur pratique et la valeur morale de l'*idéal* allemand, source de toutes ces forces ; nous serons amenés, ainsi, à constater que la puissance totale d'expansion résultant de cet idéal est supérieure à l'expansion produite jusqu'à nos jours, et que les forces morales d'expansion de l'Allemagne sont susceptibles d'engendrer dans l'avenir des conséquences nouvelles de la plus haute importance.

La conclusion qui s'imposera à notre esprit, à la fin de cette étude, n'est pas une conclusion pessimiste ; l'expansion de la race germanique peut avoir, pour les peuples menacés, pour nous Français en particulier, des conséquences redoutables, mais elle est également susceptible d'engendrer, pour ces peuples, les effets les plus salutaires, car rien ne stimule la vitalité des peuples sains comme la menace des grands peuples rivaux, comme l'effort qu'ils imposent et l'exemple qu'ils donnent.

CHAPITRE PREMIER

Les Forces Morales d'Expansion

Les principales sources de la force d'expansion
de l'Allemagne contemporaine sont les aspirations
profondes, les sentiments, les croyances qui caractérisent l'âme germanique, et les concepts généraux
qui forment l'idéal allemand en matière de relations
internationales.

Ces sentiments, ces croyances et ces concepts généraux qui inspirent l'attitude de l'Allemagne à
l'égard des diverses collectivités humaines et engendrent ainsi, en partie, son mouvement d'expansion
sont : le concept d'unité nationale et le désir de l'unification totale des peuples allemands ; la croyance
dans la supériorité de la race germanique et dans la
destinée qui la conduit à dominer les autres races ;
le culte de la force et de la guerre ; les concepts de
puissance nationale, de suprématie nationale ; le
mépris de tous les droits qui ne sont pas appuyés
par la force, la recherche de la domination et la
« Volonté de Puissance. »

Nous établirons, d'abord, que ces sentiments et
ces concepts forment, en matière de relations internationales, l'idéal de l'élite intellectuelle de l'Alle-

magne contemporaine (§ A) ; nous établirons ensuite que ces sentiments et ces concepts ont profondément pénétré dans l'âme du peuple (§ B).

Il importe de remarquer que tous les systèmes
de politique sociale et de politique internationale
peuvent avoir des partisans en Allemagne ; nous
voulons seulement démontrer que le système défini
ci-dessus impose sa supériorité sur les autres par
le grand nombre de ses adhérents et par ce fait que
les maîtres de la pensée et de l'évolution allemandes
l'ont adopté, le propagent et l'imposent au besoin.

---

§ /A/. — Sentiments et Concepts de l'élite intellectuelle de l'Allemagne contemporaine.

1° Le désir d'unité nationale, la foi de l'Allemagne dans la supériorité de la Race germanique et dans la mission qu'elle a reçue de commander aux autres races.

Laissant de côté, pour l'instant, la théorie de
l'Impérialisme des races, nous ne rechercherons pas
si la foi de l'Allemagne dans la supériorité des
peuples germaniques et dans leur mission dominatrice est raisonnable ; nous nous proposons seulement — après avoir rappelé que les prétentions des
forts doivent toujours être prises en considération —
d'établir que cette croyance s'est lentement élaborée
dans l'âme allemande du XIX° siècle, et qu'elle cons-

titue aujourd'hui, avec le désir de l'unité germanique, un de ses caractères dominants.

Gœthe, Schiller, Humboldt avaient déjà prétendu que l'Allemagne était la plus humaine de toutes les nations et qu'elle était prédestinée à étendre sur tous les peuples sa domination intellectuelle. « Notre langue règnera sur le monde entier », a écrit Schiller. La genèse de cette prétention présente un haut intérêt philosophique et historique. Les grands classiques de l'Allemagne rappelaient déjà, au début du XIXe siècle, que la civilisation humaine s'était d'abord épanouie en des floraisons différentes dans les peuples anciens d'Orient, Egyptiens, Assyriens, Perses, Chaldéens, Hébreux, et que la civilisation grecque avait ensuite été la concentration, la synthèse de tous ces épanouissements de la vie intellectuelle ; l'âme grecque constituait ainsi un stade supérieur dans l'évolution de l'âme humaine. A cette période de concentration avait succédé une période de dispersion, et de nouveau l'âme humaine s'était diversement épanouie en des floraisons nouvelles ayant chacune son essence particulière et cette dispersion avait donné naissance à la civilisation romaine, puis aux civilisations diverses du Moyen-Age et du Monde Moderne. Les grands classiques allemands prétendaient qu'une synthèse nouvelle de l'âme humaine devait être réalisée et que les Allemands étaient le seul peuple apte à cette réalisation ; ils prétendaient que la synthèse allemande serait plus riche que la synthèse grecque parce

qu'elle se serait assimilé les résultats de 2000 ans
de vie intellectuelle et que lorsque les Allemands
auraient absorbé, condensé toutes les autres civilisations, l'âme allemande rayonnerait sur l'univers
entier avec plus d'éclat que l'âme grecque ne rayonna
jadis sur le monde méditerranéen. Henri Heine, qui
se qualifiait cependant de « prussien libéré », et qui
est demeuré célèbre par ses sarcasmes contre l'Allemagne, a plusieurs fois développé des idées du même
ordre. « Soyez tranquilles, dit-il aux Allemands dans
sa préface de *Germania*, j'aime la patrie autant que
vous... jamais je ne livrerai le Rhin aux Français...
Les Alsaciens et les Lorrains se rattacheront à
l'Allemagne quand nous finirons ce que les Français
ont commencé... quand nous aurons poursuivi la
pensée de la Révolution dans toutes ses conséquences, *quand nous aurons devancé les Français par
l'action comme nous les devançons déjà par la
pensée* (l'édition allemande renferme cette phrase,
que Heine a prudemment omise dans l'édition française). Alors, ce n'est pas seulement l'Alsace et la
Lorraine, mais la France toute entière, mais l'Europe et le monde sauvé tout entier qui seront à nous.
Oui, le monde entier sera allemand. J'ai souvent
pensé à cette mision, à cette domination universelle
de l'Allemagne, lorsque je me promenais avec mes
rêves sous les sapins éternellement verts de ma
patrie » (1).

(1) *Henri Heine*, par Lichtenberger ; p. 227.

D'autre part, l'épopée napoléonienne avait éveillé le sentiment national Outre-Rhin, et provoqué un mouvement politique qui, en s'étendant, allait progressivement engendrer le Pangermanisme contemporain ; avec Rückert, Arndt, Kœrner, toute l'Allemagne littéraire avait appris à chanter et à vouloir l'unité de la Grande Germanie et depuis les « Discours à la Nation allemande », de Fichte, tous les penseurs s'étaient épris de cette idée d'unité nationale. Ainsi, dès le début du XIXe siècle, nous voyons naître en Allemagne, d'une part, l'idée de supériorité de race et de mission dominatrice, d'autre part, le concept d'unité nationale.

L'économiste List a précisé ces rêves de philosophes et de poètes, et indiqué les moyens de les réaliser. Après avoir défini « la Nation Normale » et la « Grande Nation » que l'Allemagne devait s'efforcer de devenir, il a donné la théorie du Zollverein (Union douanière) et préparé ainsi l'unité économique et, par elle, l'unité politique de son pays. De plus, il a poussé ses compatriotes aux entreprises maritimes : « une nation sans marins est un oiseau sans ailes » écrit-il dans son Système d'Economie Politique.

Après List, l'idéal d'unité nationale pénétrait profondément jusque dans les masses populaires. Le premier représentant que la race germanique se soit donné par le suffrage universel, le Parlement de Francfort (mai 1848), avait déjà pour programme l'unification des peuples allemands ; la Germanie,

déclarait-il, voulait « être une » et devait s'étendr-
sur tous les pays de l'ancien Saint-Empire, l'*Alsace
et la Lorraine y comprises*. « Quand, pour accomplir
cette unité, écrivait l'historien Freytag, nous devrions
même marcher contre les Allemands (ce qu'à Dieu
ne plaise), la Prusse marcherait. Et peut-être au fond
est-ce là ce qui nous distingue, nous, Prussiens,
des autres Allemands, car nous sommes prêts à
verser la dernière goutte de notre sang pour ce que
nous voulons. Nous, nous avons un but, une grande
idée pour laquelle nous vivons, nos adversaires ne
l'ont pas. Que pourrions-nous craindre, ne sommes-
nous pas un peuple de guerriers ? »

A la veille de 1870, la réalisation de l'unité nationale était devenue en Allemagne, et surtout en
Prusse, un besoin impérieux et unanime ; ardemment propagé par les écrivains et les sociétés
patriotiques, — le National Verein par exemple —
l'espoir de cette unité s'était emparé des âmes
comme une foi mystique. Le colonel Stoffel, attaché
militaire de Napoléon III à Berlin, démontrait, dans
un rapport célèbre, du 12 août 1869, que la guerre
entre la France et l'Allemagne était « inévitable » et
« à la merci d'un incident ». Son argument fondamental, pour prouver l'imminence de la guerre, est
précisément tiré de la foi du gouvernement et du
peuple prussien dans leur « mission providentielle »
de réunir en une seule nation la race germanique.
« La Prusse, écrivait le colonel Stoffel, aussi bien
par ambition que par conscience de sa force, se

regarde depuis *longtemps* comme *prédestinée* à unifier et à dominer l'Allemagne. Elle se qualifie, elle-même, d'une épithète qui caractérise parfaitement ses tendances en s'appelant Der Kern Deutschlands, le noyau de l'Allemagne. Cette prétention à dominer toutes les races germaniques ne connaît plus de bornes ; ce qui n'était qu'une aspiration devient une foi, et aujourd'hui la volonté de réaliser l'unité allemande prévaut et prévaudra dans toute la Prusse, en dépit des événements quels qu'ils soient... En leur qualité de Prussiens, ils sont jaloux de la grandeur de leur pays, désireux de lui voir accomplir sa « mission » *selon l'expression employée en Prusse,* c'est-à-dire l'unité allemande... La Prusse, ai-je dit, se regarde comme appelée à remplir une *mission,* celle de faire l'unité germanique et elle a la ferme volonté de s'y consacrer... Et qu'on se garde de croire que cette volonté soit susceptible de varier ou de s'affaiblir ; elle est au contraire bien arrêtée et n'ira qu'en se fortifiant avec le temps » (1).

Cette dernière prédiction du colonel Stoffel s'est pleinement réalisée, de même que s'étaient réalisées ses prévisions sur le conflit franco-allemand. Depuis 1870, en effet, le désir d'achever l'unité germanique, que les guerres avec l'Autriche et avec la France n'ont faite qu'en partie, inspire plus que jamais l'Allemagne ; de plus, l'idéal dont nous avons entrevu

(1) Rapports militaires du colonel Stoffel, p. 301 à 307.

le simple germe dans les esprits de Gœthe, de Schiller, de Heine, s'est développé et aujourd'hui la réalisation de la « plus grande Allemagne », la foi dans la supériorité de la race germanique et dans sa mission dominatrice inspirent tous les Allemands.

La réalisation de la « Grande Allemagne », c'est-à-dire la réalisation de l'unité politique, ou, tout au moins, le rapprochement de tous les peuples de race, de langue ou de dialectes allemands, est devenue, aujourd'hui, le but d'un mouvement national très important, le *Pangermanisme*. Ce mouvement a son foyer à la Ligue Pangermanique (Alldeutscher Verband), société dont nous aurons à nous occuper en détail au chapitre II. Les Pangermanistes revendiquent pour la « Grande Allemagne », à l'est, les 250.000 Germains qui forment l'élite cultivée et riche dans les provinces baltiques russes ; au sud, les 11 millions 306.000 Allemands qui habitent en Autriche, et en outre la Suisse allemande ; à l'ouest, la Hollande et la Belgique flamande.

On trouve, en outre, la trace profonde ou le développement des concepts d'unité, de supériorité et de suprématie de la race germanique dans les œuvres savantes comme dans les ouvrages populaires de l'Allemagne contemporaine. « La domination appartient à l'Allemagne, a écrit l'historien Giesebrecht, parce qu'elle est une nation d'élite, une race noble et qu'il lui convient, par conséquent, d'agir sur ses voisins comme il est du droit et du devoir de tout homme doué de plus d'esprit ou de force, d'agir sur les individus moins bien doués qui l'entourent » (1).

L'Allemand Chamberlain a donné une théorie célèbre de la supériorité de la race germanique dans son grand ouvrage « Les Assises du XIXe Siècle » paru en 1899. A la tête des races européennes, dit-il, se trouvent les Germains, après eux viennent les Juifs et bien au-dessous des fils d'Israël sont placés les Latins. « L'Europe compte des centaines de milliers d'habitants qui parlent nos langues indo-européennes, portent nos vêtements, sont même de fort braves gens, et cependant demeurent aussi différents de nous autres Germains que s'ils habitaient une autre planète. Il ne s'agit point ici d'un abîme comme celui qui nous sépare en tant de points du Juif, abîme sur lequel maint pont historique et intellectuel permet de passer et de repasser à loisir. C'est un mur infranchissable qui sépare une contrée d'une autre contrée » (p. 526). Les braves gens qui demeurent « aussi différents des Germains que s'ils habitaient une autre planète » ce sont les Latins. Ces gens, dit encore M. Chamberlain, ne donnent pas le spectacle d'une décadence, mais bien d'un simple arrêt de développement ; ils en sont restés à la civilisation impériale romaine, tandis que le monde marchait autour d'eux, et les Latins sont si bas dans l'échelle culturale que Séville et Athènes

____

(1) *Origines de l'Allemagne*, Zeller, professeur à l'Ecole Normale Supérieure. Introduction, p. 27.

sont, dès à présent, des villes moins européennes
que New-York et Melbourne. Par contre, M. Chamberlain s'attache à démontrer que l'univers est redevable de la civilisation à l'Allemagne ; il prédit en
maints chapitres de son ouvrage l'hégémonie de la
race allemande et dans la conclusion des pages
consacrées à l'Etat, il nous montre les Germains « se
préparant à exercer l'empire du monde » (p. 687).
Or, il importe de remarquer que le gros ouvrage de
philosophie historique de M. Chamberlain a eu, en
Allemagne, un tel succès que huit éditions ont été
épuisées en moins de six ans. Une libéralité anonyme de dix mille marks, témoignage de l'enthousiasme inspiré à certain Mécène, qui pourrait être
l'empereur lui-même, par cet ouvrage fortuné, a
permis d'en répartir des centaines d'exemplaires
entre les bibliothèques publiques.

La thèse de Chamberlain est encore développée
par Reimer, Fuchs, Woltmann. Ce dernier, chef
incontesté, en Allemagne, de l'école anthropologique,
a découvert que « le Germain est le type supérieur
du genre « homo sapiens » (1).

Reimer, dans son dernier ouvrage « Une Allemagne Pangermanique » (1905), déclare que la race ger-

(1) Le docteur Woltmann, né en 1871, a fondé la Revue
d'Anthropologie Politique et écrit entre autres, un livre sur
« Les Germains en France ». En janvier 1907, retourné en
Italie pour y préparer une nouvelle édition d'un autre de ses
ouvrages « Les Germains et la Renaissance en Italie », il se
noyait accidentellement.

manique a le droit de prétendre à l'hégémonie. Elle
arrivera à l'exercer, dit-il, si elle a la conscience de
sa force et la volonté d'employer cette force à se
faire la place qui lui revient. L'Allemagne doit s'unir
aux populations auxquelles la rattache une communauté d'origine, et doit dénationaliser toutes les autres. Tout le chapitre VI de l'étude de Reimer,
« Mehr Land », est consacré aux acquisitions territoriales qui s'imposent à l'Allemagne. L'auteur
distingue deux espèces de dénationalisations ; la
germanisation faible sera appliquée aux états
Scandinaves et Néerlandais, y compris la Belgique
flamande ; la germanisation forte sera appliquée
aux pays non allemands dans leur ensemble, et con-
sistera à expulser les éléments non germaniques
et à renforcer les éléments germaniques que ces
pays pourraient renfermer (la France, par exemple,
contiendrait, selon Reimer, 10 millions de Germains
plus ou moins francisés — p. 104).

L'apologie des peuples allemands est encore faite,
Outre-Rhin, dans un grand nombre de livres moins
savants, mais plus populaires que les ouvrages dont
nous venons de parler. « L'Allemagne est le cœur
de l'Europe, est-il écrit dans le Manuel de Géographie de Hummel, et, comme dans l'organisme, le
cœur a pour fonction de faire circuler à travers les
membres un sang qui renouvelle les parties vieillis-
santes et fortifie les plus jeunes, ainsi l'Allemagne
a pour mission, dans l'histoire, de rajeunir par la
diffusion du sang germanique les membres épuisés

de la vieille Europe. » « Nous sommes, sans aucun
doute, le peuple le plus guerrier de la terre, écrit
encore F. Bley. Pendant deux siècles, c'est l'énergie germanique qui a maintenu l'Empire romain
vermoulu. En sept batailles décisives, dans la forêt
de Teutobourg, aux Champs Cathalauniques, à Tours
et à Poitiers, sur le Leck, à Liegnitz, devant Vienne
contre les Turcs et à Waterloo nous avons sauvé
la civilisation de l'Europe. Nous sommes le peuple
le plus habile dans tous les domaines de la science
et de l'art ; nous sommes les meilleurs colons, les
meilleurs marins, les meilleurs marchands » (1).
L'exaltation de la supériorité allemande est devenue
Outre-Rhin un thème courant dans les journaux et
les discours de réunions publiques. « Nous ne sommes pas seulement des hommes, nous sommes
davantage parce que nous sommes Germains, parce
que nous sommes Allemands » disait, le 7 mars 1900,
M. Schonerer, l'un des chefs du pangermanisme en
Autriche (2). Le « Journal de Colmar » du 12 juillet 1900 publiait, de son côté, la synthèse suivante
des idées des pangermanistes : « Il n'y a en dehors
de l'Allemagne que des races inférieures, des êtres
de valeur moindre, des usages barbares, des idiomes
qui doivent disparaître, des peuples auxquels on ne
peut reconnaître aucun droit à l'existence, des parias
par nature, des esclaves par destination. »

(1) *La Situation mondiale du Germanisme*, p. 21 (1897).
(2) *L'Europe et la Question d'Autriche*, CHÉRADAME, p. 230.

Toutes ces idées sont exposées avec le plus grand enthousiasme, en Allemagne, par les écrivains militaires. « En fait de progrès, écrivait en 1887 le général Von Meisendorf, l'Allemagne a une tâche particulière nettement indiquée par la Providence ; elle doit poursuivre l'accomplissement de la *Mission* spéciale qui lui incombe dans l'œuvre de la civilisation.... La race latine est usée. Elle a accompli de grandes choses, mais aujourd'hui ses destinées sont à bout de forces, elle est appelée à dépérir progressivement jusqu'à disparition totale en tant que collectivité. Les hommes d'Etat prévoyants des pays latins devraient devancer et diriger ce mouvement de transformation, au lieu de s'épuiser en stériles efforts dans l'espoir de faire obstacle à la venue d'un dénouement fatal. Il leur faudrait, — sans violenter, sans humilier personne — infuser un peu de sève allemande dans des veines où circule un sang déjà totalement appauvri, car la race germanique est jeune, vigoureuse, pleine de vertus et d'initiative. *C'est aux peuples du Nord qu'appartient l'avenir, et ils ne font que débuter dans le rôle glorieux qu'ils sont destinés à tenir pour le bien de l'humanité...* N'oublions pas, d'ailleurs, la tâche civilisatrice qui nous incombe aux termes des décrets de la Providence. Songeons à l'avenir promis à notre race, au jeune empire allemand dont l'étoile vient seulement de se lever à l'horizon du monde. *Mais, de même que la Prusse a été le noyau de l'Allemagne, de même l'Allemagne*

régénérée sera le noyau du futur empire d'Occident.
Et afin que nul n'en ignore, nous proclamons dès
à présent que notre nation continentale a droit à
la mer, non seulement à la Mer du Nord, mais
encore à la Méditerranée et à l'Atlantique » (1).

Dans une conférence célèbre, faite le 9 février
1898 devant la Société Militaire de Berlin, le
général Von Bernhardi (2) disait encore : « Nous
reconnaîtrons que l'Empire allemand nouvellement
formé n'a pas encore atteint la limite de l'extension
possible de sa puissance. Son unification, sa renaissance lui ont imposé de nouveaux et impérieux
devoirs que, jusqu'ici, la Prusse avait dû remplir à
elle seule. Nous reconnaîtrons que sa mission
historique n'est pas encore terminée, puisque cette
mission consiste à former le *noyau* autour duquel
viendront se grouper *tous les éléments dispersés
de la race allemande ;* à étendre sa sphère d'influence pour la mettre en harmonie avec ses limites
politiques ; à *donner* et à *assurer* au « germanisme » la place qui doit lui revenir sur tout le
globe. »

Les grands actes historiques de Bismarck et de
Guillaume Ier prouvent surabondamment que l'unité
allemande fut l'idéal de toute leur vie. La foi dans

(1) *La France sous les Armes* : Traduction du lieutenant-
colonel Hennebert; pages 12, 13, 375.

(2) A cette date Chef-d'état-major du XVIe corps ; aujour-
d'hui Inspecteur d'armée.

la supériorité de la race allemande et dans sa
« mission providentielle » est aussi formulée d'une
façon particulièrement caractéristique dans leurs
discours. « Pourquoi m'exposerais-je aux vexations
et aux souffrances, si je ne sentais pas que je
remplis mon devoir vis-à-vis de Dieu, disait Bismarck le 28 septembre 1870 pendant le siège de
Paris. Si je ne croyais pas en une divine Providence qui a destiné cette nation allemande à quelque chose de bon et de grand, j'abandonnerais
immédiatement ma charge d'homme d'Etat ; que
dis-je, je ne l'aurais même pas acceptée » (1). Le
28 septembre 1883, jour anniversaire de l'entrée des
Allemands à Strasbourg, Guillaume I{\text{er}} inaugurait
sur le Niederwald, au bruit du canon et au son
des cloches, la statue colossale de la Germania
faite avec des canons pris aux Français : « Quand
la Providence veut manifester sa volonté par de
grands événements, disait le vieil empereur dans
son discours, elle choisit la nation et l'époque qui
lui plaisent pour exécuter ses décrets. Dans les
années 1870 et 1871 nous avons senti une pareille
intervention de la volonté divine.... Le peuple
allemand en armes, conduit par ses princes, a été
l'instrument de la Providence. »

Ces idées inspirent encore les plus retentissants
discours de Guillaume II. Le 23 mars 1905, avant
de s'embarquer pour le Maroc où il allait amorcer

____

(1) *Mémoires de Bismark*, **Busch**, p. 145.

le conflit avec la France, le Kaiser prononçait à Brême une allocution mémorable. Dans l'exorde il faisait connaître que l'Empereur d'Allemagne ne songeait pas à établir sur le monde une domination analogue à celle de « Napoléon Ier et d'Alexandre ». « Je me suis promis, disait-il, en raison des leçons que j'ai trouvées dans l'Histoire de ne jamais aspirer à une vaine domination universelle. » Cette étrange précaution oratoire prise, il ajoutait : « Si plus tard on doit parler dans l'histoire *d'un empire universel allemand ou d'une domination universelle des Hohenzollern*, il faudra que cette domination soit établie non par des conquêtes militaires, mais sur la confiance réciproque des nations qui poursuivent toutes un même idéal. Il faut que vous ayez la ferme conviction que le bon Dieu ne se serait jamais donné autant de peine pour notre patrie allemande et pour son peuple, s'il ne nous réservait pas une grande destinée. Nous sommes le sel de la terre..... Dieu nous a appelés à civiliser le monde, vous êtes les missionnaires du progrès humain. »

On retrouve d'ailleurs un état d'esprit pareil dans un grand nombre de discours de Guillaume II. « C'est à l'empire du monde qu'aspire le génie allemand », disait-il, par exemple le 20 juin 1902, à Aix-la-Chapelle ; le 1er septembre 1907 à Munster il disait encore : « que tous anciens et nouveaux sujets de cet empire, bourgeois, paysans, ouvriers s'unissent dans un même sentiment d'amour et de fidélité pour la patrie, et le peuple allemand sera le bloc de granit sur lequel Notre Seigneur pourra élever et achever la civilisation du monde. C'est alors que se réalisera la parole du poète : An deutschem Wesen wird einmal noch die Welt genesen (l'esprit allemand sera de nouveau le sauveur du monde). Et pour cette œuvre, j'accepterai avec reconnaissance la collaboration de tous ceux qui voudront m'aider, quels qu'ils puissent être et quelle que soit leur position. »

Ces extraits de discours officiels justifient l'exposé suivant qu'un écrivain a fait des ambitions de l'Empereur d'Allemagne : « Le rêve de Guillaume II, ce n'est pas seulement l'empire d'Occident ; c'est quelque chose de plus vaste encore ; une monarchie universelle, éternelle, de droit divin, telle que Dante l'a décrite, qui se perpétuerait sans interruption, dont il serait le fondateur et dont lui et ses successeurs seraient les chefs irrévocables » (1).

L'Impérium Romain, unique domination universelle qu'ait connue le monde civilisé, fut, dans les Temps modernes, l'idéal de tous les grands ambitieux ; nous voyons qu'il est encore aujourd'hui l'idéal de l'Empereur d'Allemagne.

Toutes ces théories relatives à la supériorité de la race germanique et à sa mission dominatrice peuvent apparaître comme le résultat d'une folie mystique ou le déguisement d'un calcul ambitieux.

____

(1) *Questions Diplomatiques*, 1ᵉʳ décembre 1908, p. 679

Il est donc intéressant de rappeler que ces théories étaient exposées naguère par des Français du plus grand talent.

Gobineau, dans son « Essai sur l'inégalité des races humaines » paru en 1885, et son émule Vachez de Lapouge, se sont faits les poètes épiques des destinées conquérantes et civilisatrices de la race indo-européenne en général et plus spécialement de la race germanique. Après eux, Renan a soutenu la même thèse. Il a prétendu que si la race latine avait formé un « orbis romanus » dépourvu de voisins organisés et redoutables, sa décadence eût été sans remède, puisque cette race n'aurait reçu de l'extérieur aucun élément de régénération. « Quand nous aurons une bonne histoire des origines de la noblesse française, écrivait-il, on verra que chaque centre de familles féodales correspond à un centre de colonisation germanique. — Le contact des philosophes et des écrivains de l'Allemagne marquera une époque dans ma vie. J'ai cru entrer dans un temple quand j'ai pu contempler cette littérature si pure, si élevée, si morale et si religieuse, en prenant ce mot dans son sens le plus élevé. »

La guerre de 1870 fut impuissante à dissiper cette admiration de Renan. « L'Allemagne avait été ma maîtresse, écrivait-il, en 1875, j'avais conscience de lui devoir ce qu'il y a de meilleur en moi. Qu'on juge de ce que j'ai souffert quand j'ai vu la nation qui m'avait enseigné l'idéalisme railler tout idéal (1) ». En 1885, il écrivait encore: « On conçoit un temps où tout ce qui a régné autrefois à l'état de préjugé et d'opinion vaine règnerait à l'état de réalité et de vérité : dieux, paradis, enfer, pouvoir spirituel, monarchie, noblesse, légitimité, supériorité de races, pouvoirs surnaturels peuvent renaître par le fait de l'homme et de la raison. Il semble que si une telle solution se produit à un degré quelconque sur la planète Terre, c'est par l'Allemagne qu'elle se produira.... Le gouvernement du monde par la raison, s'il doit avoir lieu, paraît mieux approprié au génie de l'Allemagne qui montre peu de souci de l'égalité et même de la dignité des individus et qui a pour but, avant tout, l'augmentation des forces intellectuelles de l'espèce » (2).

Cette enthousiaste admiration de Renan et de Gobineau, d'ailleurs partagée par un grand nombre d'autres Français illustres, Taine, Michelet par exemple, fait comprendre que les Allemands puissent admettre aujourd'hui, au rang des dogmes indiscutables, la croyance à la supériorité de la race germanique et à sa mission dominatrice.

L'étude qui précède nous a montré l'évolution de cette doctrine orgueilleuse ; nous avons vu qu'elle était un simple germe dans l'Allemagne de Gœthe, de Schiller et de Heine ; tous ces écrivains semblaient songer seulement à l'unité morale et à la

(1) *La Réforme Intellectuelle et Morale*, préface, page 6.
(2) *Dialogues Philosophiques*, page 120.

domination purement intellectuelle de leur pays.
Mais, après ce premier stade, la doctrine s'est développée ; naguère la Prusse réalisait en partie
l'unité politique de l'Allemagne et sa suprématie
militaire en Europe ; aujourd'hui, sous nos yeux,
le jeune empire poursuit la formation de la
« Grande-Allemagne » et suit une politique d'hégémonie universelle.

2° Le culte de la Force et de la Guerre.

La guerre fut « l'industrie nationale de la Prusse. » Elle a été aussi l'industrie nationale de l'Allemagne contemporaine ; les grands faits historiques
qui le prouvent, — la guerre contre le Danemark,
la guerre contre l'Autriche et la guerre contre la
France — étant connus de tous, nous nous bornerons à rappeler les principes par lesquels de Moltke
et Bismarck ont justifié ces événements, longuement préparés et volontairement provoqués par
eux.

En 1880, l'Institut de Droit International ayant,
dans une de ses séances à Oxford, adopté un Manuel relatif aux droits des belligérants, le juriscon-
sulte Bluntschli l'envoya à de Moltke pour lui
demander son approbation. Le vieux maréchal
répondit par une lettre célèbre où il renouvelle les
doctrines de Hobbes et de Hegel sur la guerre :
« La paix perpétuelle, écrivait-il, est un rêve et ce

n'est même pas un beau rêve. La guerre est un
élément de l'ordre du monde établi par Dieu, les
plus nobles vertus de l'homme s'y développent : le
courage et le renoncement, la fidélité au devoir et
l'esprit de sacrifice...... Sans la guerre, le monde
croupirait et se perdrait dans le matérialisme. »
Ces idées générales ont inspiré toute la politique
militaire du maréchal de Moltke ; il les a magni-
fiquement développées en plein Reichstag, notamment dans ses discours du 16 février 1874 et du 11
janvier 1887.

Bismarck, de son côté, a érigé en dogme le culte
de la force et n'a jamais cru, en dernier ressort,
qu'à l'efficacité de la violence. Toute sa politique a
eu pour fondement le principe célèbre : la force
prime le droit (1). Dès le début de sa carrière, il
avait très nettement défini son système de gouvernement : « Les grandes questions du temps, disait-il

(1) Dans la séance de la Chambre prussienne du 27 janvier
1863, le député Schwerin répondant à un discours de Bismarck
s'exprimait en ces termes : « M. le Ministre-président vient
de dire : la force prime le droit ; dites ce que vous voudrez,
nous avons la force et nous mettrons en pratique notre théorie. »
Bismarck n'avait pas formulé positivement ce principe mais
la phrase du député Schwerin résumait si exactement les
théories du ministre-président qu'elle devint proverbiale et
qu'on attribua à Bismarck, comme s'il l'avait prononcée, cette
sentence lapidaire : Macht geht vor Recht. Cette pensée cons·
titue d'ailleurs le fond d'un grand nombre de ses discours et
la base de toute sa politique ; aussi Bismarck est resté pour
ses contemporains et restera pour la postérité l'auteur res-
ponsable de l'aphorisme : la force prime le droit.

le 30 septembre 1862, six jours après sa nomination
à la Présidence du ministère prussien, ne seront
pas décidées par des discours et des décisions de
majorités, — ce fut la grande faute de 1848 et
1849 — mais par le fer et le sang » (1). Le 22
mars 1849, député à la Diète, il avait déjà prononcé des paroles analogues : « Sur ces principes,
disait-il en parlant des principes de liberté et d'autorité, ce n'est pas par des débats parlementaires,
des majorités de onze voix, qu'il est possible de
décider ; tôt ou tard, dans cette lutte, le Dieu qui
préside aux batailles doit jeter le dé d'airain de la
décision » (2). On sait avec quelle fidélité le Chancelier de fer a conservé toute sa vie ce culte de la
force qu'il célébrait ouvertement dès le début de
sa vie politique et l'histoire nous apprend que
l'Allemagne contemporaine doit à ce culte son existence et sa grandeur.

La guerre sera encore la principale industrie
nationale de l'Allemagne de demain ; la doctrine de
Guillaume II et de son gouvernement est, en effet,
identique à la doctrine de Moltke et à celle de Bismarck.

Nous reconnaîtrons, préalablement, que l'Empereur d'Allemagne et ses chanceliers ont fait entendre, en plusieurs circonstances, des paroles de
conciliation. Les plus retentissantes datent à peine

(1) *Bismarck et son Temps*, MATTER, t. II, p. 102.
(2) *Bismarck et son Temps*, MATTER, t. I, p. 160.

du 17 septembre 1908. A la première séance du
Congrès Interparlementaire de la Paix, réuni à Berlin, le chancelier de Bülow montrait, dans un
discours chaleureux, tout le grand intérêt inspiré
au peuple allemand par les questions d'arbitrage,
et Guillaume II répondait à une adresse des congressistes « qu'il avait particulièrement à cœur le
maintien de la paix universelle ».

Tous les pacifistes de l'univers exultèrent à ces
nouvelles.

Or, le 13 octobre 1908 (1), l'Allemagne faisait
savoir officiellement « qu'elle ne pourrait pas, plus
que l'Autriche-Hongrie, accepter de soumettre à
une conférence l'annexion de la Bosnie-Herzégovine » (2) et, le même jour, François-Joseph était
officiellement prévenu que « même au milieu des
plus graves complications il pouvait compter sur
l'appui de l'Allemagne » (3). Il importe de remarquer que cette annexion constituait la plus grave
atteinte qui ait été portée au droit international
depuis plusieurs siècles ; elle était, au fond, une
conquête faite en pleine paix aux dépens d'un Etat
trop faible pour se défendre. De plus, au mois de
novembre 1908, l'Allemagne ne consentait à soumettre le misérable incident des déserteurs de Casablanca à l'arbitrage qu'après deux semaines de négo-

(1-2-3) Discours du chancelier de Bülow au Reichstag. Séance
du 29 mars 1909.

ciations qui faillirent causer une guerre européenne.
Les représentants de Guillaume II avaient d'ailleurs
combattu, aux conférences de la Haye, toutes les
mesures tendant à faire résoudre les conflits internationaux suivant les règles de la justice ordinaire.

On ne saurait être surpris de ces contradictions
de la diplomatie allemande et on ne saurait accor-
der aucun crédit à ses déclarations pacifiques. Frédéric II, en 1740, faisait publier son Anti-Machia-
vel ; en 1741, mettant à profit les embarras de Marie-
Thérèse, il lui déclarait la guerre et lui prenait la
Silésie ; plus tard il s'associait à la Russie et à
l'Autriche pour partager la Pologne et toute sa vie
il se montrait le plus machiavélique des rois. Frédé-
ric-Guillaume III, de 1803 à 1806, négociait trois
ententes avec Napoléon Ier et signait trois traités
d'alliance avec le tzar ; il avait en trois ans changé
six fois de politique. Bismarck a été, à ce point de
vue, un digne émule des premiers Hohenzollern ;
Le 5 avril 1866, il avait l'audace d'écrire au ministre de François-Joseph : « Rien n'est plus éloigné
des intentions de S. M. le roi qu'une attitude offensive contre l'Autriche », et trois jours après, il signait, avec l'Italie, le traité d'alliance qui devait
conduire l'Allemagne, le 3 juillet, à Sadowa (1).
De même, avant 1870, la guerre contre la France
décidée, Bismarck employait toute sa diplomatie

---

(1) DEBIDOUR : *Histoire diplomatique de l'Europe*, t. II, p. 298.

à bercer Napoléon III de projets d'alliance. Au commencement de 1869 le général Hongrois Türr disait à Bismarck que s'il entrait dans ses intentions de faire la guerre avec la France, il lui serait impossible de le suivre : « Je vois encore, écrit le général, l'étincelle qui brilla dans son œil quand il vit sa pensée devinée ; il sut cependant se contenir d'une manière que je ne peux pas assez admirer, et il me dit gaiement : « Je ne veux pas de guerre avec la France ; je le disais encore il y a 15 jours au général Ducrot, de passage ici ».

C'est ainsi que Bismarck dissimulait, sous des offres d'alliance et des protestations pacifiques, la longue et savante préparation de cette guerre de 1870 qu'il devait provoquer, au moment favorable, par la falsification de la dépêche d'Ems. « Si l'on vise un ennemi puissant, avait écrit Machiavel, il est sage d'user avec lui, en attendant, de bons procédés. »

L'Allemagne étant devenue toute puissante, Guillaume II et ses ministres prennent aujourd'hui moins de précautions ; ils étalent, ouvertement, fièrement dans leurs discours ce culte de la force que nous ont déjà révélé leurs actes diplomatiques mentionnés ci-dessus. C'est ainsi que le 26 janvier 1907, le lendemain des premières élections au Reichstag, le chancelier de Bülow, reprenant une image de Bismarck, disait devant une foule enthousiaste : « L'Allemand sait encore se tenir à cheval, il est bien en selle, et il abattra, à cheval, sur son passage tout ce qui viendra barrer la route à sa prospérité et à sa grandeur. » Le 6 février, le soir du scrutin de ballottage pour ces mêmes élections, Guillaume II développait la pensée du prince de Bülow dans le discours suivant, plus significatif encore que ceux dans lesquels, le 26 octobre 1905, en pleine crise marocaine, il menaçait ses ennemis de la « poudre sèche » et du « glaive aiguisé » de l'Allemagne. « Merci, merci de tout mon cœur, disait Guillaume II, pour l'ovation que vous me faites aujourd'hui ; elle jaillit de la conscience que vous avez d'avoir fait votre devoir envers la patrie, et la parole que vous a dite le chancelier devient vraie : « l'Allemagne sait aller à cheval quand elle veut. » J'ai cette conviction inébranlable que si, comme jusqu'à présent, toutes les classes de la société, modestes ou élevées, toutes les confessions sont intimement unies, non seulement nous irons à cheval, mais nous abattrons sur notre passage, à cheval, tous les obstacles qui nous seront opposés. (Hourras prolongés). Et maintenant je veux terminer par le mot que le grand poète de Kleist a écrit dans son *Prince de Hombourg* lorsque Kottwitz répond au Grand-Electeur : « Que nous importe la règle selon laquelle est abattu notre ennemi, quand il est à nos pieds, lui et tous ses étendards ! La règle qui l'abat est la plus haute de toutes. » L'art de l'abattre, nous l'avons appris, et nous sommes pleins de l'envie de le pratiquer encore dans la suite. C'est pourquoi notre règle ne doit pas être qu'un mouvement patriotique éphémère et passager, mais bien une résolution inébranlable de persévérer dans la même voie » (1).

Cette « persévérance dans la même voie » est le caractère dominant de la politique du froid chancelier de Bethmann-Hollweg : le culte de la force, la préparation à la guerre inspirent ses actes et même ses discours à un plus haut degré encore qu'ils n'inspiraient ceux de ses prédécesseurs. C'est par l'obligation faite à l'Allemagne d'augmenter sans relâche ses forces militaires que le chancelier de Bethmann-Hollweg a répondu aux protestations et aux mesures pacifiques depuis longtemps réitérées par la France et au fameux discours sur l'Arbitrage et la Réduction des Armements prononcé au Parlement anglais par Sir Edward Grey, le 13 mars 1911, et depuis 1911, l'Allemagne accroît plus rapidement que jamais la force de son armée.

En outre, le chancelier justifie ces accroissements progressifs et formidables, non plus, ainsi que le faisaient Bismarck et de Bülow, par la menace d'un danger extérieur, mais par la seule nécessité d'établir l'hégémonie germanique sur l'Europe (2).

---

(1) *Questions Diplomatiques* du 16 février 1907. p. 247.

(2) Voir notamment les discours du Chancelier de Bethmann-Hollweg prononcés en avril 1912 et 1913 et ceux prononcés le 22 avril 1912 par les Ministres de la Guerre et de la Marine.

Tandis que la France a réduit de un tiers la durée du service militaire dans l'armée active, en 1905, de un quart les périodes d'instruction dans les réserves en 1908, l'Allemagne a augmenté les chiffres de son effectif de paix et de son budget de la guerre, en 1911, de 17.000 hommes et de 167 millions

« La force prime le droit », pensait Bismarck ;
« le faible est toujours la proie du fort », a dit le
chancelier de Bethmann-Hollweg, au cours de la
discussion du budget de la guerre de 1911.

L'élite intellectuelle de l'Allemagne partage les
idées du gouvernement impérial sur l'emploi de la
force et de la guerre.

La civilisation est le but de l'évolution sociale,
avait déjà écrit Mommsen, avant 1870, dans son
Histoire Romaine ; pour triompher, la civilisation
exige l'écrasement des branches moins susceptibles
de culture, ou moins développées, par les nations
d'un niveau plus élevé, et la guerre est la grande
machine qui élabore le progrès. Si les Celtes ont
été vaincus par les Romains, ce n'est pas par
hasard, cette catastrophe n'était que méritée, c'était
en quelque mesure une nécessité historique. L'histoire, dans son irrésistible tourbillon, dévore sans

de marks, en 1912, de 37.000 hommes et de 650 millions de
marks, en 1913, de 155.000 hommes et de 1 milliard 200 millions de marks de dépenses non renouvelables, plus 232 millions de charges annuelles. L'effectif du temps de paix de
l'armée allemande se trouve ainsi porté au chiffre formidable
de 926.000 hommes. (Chambre des Députés, séance du 20 juin
1913, discours de M. Charles Benoist). L'effectif budgétaire
de l'armée française sous le régime de la loi de recrutement
de 1905, était 510 à 520.000 hommes ; sous le régime de la loi
de 1913 il est de 730.000 hommes. En 1870, l'Allemagne entre-
tenait, sur le pied de paix, 378.000 hommes ; en 1881, 427.000 ;
depuis cette date, l'effectif a progressivement augmenté, mais
depuis 1911 cette augmentation est si rapide et si au-dessus
des moyens financiers de l'Allemagne, qu'elle semble avoir
hâte de se préparer pour une échéance proche.

pitié les nations qui n'ont pas la dureté de l'acier
et aussi sa souplesse.

L'historien de Treitschke, que dans sa conférence
de 1898 le général de Bernhardi appelle : « le
grand éducateur de notre nation », a écrit les lignes
suivantes pour mettre les Allemands en garde contre
la « sensiblerie bourgeoise » qui prêche la paix
universelle, à ses yeux, « la plus dangereuse de
toutes les utopies » : « Tout théologien intelligent
comprend que le mot biblique « tu ne tueras point »
ne doit pas être pris plus à la lettre que la recom-
mandation apostolique de donner son bien aux
pauvres. Il n'y a que quelques quakers rêveurs qui
ne voient pas sur quel ton lyrique l'Ancien Testa-
ment célèbre la splendeur des guerres saintes et
justes.... Tant qu'il y aura des hommes sur la terre,
ils lutteront, la doctrine de la pomme de discorde
et le péché originel sont des faits que l'histoire
déroule à toutes les pages..... Ce n'est pas aux Allemands qu'il convient de répéter les lieux communs
des apôtres de la paix ou des prêtres de Mammon,
ni de fermer les yeux devant les cruelles nécessités
de l'âge. Oui, notre époque est une époque de
guerre, notre âge, un âge de fer. Si le fort l'emporte
sur le faible, c'est une loi inéluctable de la vie. Les
guerres de faim que nous voyons encore aujour-
d'hui parmi les tribus nègres sont aussi nécessaires
pour les conditions économiques du cœur de l'Afrique, que la guerre sacrée qu'un peuple entreprend
pour sauver les biens les plus précieux de sa cul-

ture morale. Là-bas comme ici, c'est la lutte pour la vie : ici pour la vie morale, là-bas pour la vie matérielle » (1).

« Dans les grandes crises de la vie des peuples, a encore écrit de Treitschke, la guerre est toujours un remède moins violent que les révolutions, car elle garantit la fidélité et son issue apparaît comme un jugement de Dieu. »

Le langage des écrivains militaires est encore plus énergique. « Affirmez ce que vous voudrez, vous messieurs de la table verte, écrit von Tanera, qui fit comme lieutenant la campagne de 1870 ; racontez que la guerre rend les hommes barbares et étouffe leurs meilleures qualités. Non, mille fois non, ce n'est pas vrai, et j'ai assez l'expérience de la guerre pour vous contredire. Oui, l'écorce devient rude, mais la guerre élève les hommes et les rend forts, braves et nobles ; là, naissent et grandissent les vertus qui ont déjà fait la grandeur de nos aïeux : la discipline, le courage devant la mort, l'esprit de sacrifice et la maîtrise de soi. Là, prennent racine les qualités qui font la force des peuples. Lisez l'histoire de la chute de l'empire romain, étudiez les longues périodes de paix et leurs suites et vous n'oserez plus nous parler de la paix éternelle, de la fraternité internationale, des tribunaux d'arbitrage. Vous voulez être de doux anges et vous deviendrez seulement des viveurs paresseux, poltrons

______

(1) *Dix Ans*, p. 275-468.

et sans caractère. Non, la guerre doit être ; c'est seulement dans la guerre que l'homme montre ce qu'il vaut » (1).

« Quant à nos principes, écrit de son côté le général Von Meisendorf, ils ont été formulés par l'immortel Clausewitz. Oui, la guerre est le duel des nations. C'est un acte de violence aussi naturel, aussi légitime que les actes résultant des autres rapports des nations entre elles, des concurrences commerciales ou industrielles par exemple. La guerre ne connaît qu'un seul moyen d'action, la Force. Il n'en est pas d'autres. La force morale ne sert qu'à rendre plus efficace le développement de l'activité physique. Quant à ce fameux droit des gens dont tous les avocats ont la bouche pleine, il n'impose au but et au droit de la guerre que des restrictions insignifiantes... Si les peuples civilisés ne scalpent plus les vaincus, n'égorgent plus les prisonniers, ne dévastent pas tout sur leur passage, ce n'est pas par humanité. Cela tient à ce qu'aujourd'hui plus qu'autrefois l'intelligence préside à la conduite de la guerre. La civilisation a développé l'esprit des peuples ; les sciences économiques leur ont révélé le mode d'emploi le plus utile de leurs forces. Le meilleur profit qu'on puisse tirer de la victoire, c'est de frapper sur l'adversaire des contributions qui le ruinent, c'est de lui imposer des traités désavantageux qui, peu à peu, le réduisent

____

(1) *Souvenirs d'un officier d'ordonnance en 1870-71.*

à la misère, à l'ilotisme. Que la France médite les paroles de ce maître immortel » (1).

Von Meisendorf aurait pu compléter son commentaire de Clausewitz, en citant encore cette pensée du « maître immortel » : « Toute idée de philanthrophie à la guerre est une erreur pernicieuse ; celui qui emploie la force physique dans toute son étendue, sans épargner le sang, acquerra toujours la prépondérance sur l'adversaire qui n'agira pas de même, et lui dictera la loi. »

Le général Von der Goltz écrit encore dans la « Nation Armée » : « C'est avec une curiosité inquiète toute particulière que nous voyons venir la guerre prochaine. Chacun sait qu'elle sera d'une violence inconnue jusqu'à ce jour. Ce sera la rencontre de deux peuples et non plus la lutte de deux armées. On déploiera de part et d'autre toute la force morale pour la lutte à outrance, toute la somme d'intelligence pour s'anéantir. » Puis Von der Goltz termine son chef-d'œuvre par les pensées suivantes : « Il est nécessaire, avant tout, que nous comprenions et que nous fassions comprendre à la génération que nous élevons que le temps du repos n'est pas encore venu, que la prédiction d'une lutte finale, pour assurer l'existence et la grandeur de l'Allemagne, n'est pas une chimère née dans la tête de fous ambitieux, mais qu'elle viendra un jour

____

(1) *La France sous les armes*, traduction du lieutenant-colonel HENNEBERT, p. 381.

inévitablement, violente et sérieuse comme l'est toute lutte décisive entre peuples dont l'un veut faire reconnaître définitivement sa suprématie sur les autres » (1).

Dans sa conférence du 9 février 1898, le général de Bernhardi expose d'une façon particulièrement éloquente, la théorie de la force bienfaisante et de la **guerre créatrice de progrès**. « Le rêve de la paix universelle, dit-il, n'a jamais pu prendre naissance qu'aux époques sans idéal, de décadence et de relâchement. Le développement pacifique est assurément un phénomène naturel ; c'est une source abondante de profits. Mais, dès le temps de paix, la lutte pour l'existence et pour la mise en valeur des biens de tout genre entraîne de grands chocs d'intérêts et des tensions violentes qui ne se résolvent que par la guerre, ainsi que le montre l'histoire et comme on peut l'affirmer, étant donné la nature humaine. Une période de paix et de prospérité matérielle permet aux germes empoisonnés de pourriture et de désagrégation de se développer de toutes parts si l'on n'arrive pas, de temps en temps, à élever les nations vers un idéal politique, si on ne les amène pas à engager leurs forces et leurs biens pour atteindre un idéal déterminé... « On peut, avec juste raison, a dit Luther, montrer par des discours et des écrits quel fléau est la guerre, mais on devrait,

----

(1) *La Nation Armée*, traduction JAÉGLÉ, professeur à l'Ecole de **Saint-Cyr**, p. 458.

d'autre part, tenir compte des fléaux encore plus grands qu'elle nous évite. Somme toute, il ne faut pas seulement envisager les massacres, les incendies et les violences qui sont la conséquence de la guerre ; c'est agir comme ces enfants naïfs et à courte vue qui n'osent plus jeter les yeux sur le chirurgien qui a coupé une main ou scié une jambe et qui ne comprennent pas que son but était de sauver le corps tout entier. De même, il faut envisager virilement le rôle de la guerre ou du glaive et chercher la cause finale de toutes ces horreurs et de toutes ces violences. Il deviendra alors évident que, considéré dans sa fin, ce rôle vient de Dieu et tend vers un but aussi nécessaire à l'homme que le boire, le manger et les autres fonctions naturelles. » Ces phrases de Luther sont l'expression d'une vérité éternelle contre laquelle ne prévaudra pas la sagesse des Philistins. Par conséquent, seul un peuple pourra maintenir sa situation politique dans le monde, qui mettra sa confiance dans la force de son épée et qui, à tout instant, sera disposé et préparé à employer toutes ses forces à faire la guerre. » La guerre, disait encore le conférencier, est l'unique moyen de rendre l'Allemagne toujours plus grande et toujours plus prospère ; « il faut éveiller chez le peuple le goût du tir et des armes et rappeler aux jeunes hommes, en les assujettissant à des périodes d'instruction régulières que la guerre est fatale, que la lutte commerciale se résoudra tôt ou tard en conflits sanglants et qu'au début du XXe siècle dans la poitrine de chaque citoyen doit battre un cœur de soldat. Plus cette éducation sera forte, meilleurs seront les éléments de seconde ligne et plus féconde en résultats sera la guerre nationale. »

Ces mêmes principes constituent le fond de l'ouvrage que le général de Bernhardi a publié en 1912, *De la Guerre d'aujourd'hui*, ouvrage qui semble avoir inspiré l'accroissement des forces de l'armée active décidé par l'Allemagne en 1913. « Nous devons, écrit le général dans l'introduction de son ouvrage, considérer la guerre comme une nécessité dont dépend tout le développement futur de notre peuple. La situation de l'Allemagne lui impose absolument de s'agrandir ; elle doit donc, d'abord, affermir définitivement sa *position de force au cœur de l'Europe.* »

Le culte de la force et la préparation à la guerre ont encore inspiré les lignes suivantes à « un des généraux les mieux avertis de l'armée allemande » (1). « Il n'y a qu'un moyen de combattre l'épuisement qui se produit après une victoire : une éducation du temps de paix qui soit inexorablement rude. Il y a toujours des fantaisistes et des philanthropes qui s'imaginent que l'enseignement, l'instruction, les exhortations et les exemples suffisent à former une armée apte à faire la guerre. C'est un non-sens. La guerre est un métier violent et brutal et son apprentissage doit être non seulement

(1) *La Revue* du 1ᵉʳ decembre 1908, p. 336-356.

sévère, mais rude. Toute sentimentalité fausse est
un crime. Même en temps de paix, une troupe doit
être conduite résolument jusqu'à la limite extrême
de l'activité humaine. Que certains tempéraments
plus faibles succombent à l'effort et ruinent leur jeune
existence, c'est certainement très regrettable au point
de vue de l'humanité ; mais au point de vue militaire, c'est un accident professionnel inévitable. »

Depuis un demi-siècle, la religion de la force, la
préparation à la guerre sont prêchées, Outre-Rhin,
en des ouvrages nombreux analogues à tous ceux
dont nous avons reproduit des extraits.

Nous citerons encore, « Un nouveau Wœrth »
« la Grande Guerre des Temps présents » dans
lesquels M. Hoppenstedt et le général Von Falkenhausen décrivent les formidables conflits de
l'avenir, et « l'Allemagne au commencement du
XXᵉ siècle » dans lequel on lit, page 212, à
propos des luttes que pourra amener l'expansion
de l'Allemagne : « Une politique grande et adroite
saura diviser les guerres ; chaque guerre devra être
conduite à part... Mais, même une coalition de la
France et de la Russie peut être vaincue avec nos
seules forces, si, sans hésitations et sans scrupules,
nous nous élevons dans la guerre à un usage plus
grand de la violence. »

L'Allemagne, on le voit, ne se berce pas dans
des rêves de paix et de fraternité universelles :
elle vient de la guerre et elle va à la guerre.

Il n'est question, ci-dessus, que de livres et de

discours, dira-t-on ; mais, on ne saurait oublier que
les livres et les discours sont, par excellence, les
signes révélateurs des instincts des peuples, qu'ils
sont les meilleurs moyens de préparer la satisfaction
de ces instincts, et les causes profondes de tous les
mouvements de la vie des nations.

3° *Le mépris des droits des autres peuples, la recherche*
de la domination, la volonté de Puissance.

Ces derniers traits généraux qui caractérisent
l'attitude de l'Allemagne à l'égard des autres peuples sont la conséquence et comme la synthèse des
sentiments et des concepts dont nous venons de
faire l'étude. Ces caractères généraux apparaissent,
d'ailleurs, d'une façon manifeste dans les extraits
que nous avons précédemment cités. Nous avons
vu, en effet, que la race germanique se croit supérieure à toutes les autres et qu'elle a la volonté d'établir sa suprématie sur toutes ; hors d'elle, elle ne
voit que « des êtres inférieurs auxquels on ne peut
reconnaître aucun droit. » Nous allons entrer plus
profondément dans l'intimité de l'âme allemande en
étudiant d'une façon spéciale ces traits généraux
qui en résument tous les caractères.

Remarquons, d'abord, que le mépris des droits
d'autrui et la recherche par l'individu de la domination et de la puissance en vue de la pleine satisfaction de ses besoins, ne constituent pas une morale
nouvelle. Cette doctrine sociale a été exposée dès

les premiers âges de l'histoire par les philosophes grecs. Thrasymaque et Calliclès soutenaient qu'il n'y a pas de lois naturelles, mais seulement des conventions sociales ; l'homme habile et fort, disaient-ils, s'affranchit de tous les préjugés et s'abandonne à toutes ses passions. Il n'y a ni juste, ni injuste ; ni bien, ni mal ; ni vrai, ni faux ; la loi n'est faite que pour l'homme qui n'a pas l'audace et la force de s'y soustraire ; le bien, c'est la puissance, c'est la joie de dominer, d'être au-dessus de tous ses ennemis, d'avoir pour seule loi sa volonté. Ces principes ont survécu jusqu'à nos jours dans la philosophie et dans la littérature de tous les peuples ; ils ont inspiré à Machiavel plusieurs chapitres du « Prince », aux romanciers contemporains plusieurs de leurs héros les plus célèbres, tels Vautrin, de Balzac ; Julien Sorel, de Stendhal.

Cette doctrine sociale est même descendue du pur domaine des idées ; les Borgia, les Napoléon, les Bismarck l'ont mise en pratique durant leur existence.

Mais, quelque anciennes que puissent être ces théories, c'est en Allemagne qu'elles sont devenues, pour la première fois, une doctrine nationale ainsi que nous l'avons vu pour l'élite et que nous le montrerons plus loin pour le peuple, et c'est en Allemagne, nous allons le voir, tout de suite, qu'elles ont trouvé à la fin du XIXe siècle leur justification la plus retentissante.

L'étude que nous allons faire des justifications

données par les Allemands des sentiments et des concepts *dont nous avons jusqu'ici constaté la simple existence*, achèvera de nous dévoiler l'âme de l'Allemagne intellectuelle.

Karl Marx, basant son système social sur la loi de l'évolution de Hegel, la loi de la lutte pour l'existence de Darwin, et l'étude de l'histoire, avait soutenu cette thèse que, en fait et en droit, c'est le besoin de manger qui guide l'évolution des peuples, et non les besoins d'égalité et de justice. Cette conception de l'humanité d'où la notion de droit est bannie et où l'idée de la lutte pour la satisfaction des besoins matériels reste souveraine, nous rapproche déjà de la doctrine sociale de l'Allemagne actuelle.

Wagner a, de son côté, exposé une théorie de la recherche de la domination et de la Volonté de Puissance dans les écrits préparatoires de l'*Anneau du Niebelung* (1848 à 1852). L'univers n'est pas organisé en vertu d'un plan préconçu pour réaliser une fin dernière, a écrit l'illustre musicien-philosophe ; il suit une évolution perpétuelle, mais aveugle et inconsciente. Or, l'homme n'est pas une exception dans l'univers ; il n'existe d'autre loi morale pour lui, que de travailler à acquérir la puissance en vue de satisfaire tous ses besoins et de développer ses aptitudes individuelles le plus complètement possible : ce faisant, il accomplit sa destinée. La satisfaction des besoins est la cause de

tout changement social et la justification de toutes
les actions humaines.

Wagner a symbolisé dans sa Tétralogie cet épa-
nouissement du moi et cette recherche de puissance
qui stimule la vie des hommes et la justifie. Il les a
particulièrement incarnés dans son grand héros
Siegfried qui traverse la vie insoucieux des dieux
et des lois, guidé seulement par ses puissants instincts et ne craignant ni la lutte, ni la mort. Il est
intéressant de remarquer que dans l'esprit de Wagner, l'impulsion irrésistible qui pousse les héros
de la Tétralogie à conquérir l'*Anneau du Niebelung*
avait son équivalent historique dans le rêve d'hégémonie sur les peuples d'Europe qu'ont essayé de
réaliser pendant des siècles les Francs ou Nie-
belungen et leurs grands empereurs Charlemagne
et surtout Barberousse, qui était pour Wagner la
plus glorieuse incarnation historique de Siegfried.

Nietzsche, dépassant le matérialisme historique
de Marx et les créations artistiques de Wagner, a
donné, de la recherche de la domination, de la
Volonté de Puissance et du mépris de tous les
droits qui ne sont pas appuyés par la force, la théorie la plus complète et la plus audacieuse.

Il y a deux races dans l'humanité, dit Nietzsche,
la race des forts, la race des maîtres d'une part, et
d'autre part, la race des faibles, la race des esclaves. De même il y a deux morales, celle des forts
et celle des faibles.

La morale proposée jusqu'à ce jour est une morale d'esclaves. Elle commande, elle exige l'obéissance absolue, et tout le monde ainsi devient esclave, les forts aussi bien que les faibles. Cette morale — socratique, démocratique ou chrétienne — nous dit que tous les hommes ont les mêmes droits et qu'il faut respecter les droits de nos égaux. C'est là, non pas respecter les droits d'autrui, mais supprimer tous les droits. C'est ordonner aux plus élevés, aux plus forts, à ceux qui ont une valeur individuelle de s'abaisser pour se mettre au niveau des plus humbles comme si le bonheur pouvait résider dans l'état d'abaissement, comme si la *Médiocratie* pouvait être, pour les hommes, le gouvernement idéal. La morale des esclaves nous dit qu'il faut soulager l'humanité par la justice, par la charité et qu'il faut la consoler par l'espérance d'un monde meilleur soit ici-bas, soit au delà. On décore ces préceptes du nom pompeux de « religion de la souffrance humaine ». Or, la pitié est malsaine ; en rendant la douleur contagieuse, elle multiplie la déperdition de forces que la souffrance déjà apporte à la vie de chaque homme. La pitié contrarie la loi de l'évolution qui est celle de la sélection. Elle conserve et multiplie ce qui est mûr pour la disparition, elle conserve et multiplie la misère physique et morale dans le monde ; par le nombre et la variété des choses manquées qu'elle retient dans la vie, elle donne à la vie elle-même un aspect sombre et douloureux où l'homme, sain lui-même, finirait par périr de dégoût et de pitié. La pitié est crimi-

nelle et immorale ; elle est, chez le faible, un désir
d'apitoyer les autres sur lui. sentiment d'esclave ou
de mendiant qui l'empêche de faire l'effort personnel seul capable de fortifier sa faiblesse ; elle est,
chez le fort, surprise de sa sensibilité, doute sur son
droit, volonté affaiblie par un scrupule de « justice »
d' « égalité » ou de « fraternité humaine ». La pitié
est, dans tous les cas, un symptôme de dégénérescence. Elle prouve que l'homme s'est amolli, effé-
miné : ne voit-on pas qu'il n'ose même plus faire
souffrir au nom de la justice, châtier les criminels ;
or, il en arrive là uniquement par faiblesse et non
par magnanimité. La seule pitié des forts devrait
être d'obliger les faibles à se fortifier.

La morale des forts est fondée sur la nature ;
elle est devenue mal portée, scandaleuse, on n'ose
plus l'avouer, et cependant, elle est la seule vraie
morale. Elle nous dit que le Bien c'est tout ce qui
exalte dans l'homme le désir de domination, la volonté de puissance et la puissance elle-même ; le
Mal, tout ce qui rend faible. Elle nous dit que rien
n'est vrai et que tout est permis hormis la faiblesse,
qu'elle s'appelle vice ou vertu.

La morale du sacrifice et de la pitié, la « religion
de la souffrance », les tribunaux d'arbitrage rempla-
çant les guerres, le cliché communiste qui ferait
tenir toutes les volontés pour égales, sont des indi-
ces de dégénérescence, des symptômes d'une énergie vitale qui faiblit, des agents de dissolution et de
destruction. Les bêlements du pacifisme donnent

aux peuples des âmes de troupeaux ; partout où
manque la volonté de puissance et l'ardeur belliqueuse il y a déclin. Ce qui est bon et sain c'est la
force. Il n'y a qu'un droit sacré au monde c'est celui
de la force. La guerre, par exemple, est sainte par
ce qu'elle est saine. Elle montre où est la santé, où
est la maladie ; elle est une expérience qu'institue le
sage, ou qu'il devrait instituer si les circonstances
ne le faisaient à sa place, pour éprouver la valeur
d'une race, d'un homme, d'une idée, et pour faire
progresser la vie (1). La morale des maîtres prescrit
d'être fort, d'être dur pour les inférieurs et pour soi-
même, d'être impitoyable, car la souffrance est la
grande éducatrice de l'humanité. La guerre et le
courage ont fait plus de grandes choses que l'amour
du prochain. On perd de la force quand on com-
patit. La grande faute de la société moderne est
de vouloir substituer au naturel déploiement de la
force la recherche artificielle et vaine de la justice
pour tous, du bonheur pour tous. Le règne de la
justice et de la concorde sur la terre serait le règne
de la plus abjecte médiocrité.

La Médiocratie est odieuse ; le commandement

____

(1) « Vous aimerez la paix comme un moyen de guerres
nouvelles, et la courte paix mieux que la longue. Je ne vous
conseille pas le travail, je ne vous conseille pas la paix, mais
la victoire ; que votre travail soit un combat, votre paix une
victoire..... Une bonne cause, dites-vous, sanctifie même la
guerre. Mais moi je vous dis : c'est la bonne guerre qui
sanctifie toute cause. » Œuvres complètes de NIETZSCHE,
t. VI, p. 67.

appartient aux forts. Ils sont les maîtres naturels
parce qu'ils sont des sources d'énergie, des Volontés de Puissance. De quel droit les médiocres et les
faibles imposeraient-ils silence à l'énergie, à la volonté des forts ? Titans et Gullivers ont le devoir de
briser les liens dans lesquels Pygmées et Lillipu-
tiens les tiennent asservis. Le premier devoir des
forts est de développer leur moi, de façon à lui donner toute l'extension, toute la grandeur, toute la
force, toute la faculté d'action et tout l'empire dont
il est capable. Etre un moi distinct et nettement affirmé, être fort et développer sa force sans jamais la
laisser entamer, être toute la force qu'on peut être,
voilà le seul devoir. L'essence du moi est la volonté,
le devoir c'est de tendre vers une volonté surhu-
maine. La fin de la vraie morale est de former des
individualités de plus en plus riches ; c'est d'ailleurs aussi la fin de l'humanité : un peuple est le
détour de la nature pour arriver à six ou sept grands
hommes. La fin de la vraie morale est de préparer
une éclosion d'hommes qui s'élèveront au-dessus de
la lâche humanité par leur volonté de puissance, qui
deviendront plus que des hommes ; la création du
Surhomme (Ubermensch) est le but de la vie universelle.

Sans doute cet idéal pourra être atteint à cette
condition seulement que des milliers et des milliers
d'êtres humains seront dominés par les forts et par
eux asservis de telle sorte qu'ils ne seront plus
qu'un troupeau, une collectivité souffrante. Qu'im-

porte ; l'exploitation n'est pas le simple résultat
d'une société corrompue ou imparfaite et primitive,
elle appartient à l'essence de la vie comme fonction organique fondamentale. Le progrès se mesure,
ainsi que Hegel l'a montré, à la grandeur des sacrifices qui lui ont été faits, le droit des individus et
des peuples, à la force dont ils disposent pour les
défendre. La vie est essentiellement appropriation,
agression, assujettissement de ce qui est étranger
et plus faible, oppression, dureté, imposition de
ses propres forces, incorporation et, tout au moins,
dans le cas le plus doux, exploitation. Nos relations
avec les hommes doivent tendre à employer soit
leur force, soit leur faiblesse à notre avantage ;
l'humanité est un quantum de forces à se soumettre,
un morceau de domination sur la nature à faire
passer entre nos mains. Pour la foule des médiocres l'obéissance est d'ailleurs une source de
bonheur et de vertu ; il est des individus qui ont
rejeté tout ce qui leur donnait quelque valeur, en
rejetant la servitude où ils vivaient. Puisque les
faibles sont dépourvus d'énergie créatrice et seulement capables d'obéir, n'est-il pas naturel qu'ils
obéissent aux forts, à ceux qui savent vouloir et qui
peuvent créer de la beauté et de la joie. Le fort a
tous les droits, parce qu'il est au-dessus de la foule,
au-dessus du troupeau humain qui ne peut le comprendre ni s'élever jusqu'à lui, il n'a pas de devoirs
envers ce que la morale des esclaves appelle ses
semblables et qui ne sont pas du tout ses sembla-

bles ; il a brisé les vieilles idoles et répudié à jamais le culte de la tristesse et de la résignation, il s'est élevé au-dessus de l'humanité, il est le *Surhomme*, et les autres hommes, les faibles, doivent être soumis à sa volonté et à sa puissance.

Telles sont, ramassées et mises dans un ordre qu'il a peu cherché à leur donner, les théories morales de Nietzsche (1). *Lasciate ogni speranza*, a écrit le Dante sur la porte des Enfers. « Laissez toute espérance », aurait pu écrire Nietzsche sur la porte de l'Enfer qu'il destine au « troupeau des faibles » ; « en entrant dans la vie, laissez toute espérance ; les faibles sont nés pour souffrir et pour servir les forts. »

La recherche de l'influence que la morale de Nietzsche et la doctrine sociale de l'Allemagne ont eue l'une sur l'autre va nous montrer que cette morale et cette doctrine s'expliquent réciproqument et cette recherche nous permettra ainsi de pénétrer plus profondément dans l'âme de l'Allemagne contemporaine.

Taine a démontré, dans sa *Philosophie de l'Art*, que les grandes œuvres de l'esprit sont le fruit du milieu social où vit leur auteur et la représentation d'un ou plusieurs des caractères dominants de ce

---

(1) Nietzsche se proposait de condenser l'expression définitive de ses idées dans un grand ouvrage qui devait avoir pour titre « La Volonté de Puissance ». La maladie et la mort sont venues interrompre cette œuvre à peine commencée.

milieu. Cette loi de production des œuvres de l'esprit humain se vérifie en entier pour Nietzsche.

Une identité manifeste frappe, en effet, l'esprit ; c'est l'identité entre les théories de Nietzsche et les idées de tous les écrivains allemands dont nous avons cité les œuvres dans le présent chapitre. Il y a encore une identité frappante entre ces théories de Nietzsche et tous les actes de Bismarck.

Le 13 juillet 1870, Bismarck falsifiait la dépêche d'Ems dans le but de déchaîner la guerre ; « le fort a tous les droits, rien n'est vrai, tout est permis hormis la faiblesse », a écrit Nietzsche quinze ans après.

En 1866, Bismarck refusait de consulter les habitants du Sleswig et du Hanovre sur leur annexion à la Prusse, bien que cette consultation eût été stipulée au traité de Prague : en 1871, il annexait l'Alsace et la Lorraine contre la volonté de leurs habitants et en violation du droit international scrupuleusement appliqué en Europe depuis 1860 (1) ; or, la maxime bismarckienne, la force prime le droit, qui a justifié ces annexions, se retrouve dans Nietzsche qui écrit : le droit n'est qu'un compromis entre forces égales.

Bismarck, racontant ses entrevues du château de Ferrière (novembre 1870), disait en parlant de Jules

____

(1) La réunion de Parme, de Modène, de la Romagne et de la Toscane à la Sardaigne, celle de la Savoie et du comté de Nice à la France avaient été votées par les habitants de ces pays.

Favre : « Oui, je vous jure qu'il s'était maquillé, il était tout gris et il s'était mis du vert sous les yeux afin de se donner l'apparence d'un homme qui avait cruellement souffert. Je ne dis pas qu'il n'avait pas souffert, mais quand on souffre on n'est pas un homme politique. En politique il n'y a pas de place pour la pitié » (1). « M. Thiers est trop sentimental pour le métier de diplomate », disait-il encore à la même époque (2), et, à la veille de la capitulation de Paris, on l'entendit deux fois, pour réjouir son entourage et annoncer la fin de la guerre, siffler l'hallali (3). Quand Nietzsche écrivait : la pitié est une faiblesse, un symptôme de dégénérescence ; la morale des forts prescrit d'être dur et impitoyable, Bismarck l'inspirait.

Le 27 janvier 1871, Jules Favre disait à Bismarck que sa situation à Paris était devenue des plus critiques : « Sur quoi, M. de Bismarck lui proposa : Provoquez donc une émeute, pendant que vous avez encore une armée pour l'étouffer. » L'envoyé français regarda le chancelier avec effarement. « Qu'avez-vous ? lui dit M. de Bismarck vous ne savez donc pas que c'est le seul moyen de conduire les masses ? » A chaque instant Favre s'écriait que la France était le pays de la liberté tandis que l'Alle-

(1-2) *Mémoires de Bismarck*, par Busch, t. I, pp. 129-272.
(3) *Le Comte de Bismarck et sa suite*, par Busch, p. 204 (mercredi 2 novembre).

magne était régie par le despotisme. « Chaque fois
qu'il me disait cela, déclara le Chancelier, je me
contentais de lui répondre que nous avions besoin
d'argent et qu'il fallait que Paris nous en donne » (1).
L'exploitation appartient à l'essence de la vie comme
fonction fondamentale, a dit Nietzsche ; la vie est
essentiellement appropriation, agression, assujettissement ; l'humanité, un quantum de force à se
soumettre. — La race germanique est prédestinée à
dominer l'univers, répètent à l'envi tous les Allemands et Nietzsche justifie un état social où les
forts réduiront les faibles à l'esclavage (2).

Or, Nietzsche a publié ses principaux ouvrages
de 1881 à 1889 ; ses œuvres sont donc postérieures
aux grands actes historiques de Bismarck et con-
temporaines des œuvres de tous les autres théoriciens de la doctrine sociale de l'Allemagne. Nous
voyons ainsi que Nietzsche a simplement condensé
dans son système de morale les doctrines répan-
dues un peu partout dans son ambiance, il a mis
en formules brillantes les leçons renfermées dans
le spectacle du monde où il vivait. Telle a été, sur
Nietzsche, l'influence du milieu.

(1) *Mémoires de Bismarck*, par BUSCH, t. I, p. 285.

(2) Nietzsche n'a pas dit que les Allemands devaient être
les surhommes de l'avenir. Il a même conçu, pour remplir
cette fonction sociale « une espèce d'hommes surnationale et
nomade ». Nietzsche s'est peu préoccupé des conséquences
politiques de ses théories ; il a toutefois prédit de grandes
guerres pour la suprématie mondiale.

Recherchons, maintenant, quelle a été l'influence des théories de Nietzsche sur les générations qui ont suivi l'apparition de ses livres.

Les pensées des philosophes ont rarement eu une action immédiate sur les foules. C'est ainsi que les principes de Descartes, base de toute la science et de toute la vie modernes, sont restés enfermés dans le Discours de la Méthode pendant plus d'un siècle sans produire d'effet social. Même à notre époque où la propagation des idées est relativement facile, il serait hasardé de prétendre que les maîtres de la pensée peuvent avoir une action immédiate sur les masses populaires. Toutefois, il paraît certain que les doctrines de Nietzsche se propagent en Allemagne avec une grande rapidité. « Il est presque impossible aujourd'hui, de lire un seul traité effleurant simplement le terrain philosophique, sans y rencontrer le nom ou les théories de Nietzsche », écrit le Dr Hugo Kaatz (1). « Le prophète de la Volonté de Puissance et du Surhomme, dit M. Lichtenberger, n'est pas admiré en Allemagne uniquement comme un grand poète, un psychologue de premier ordre, un profond connaisseur du cœur humain ; il a été pour beaucoup un initiateur à la vie de l'esprit... Ceux-là même qui combattaient le plus nettement ses tendances, les chrétiens et les socialistes, se sont efforcés de s'assimiler, au moins partiellement, ses idées. On a vu un pasteur protes-

____

(1) *La Conception du Monde*, de Frédéric NIETZSCHE, p. 6.

tant composer des Sermons Zarathustriens » (1).
M. de Wyzewa, qui a fait paraître sur Nietzsche
une série d'intéressants articles, écrit de son côté :
« Aux quatre coins de l'Europe le nom de Nietzsche
est devenu fameux, et l'influence de ses écrits se fait
sentir aussi bien dans le « Triomphe de la mort »
de M. d'Annunzio que dans les derniers drames
d'Ibsen et dans les œuvres les plus récentes des
romanciers russes... Mais c'est en Allemagne surtout
que l'admiration de Nietzsche a pris toutes les proportions d'un culte. Des professeurs d'université ont
inscrit la théorie du super-homme au programme
de leur cours ; il s'est formé une littérature, une
musique, une politique Nietzschéennes » (1). C'est
ainsi, par exemple, que Richard Strauss a fait de
Zarathustra le sujet d'une de ses principales sym-
phonies.

Nous avons montré que Nietzsche avait condensé,
dans son système de morale, les idées qui diffusaient
autour de lui dans toute l'Allemagne intellectuelle.

Nous pouvons maintenant ajouter que ces idées
il les a rendues à l'Allemagne, exprimées dans des
maximes toutes rayonnantes de poésie, qui les font
pénétrer plus vite et plus profondément dans les
foules germaniques. Les théories de Nietzsche éclai-
rent ainsi d'une vive lumière le fond de l'âme allemande.

(1) *L'Allemagne Moderne*, p. 313. « Ainsi parla Zarathustra »,
est un des principaux ouvrages de Nietzsche.
(2) *Revue des Deux-Mondes*, 1er février 1896, p. 689.

La philosophie de Hegel y apporte encore une nouvelle clarté. Les idées ne correspondent pas seulement à la réalité comme l'image à l'objet, dit le maître de la pensée dans l'Allemagne contemporaine, elles sont l'essence même de la réalité ; le rationnel est le principe du réel, et tout ce qui existe est totalement justifié par le seul fait de cette existence ; ce qui est, est la raison réalisée. L'application de ces idées fondamentales à l'histoire et à la politique a conduit Hegel à démontrer l'accord de ce qui réussit avec les lois, providentielles ou fatales, qui régissent la vie humaine ; à reconnaître dans la victoire et dans la force le signe d'un droit supérieur ; à affirmer que la civilisation ne s'élabore que par la guerre, et que force, droit et **vertu** sont synonymes. Hegel prétendait, d'autre part, qu'il existe des peuples — et des individus — prédestinés, et dotés de la Force qui leur est nécessaire pour accomplir la mission dont ils ont été investis ; il a été, ainsi, amené à prédire à l'Allemagne la suprématie universelle, l'empire du monde. Et Hegel n'entrevoit pas seulement une suprématie d'intelligence, un rayonnement supérieur de civilisation ou de pensée ; il prédit à l'Allemagne une domination très réelle, un empire germanique auprès duquel le droit national des autres peuples, le droit humain n'existerait pas. L'idéalisme de Hegel, nous le voyons, aboutit, dans la vie pratique, au culte de la Force, à la théorie de la conquête, et même à la légitimation des abus par l'idée de mission du peuple fort, de l'individu fort.

Les principaux concepts de l'Allemagne contemporaine se trouvent donc formulés et justifiés dans l'œuvre de Hegel. Or, l'hégélianisme a été, de bonne heure, la philosophie officiellement enseignée Outre-Rhin ; il a ensuite inspiré, à des degrés divers, tous les penseurs allemands, et, enfin, commenté et vulgarisé par les écrivains du XIXᵉ siècle, il est progressivement descendu, de la haute littérature dans les foules populaires.

Hegel et Nietzsche nous dévoilent ainsi le fond de l'âme germanique, comme Rousseau et Voltaire nous dévoilent l'âme de la France de 1793.

----

§ *(B)*. — Sentiments et Concepts du Peuple dans l'Allemagne contemporaine.

Les écrits de tous les hommes politiques et de tous les sociologues qui ont étudié l'Allemagne contemporaine confirment nos observations personnelles sur les populations d'Outre-Rhin et prouvent que les sentiments et les concepts dont nous avons montré l'existence dans l'élite intellectuelle ont profondément pénétré dans les foules allemandes.

« J'ai été en Allemagne, écrivait le 22 août 1905 dans un grand journal radical-socialiste M. Lockroy, ancien ministre de la marine, j'en suis revenu épouvanté. On dit, en France, c'est l'empereur d'Allemagne qui est ambitieux, c'est l'empereur qui veut étendre sa domination du Cap Nord à la Méditerranée. Eh bien ! non ; l'empereur, si puissant qu'il soit, ne pourrait rien rêver de tout cela, s'il n'avait pas l'opinion pour lui et avec lui. Ce n'est pas seulement l'empereur, c'est l'Allemagne toute entière qui veut soumettre toutes les nations à son influence et absorber l'Europe. Et ce sentiment se trouve dans toutes les classes de la société, à la cour comme à la ville, chez les hobereaux comme chez les prolétaires, chez les conservateurs comme chez les socialistes..... Il domine la politique de tous les partis » (1).

Le 23 juillet 1908, M. Huc, directeur de ce même journal radical-socialiste (2), écrivait après un voyage à Berlin : « Sous aucune latitude la masse n'est jalouse de se faire tuer sur les champs de bataille. Mais d'abord, ce n'est jamais la masse qui décide la guerre, on l'y décide ; ce sont d'autres qui la déclarent. L'essentiel est que la mentalité populaire soit préparée à ces redoutables issues, car il n'y a que les nations sauvages où la guerre soit aimée pour elle-même. Eh bien, en Allemagne, il existe une mentalité belliqueuse ; j'ose presque ajouter sauvage. On nous a parlé jadis du maître allemand, on n'en parle plus assez. Tandis que la majorité de nos instituteurs, si patriotiques soient-ils,

(1-2) *La Dépêche.*

incline vers le pacifisme, l'unanimité des instituteurs
est là-bas tout à fait chauvine ; chauvine effroyable-
ment. Ce que le magister de village apprend à sa
marmaille teutonne, c'est qu'il faut abandonner à
ces ridicules Latins le souci de se diriger par des
maximes et de se conformer à des préceptes ; que
pour les sociétés aussi bien que pour les individus,
— surtout quand cette société est la prolifique Allemagne, — l'unique et suprême règle, c'est la lutte
pour la vie. Vivre avant tout, philosopher ensuite.
On ne vit que si l'on est fort. Or, à quoi servirait la
force si on ne devait jamais s'en servir ? Ce que
l'instituteur allemand prêche tous les jours aux enfants qu'on lui confie, c'est le souvenir glorieux des
victoires de leurs pères ; c'est la vertu de la guerre
et le droit de la rapine. On entrevoit, d'ici, les ai-
mables générations que cet enseignement féroce a
pu créer en Allemagne, et si les excitations pangermanistes sont en train de tomber dans l'oreille d'un
sourd... Très tranquillement, dans les milieux commerciaux de l'Allemagne, on parle d'aller trouver
les gros sous où ils se trouvent et de s'ouvrir en
France un compte-courant à la pointe des baïonnettes allemandes. Je n'ai certes pas le droit de dire
qu'en Allemagne tout le monde veut la guerre ; mais
ce qu'il y a de sûr c'est que là-bas on en parle couramment, surtout qu'on en parle trop. Il n'y a pas
de fumée sans feu. »

Voilà l'opinion de deux écrivains profondément
attachés à la doctrine française de la fraternité des

peuples, et qui, par suite, seraient plutôt enclins à voir sous un jour atténué des états d'âme favorables aux conflits.

M. Lichtenberger, dans la conclusion d'une importante étude parue en 1908, écrit, en parlant du peuple allemand (1) : « Et voici que dans cette nature sans grâce et sans brillant, mais solide et endurante, grandit une volonté de puissance vigoureuse, patiente, méthodique, capable de poursuivre, avec une inlassable persévérance, le but qu'elle s'est une fois donné, sans jamais se laisser distraire par un caprice ou une passion, sans jamais se laisser rebuter par une difficulté ou un obstacle. L'Allemand veut la puissance, non pas tant par désir personnel de se mettre en avant, de se faire valoir, **non pas même** en raison des avantages matériels **qu'elle peut** procurer ; il la veut pour elle-même, parce qu'elle est la mesure de la valeur vraie d'un homme, d'un parti, d'un peuple... parce qu'il est non seulement inévitable, mais encore utile, sage, normal que la force prime la faiblesse, que la monade supérieure se subordonne la monade inférieure... Et cet effort vers la puissance s'enfle et grandit dans toutes les régions de la vie allemande, dans tous les domaines de l'activité humaine. Il se montre chez les individus, chez les partis politiques, chez les groupes sociaux, chez les Etats. Il s'affirme au sein de la

____

(1) *L'Allemagne Moderne*. Lichtenberger, **Maître de conférences à la Sorbonne**, p. 132, 136, 139.

collectivité allemande tout entière sous la forme de l'Impérialisme et de la politique mondiale. Il tend vers la prééminence militaire, navale, diplomatique, vers l'hégémonie économique, industrielle, commerciale, vers la primauté scientifique... Et plus que jamais l'Allemagne unifiée d'aujourd'hui reste dressée au seuil du siècle nouveau comme une volonté de puissance admirablement organisée et bien résolue à ne pas désarmer. »

Ainsi, à tous les hommes qui l'ont étudié de près et qui étaient le plus qualifiés pour n'être pas dupes d'apparences, le peuple allemand se révèle comme profondément imbu de la doctrine sociale de l'élite.

Telle est, aussi, l'impression personnelle que nous avons rapportée de notre séjour en Allemagne.

Les Germains, les Prussiens surtout, nous sont apparus comme ayant, sous une apparence calme et froide, un esprit enthousiaste et souvent exalté pour tout ce qui touche à la grandeur du Vaterland. Dans les manifestationse de la vie ordinaire, les Allemands sont affables avec les Français, ou tout au plus indifférents ; mais, dès qu'on s'entretient avec eux des relations franco-allemandes, de la guerre de 1870, des campagnes de Napoléon, ils prennent une attitude tranchante, orgueilleuse, presque agressive. Ils professent un véritable culte pour tous les souvenirs de la dernière guerre avec la France. Dans les rues des villes, aux vitrines des magasins, dans les salons et les chambres des hôtels, dans les *Kneipe* d'étudiants et les salles de réunion des sociétés figu-

rent, à la place d'honneur, les monuments ou les
bustes de Bismarck, de Moltke, de Guillaume 1er,
ou les tableaux commémoratifs de leurs victoires.
Enfin, le peuple allemand éprouve pour l'armée un
profond attachement qu'il manifeste avec une sim-
plicité grandiose dans les plus minimes circonstances de la vie militaire. A Berlin, par exemple, la
rentrée des troupes dans leurs casernes ou le relèvement des gardes fait l'objet de véritables cérémo-
nies auxquelles assiste, chaque jour, une foule
compacte. Dans ces manifestations populaires, les
mains ne battent pas, les bouches sont muettes ;
mais le regard fier, l'attitude à la fois hautaine et
respectueuse de ces hommes du Nord y révèlent,
d'une façon émouvante, le culte des victoires passées et l'espoir des prouesses futures.

Les Allemands les plus pacifiques partagent cet
espoir et travaillent à sa réalisation. En mai 1906,
un industriel faisait, à l'administration militaire,
un legs de six mille marks dont les intérêts
devront être capitalisés jusqu'au jour où l'Allemagne aura la guerre avec une puissance européenne ; les deux tiers de ce capital seront versés au premier soldat qui aura pris un drapeau à
l'ennemi, et le reste au premier soldat qui aura pris
un canon. Une souscription populaire pour la construction de « croiseurs aériens », ouverte en mars
1909, s'élevait, un mois après, à 6.096.355 marks.

Il existe encore une preuve remarquable de l'enthousiasme avec lequel le peuple allemand a ac-

cueilli la doctrine d'expansion élaborée par l'élite
intellectuelle ; cette preuve est la floraison extraordinaire de sociétés d'expansion germanique qui
caractérise, à un haut degré, la vie d'Outre-Rhin ;
ces sociétés, dont nous ferons une étude détaillée
au chapitre suivant, englobent, nous le verrons,
dans leur sein, la majeure partie de la nation allemande.

Il importe de remarquer que tous les partis politiques oublient leurs divisions quand les intérêts
supérieurs de l'Allemagne sont en jeu. Les socialistes ont, eux-mêmes, — par des paroles qui devraient être un avertissement et un exemple —
dissipé les doutes qu'on avait voulu élever sur ce
point spécial de la solidarité nationale. A la mémorable séance du 7 mars 1904, au Reichstag, en réponse à un discours dans lequel Bebel affirmait la
sincérité du patriotisme de la Sozial-Demokratie, et
pour mettre en doute cette sincérité, le général Von
Einem, ministre de la guerre, accusait les socialistes allemands de méditer la grève générale en cas
de guerre. « Jamais nous n'avons tenu un pareil langage, dit l'un d'eux, vous nous prenez pour des
socialistes français ». Bebel, le vieux chef de la
Sozial-Demokratie, a fait maintes fois, à ce sujet,
des déclarations qui ne peuvent laisser aucun doute
à personne. En janvier 1906, notamment, à la veille
du congrès socialiste d'Amsterdam, il a affirmé que
si la question de l'attitude à prendre en cas de guerre
était posée, et, plus spécialement, si on proposait

d'admettre la grève générale au nombre des moyens
à employer pour empêcher la guerre, « les socialistes allemands refuseraient, dans les deux cas, de
discuter la question et repousseraient de la façon la plus catégorique toute proposition de ce
genre » (1). « Nous avons besoin du pays où nous
sommes nés, disait-il encore au congrès d'Essen, en
septembre 1907, du sol sur lequel nous vivons et
de la langue que nous parlons, pour faire de notre
patrie le plus beau et le plus parfait des pays qui
soient au monde ». Enfin, au congrès d'Iéna, le
14 septembre 1911, Bebel disait encore : « Les socialistes français pourront faire la grève générale si
cela leur plaît, mais les socialistes allemands considèrent la grève générale en cas de guerre comme
inadmissible ». Il disait encore, à ce même congrès :
« La question du désarmement ne nous séparera
plus à l'avenir ; le mot d'ordre n'est pas de désarmer,
mais d'augmenter les armements ».

L'ensemble du parti socialiste allemand a pris,
sur ces questions de force militaire et d'expansion
germanique, une attitude encore plus nette que son
chef, surtout depuis 1910-1911.

C'est là une situation qu'il importe de mettre en
relief, car trop de Français s'obstinent à garder, sur
ce point, des illusions dangereuses. Nul, cependant,
ne saurait mettre en doute les travaux publiés en
1913 sur le socialisme allemand par M. Charles

____

(1) *La Dépêche* (Journal radical-socialiste) du 24 janvier 1906

Andler, socialiste français, professeur à la Sorbonne.

Or, M. Andler déclare que ses idées antérieures sur le socialisme allemand sont renversées par les faits qu'il a vus et les textes qu'il a lus ; que le socialisme allemand n'est pas international ; que, sous la pression des intérêts, il est devenu solidaire du Capitalisme et de l'Impérialisme germaniques.

M. Andler considère à tort que c'est là une nouvelle tendance du socialisme allemand ; ce mouvement d'idées n'est au fond, en effet, que le développement logique des concepts qui forment le fond de l'âme germanique ; cette attitude nationaliste et réaliste de la Sozial-Demokratie a toujours constitué la différence essentielle entre le socialisme allemand et le socialisme français. Le socialisme allemand a toujours été chauvin dans son essence ; les socialistes d'Outre-Rhin ont toujours regardé la **race** germanique comme représentant l'humanité, et même dans leurs manifestations les plus internationalistes, ils sont restés fidèles au précepte de Fichte : « Soyons allemands patriotes, et nous ne cesserons pas d'être comospolites ».

M. Andler, pour caractériser ce prétendu socialisme nouveau, invoque les regrets exprimés par le grand journal socialiste allemand, le *Vorwærts*, lors de la démission de M. Von Lindequist qui, en août 1911, abandonnait le ministère des colonies parce qu'il jugeait insuffisantes les compensations données à l'Allemagne par la France au Congo et trop grands les avantages consentis par l'Allemagne à la

France au Maroc. « Ces jours-là, dit M. Andler, les manifestations du *Vorwærts* se confondaient avec la manifestation du Kronprinz et elles étaient plus impérialistes que l'empereur. » M. Andler cite encore les articles de la *Leipziger Volkszeitung*, journal socialiste de Leipzig, il déclare qu'il serait difficile de compter les manifestations socialistes qui se sont succédé en 1911 pour protester contre la « tunisification » du Maroc, il montre que le parti sociailste avait été un parti conquérant pendant toute la durée de l'affaire marocaine, et il conclut en écrivant : « Pour le socialisme allemand néo-lassalien les classes ouvrières sont solidaires du capitalisme ; elles sont solidaires de la politique coloniale ; elles sont solidaires d'une politique d'armements, défensive en principe, offensive s'il le faut... La doctrine nouvelle sauvegarde les intérêts d'un seul prolétariat, le prolétariat d'Allemagne. »

M. Andler écrit encore : « Ce socialisme nouveau envisage comme sa tâche présente d'ouvrir la conscience populaire *aux idées de domination* qui ont surgi de la victoire de 1870, de l'éveiller à cette forme particulière du sens politique, si vif chez les Anglais, qui *perçoit l'étroite union des intérêts populaires et des destinées de l'Etat.* »

Un des écrivains les plus écoutés parmi les néo-socialistes, Karl Leuthner, se montre partisan d'une politique étrangère bismarckienne, il déclare que les ouvriers allemands ont plus à craindre d'une défaite que l'empereur lui-même. Contre la France

il veut reprendre la diplomatie des « *douches froi-
des* ». Il se moque avec haine des Français ; il manifeste du mépris pour leur armée : « ils la croient
de 534.000 hommes, ces chiffres, dit Leuthner, sont
encore une ostentation » ; ce même écrivain déclare
qu'il ne devrait plus arriver au parti socialiste allemand de harceler la diplomatie de son pays ; c'est
l'apanage des partis jeunes d'agir ainsi, écrit-il ;
aujourd'hui, que le parti socialiste a charge de l'Allemagne, une telle attitude serait criminelle. Et
Leuthner se déclare solidaire non seulement des
diplomates, mais aussi des militaires ; il fait l'éloge
de Clausewitz, de Roon, de Moltke et du général de
Bernhardi, dont il rappelle ces paroles en les approu-
vant : « Il faut que la France, dans le prochain et
inévitable conflit, soit si complètement écrasée que
l'Allemagne ne la trouve plus jamais sur son chemin ».

Déjà, en 1870, les associés allemands de l'Internationale avaient combattu la France avec enthousiasme. Nous voyons que les sentiments des socialistes d'Outre-Rhin n'ont pas changé, et que, aujourd'hui, plus que jamais, ils font de l'internationalisme, de l'antipatriotisme et du pacifisme des articles d'exportation destinés à affaiblir leurs voisins
et rivaux.

Sans doute, l'attitude officielle du parti socialiste
allemand vis-à-vis des socialistes étrangers a été,
par moments, de protester contre l'augmentation
des dépenses militaires en Allemagne et d'affirmer

leur pacifisme ; mais cette attitude n'était qu'une
manœuvre dont les Français surtout ont été victimes
jusqu'à ce jour, un masque destiné à cacher le fond
des sentiments et des instincts de la classe ouvrière
allemande.

Il résulte, d'une façon manifeste, de tout ce qui
précède :

1° Que les sentiments et les concepts généraux de
l'Allemagne contemporaine relatifs aux rapports
internationaux sont, ainsi que nous l'avons avancé
au début du chapitre, le désir de l'unification totale
des peuples allemands, la croyance à la supériorité
de la race germanique et à la mission qui la destine
à dominer les autres races, le culte de la force et
de la guerre, le mépris de tous les droits qui ne
sont pas appuyés par la force, la Volonté de Puissance et la recherche de la domination.

2° Que cette doctrine politique et sociale n'est
pas seulement la doctrine de l'Allemagne officielle,
mais aussi celle de l'élite intellectuelle et du peuple
allemand tout entier.

Nous étudierons ultérieurement les effets considérables que produisent, sous nos yeux, ces forces
d'expansion et ceux, plus considérables encore,
qu'elles sont susceptibles de produire dans l'avenir.

Nous devons, avant d'entreprendre cette importante étude, achever le dénombrement et l'analyse
des forces expansives de la race germanique. Aux
forces morales que nous venons d'envisager viennent, en effet, s'ajouter celles qui résultent de l'ac-

croissement de la population germanique et de l'organisation méthodique de la nation allemande en vue de son expansion.

CHAPITRE II

Les Forces Matérielles d'Expansion et l'Organisation Méthodique des Forces morales et des Forces matérielles en vue de l'Expansion Nationale.

I. — Les Forces Matérielles d'Expansion

Les forces matérielles d'expansion de l'Allemagne contemporaine sont celles qui résultent de l'accroissement de sa population.

La population de l'Allemagne qui, en 1871, atteignait 40.816.000 habitants, augmente, en effet, depuis un demi-siècle d'un mouvement rapide. Elle s'élevait en 1875 à 42.720.000 habitants ; en 1880 à 45.234.000 ; en 1885 à 46.855.000 ; en 1890 à 49.428.000. De 1875 à 1885 l'augmentation annuelle moyenne était donc de 400.000 ; de 1885 à 1890 elle dépassait 500.000. De 1892 à 1896 le chiffre moyen de l'augmentation a été de 800.000 par an.

Au recensement quinquennal du 1er décembre 1895 il y avait 52.630.000 habitants dans l'empire ; à celui du 1er décembre 1900 il y en avait 56.806.000 ; à celui du 1er décembre 1905 il y en avait 60.605.000 ; à celui du 1er décembre 1910 il y en avait 64.897.000.

Enfin, le chiffre moyen de l'augmentation de la population depuis 1910 est de 800.000 par an, après avoir été de 850.000 de 1905 à 1910.

Si cet accroissement de la population, qui est exclusivement dû aux excédents de naissances, se poursuit pendant 40 ans suivant les proportions des 40 dernières années, il y aura vers 1950 plus de 95.000.000 d'habitants dans l'Empire, et la densité de la population qui y était, en 1900, 105 par kilomètre carré, y sera environ 180.

Quel est le degré de probabilité de ces prévisions ?

Les phénomènes relatifs au mouvement de la population ont une tendance naturelle à se poursuivre d'une façon progressive, leur figuration analytique tend vers une courbe continue.

Par conséquent, l'accroissement de la population en Allemagne pourra augmenter ou ralentir sa vitesse, cet accroissement pourra même devenir négatif, mais quelle que soit la modification de son mouvement, si aucune cause anormale n'intervient, cette modification se fera lentement, progressivement.

Les calculs ci-dessus portant, d'autre part, sur une courte durée de temps, il résulte de ce qui précède que l'écart entre nos prévisions et la réalité sera négligeable.

Des épidémies, des famines, l'émigration ou la guerre pourraient seules fausser nos calculs. Mais l'état actuel de la civilisation permet, en Europe, d'empêcher les famines et de maîtriser les grandes épidémies ; il nous est donc permis de poser en principe que, abstraction faite de l'émigration et de la guerre — sur le rôle desquels nous aurons à revenir — il y a de grandes probabilités pour que les prévisions que nous avons faites se réalisent approximativement.

A ces probabliités théoriques se joignent des probabilités historiques d'un grand intérêt ; la fécondité est, en effet, un caractère permanent de la race germanique ; ce caractère a persisté à travers les siècles depuis l'époque des grandes invasions des IV⁰ et V⁰ siècles et aujourd'hui on le retrouve encore sur tous les points du globe où il y a des peuples d'origine germanique. En Belgique, les Flamands deviennent rapidement plus nombreux que les Wallons ; la Suisse allemande se surpeuple, tandis que la Suisse romane maintient à peine le chiffre de sa population ; en Autriche et dans les provinces occidentales de la Russie, l'accroissement de la population allemande est égal et souvent supérieur à l'accroissement de la population slave qui est, elle aussi, une des plus prolifiques du globe. La même fécondité caractérise les Allemands qui ont émigré en Amérique, en particulier aux Etats-Unis, au Brésil et dans la République Argentine ; cette fécondité y est telle que les descendants d'Allemands ont formé, dans tous les États d'Amérique, des groupements bien distincts pour la dénomination desquels on a créé l'expression spéciale de « colonies spontanées » ; les États-Unis, par exemple, renferment, à eux seuls, nous le verrons plus loin, 25.000.000 d'individus de sang germanique.

Malgré tous ces faits, absolument indéniables, nous avons entendu répéter en France dans les dernières années et même lu dans les plus grands journaux que « les pangermanistes, qui espéraient submerger les pays voisins avec le flot sans cesse croissant de la population d'Outre-Rhin, étaient consternés, que l'Allemagne allait, à son tour, comme la France, souffrir de la *dépopulation*, car la *natalité* y était en voie de diminution et qu'une orientation nouvelle de la politique allemande et de la politique internationale pouvait sortir de ce fait ».

Ce sont là des erreurs graves qu'il importe de dissiper. Il est bien exact que les dernières statistiques publiées en Allemagne font ressortir un affaiblissement de la *natalité*, mais les conséquences tirées de cet affaiblissement par quelques Français sont entièrement fausses. La natalité est le chiffre annuel des naissances par mille habitants ; elle peut diminuer sans que le nombre annuel total des naissances et le chiffre total de la population ne cessent cependant tous deux de s'accroître. Et c'est là, précisément, le phénomène qui s'est produit en Allemagne, non seulement dans les dernières années, mais depuis 1876 environ ; la natalité y est, en effet,

descendue de 42,6 à 38,3 en 1890, 30,7 en 1910 et
dans ce laps de temps, pendant que la natalité bais-
sait, le nombre annuel des naissances est cependant
passé de 1.700.000 à 2.000.000, ce qui, diminution
faite des décès et de l'émigration, a amené un accroissement de la population allemande de 400.000 à
850.000 individus par an. Au total, pendant cette
période de diminution de la *natalité*, la population
de l'Allemagne a augmenté de 22.000.000 d'habitants.

Le chiffre de la natalité et le chiffre annuel total
des naissances peuvent même diminuer tous les deux
sans que la population cesse de s'accroître. Et c'est
encore là le phénomène qui se produit en Allemagne
depuis 1910 environ.

En 1911, il y a eu 30.000 naissances de moins
qu'en 1910 et 20.000 décès en plus ; cela ne veut
point dire que l'Allemagne s'est dépeuplée, mais bien
qu'elle a augmenté sa population de 800.000 individus seulement en 1911, tandis que cette augmentation avait été de 850.000 en 1910.

Voilà des considérations qu'il importe d'avoir nettement présentes à l'esprit si l'on ne veut commettre
des erreurs graves et concevoir des espérances fausses. On ne peut appliquer à l'Allemagne le mot de
« dépopulation » : en 1911, par exemple, on cons-
tate que la France a perdu 35.000 habitants, elle
s'est donc dépeuplée, mais si l'on disait que l'Allemagne s'est dépeuplée, aussi, cela voudrait dire

qu'elle a gagné 800.000 Allemands au lieu de 850.000 qu'elle en avait gagnés en 1910.

En résumé, la vitesse de l'accroissement de la population allemande se ralentit en ce moment, mais même si ce ralentissement va en augmentant, cette augmentation du ralentissement sera progressive et il y a de grandes probabilités fondées sur la raison, l'ethnographie et l'histoire, pour que vers 1950, abstraction faite de l'émigration et de la guerre, il y ait en Allemagne 95.000.000 d'habitants environ.

Quelles sont les forces expansives que l'Allemagne peut tirer du chiffre de sa population actuelle et de l'accroissement probable de ce chiffre ?

1° *Accroissement de la force générale d'expansion de l'Allemagne.*

La grande densité de la population et le grand nombre d'habitants ne sont ni la condition nécessaire, ni la condition suffisante de l'expansion d'un pays. Toutefois, lorsqu'un peuple est capable d'assurer à ses enfants une instruction solide et une forte éducation, il est indéniable que ce peuple peut produire un nombre de savants, d'artistes, de diplomates, de généraux d'autant plus élevé que sa population est plus nombreuse.

En outre, les générations que le sol ne peut pas nourrir, mais qui ont pu recevoir les armes nécessaires à la lutte pour l'existence, sont celles qui contribuent le plus par leur *émigration* au rayonnement et à la grandeur de la mère patrie ; ce sont elles, en effet, qui se répandent dans le monde, en quête de débouchés, d'inventions, de victoires intellectuelles et économiques de tout ordre, et, ainsi, ouvrent à l'exportation de la mère patrie des marchés nouveaux, élèvent le chiffre de sa navigation, agrandissent le champ de ses expériences économiques ; ce sont elles qui, stimulées par le besoin, luttent avec le plus de vaillance dans la mêlée universelle ; ce sont elles, enfin, qui augmentent le plus l'influence mondiale de leur pays en propageant ses mœurs, sa langue, sa littérature.

Nous pouvons donc poser en principe que, dans un Etat bien organisé, — c'est, nous allons le voir, le cas de l'Allemagne, — l'accroissement de la race est une condition générale très favorable à toutes les formes d'expansion.

Nous verrons à quel haut degré les faits confirment ces prévisions théoriques.

2° *Accroissement de la puissance militaire de l'Allemagne ; conséquences de cet accroissement au point de vue de l'expansion germanique.*

Le grand nombre de soldats n'est, également, ni la condition nécessaire, ni la condition suffisante de la force militaire d'une nation. Avec cent mille hommes bien disciplinés, rompus à toutes les fatigues, les Grecs triomphèrent des millions d'hommes de Xerxès; les Romains n'eurent jamais plus de 400.000

soldats disséminés de l'Atlantique à l'Euphrate, et
Napoléon remporta ses plus belles victoires avec des
armées inférieures en nombre à celles de ses adversaires. Or, cette priorité de la valeur individuelle des
soldats sur le nombre, que toutes les guerres du
passé ont mise en évidence, ira en grandissant avec
le perfectionnement des armes. Nul homme de
guerre, nul homme d'Etat n'ignore ces vérités fondamentales. En Allemagne même, le général Von
der Goltz a éloquemment montré la supériorité incontestable d'une petite troupe aguerrie sur des masses de bourgeois pacifiques déguisés en soldats. « On
a vu dans la campagne d'hiver de 1870-71, écrit-il
dans la « Nation Armée » que les jeunes troupes
non exercées de la République Française, bien que
deux ou trois fois supérieures en nombre, n'ont pu
contrebalancer la haute valeur militaire des troupes
allemandes. Pour une armée nombreuse mais mal
organisée et mal préparée, ayant devant elle des
troupes bien stylées, le nombre lui-même devient un
embarras et une cause de faiblesse... Si trois béliers
sont en face d'un lion, aucun homme de bon sens ne
songera à donner la supériorité aux premiers » (1).
Ainsi, le nombre des combattants ne fait pas à lui
seul la force des armées.

Toutefois, lorsqu'une nation s'applique avec une
volonté ferme et persévérante à préparer la guerre,

(1) *La Nation Armée*, 4e édition. Traduction du Capitaine
Monet, p. 160.

— ce qui est encore, nous le savons, le cas de l'Allemagne, — le grand nombre d'habitants est, pour cette nation, une cause de force militaire. Dans un pays, en effet, le nombre de soldats qu'il est possible d'instruire est proportionnel au nombre d'habitants ; si ce dernier nombre double, la force numérique de l'armée pourra elle-même doubler. Or, Frédéric II, avec 30.000 hommes a été battu à Collin par 50.000 Autrichiens ; Napoléon Ier avec 130.000 soldats a été battu à Leipzig par 300.000 alliés ; et des écrivains militaires concluent, avec Clausewitz, de ces grands faits historiques que de deux troupes dont la valeur individuelle des combattants est à peu près égale, celle qui a un effectif double doit triompher de la troupe la moins nombreuse, quelle que soit la supériorité des chefs de cette dernière. Cette conclusion est peut-être théoriquement discutable, mais les faits de guerre l'ont constamment justifiée jusqu'à nos jours. Le grand nombre d'habitants peut donc être une cause de prépondérance militaire en raison, d'abord, des effectifs **que ce** grand nombre d'habitants permet de **préparer à la guerre.**

De plus ne semble-t-il pas que l'équivalence individuelle des combattants sera elle-même difficile à obtenir, toutes choses égales d'ailleurs, entre l'armée d'une race prolifique et celle d'une race à faible natalité ? Ne semble-t-il pas qu'un fils d'une famille nombreuse se sacrifiera, et sera sacrifié par les siens, plus facilement qu'un fils unique ; une armée de fils nombreux n'est-elle pas assurée, ainsi, d'éprouver à un plus haut degré qu'une armée de fils uniques les sentiments qui donnent la victoire ?

Pour tous ces divers motifs, l'accroissement de la population assurera à l'Allemagne, pendant environ la première moitié du XXe siècle, un accroissement parallèle de sa puissance militaire.

Or, nous avons vu, au chapitre précédent, que l'Allemagne a la ferme volonté d'appuyer en dernier ressort toutes les formes de son expansion mondiale sur sa force armée.

De tout ce qui précède, il résulte donc que la puissance d'expansion de l'Allemagne s'accroît en raison directe de l'accroissement de ses forces militaires, et, d'une façon plus générale, en raison directe de l'accroissement de sa population.

II. — Organisation méthodique des Forces Morales et des Forces Matérielles en vue de l'Expansion Nationale.

Les forces matérielles et morales dont nous venons de faire l'étude sont des causes d'expansion d'autant plus puissantes que ces forces sont méthodiquement coordonnées et développées dans toute l'Allemagne par les Sociétés d'expansion, par l'Uni-

versité, par l'Armée et par l'éducation générale que
donne à la nation le Culte des souvenirs historiques.

1. — *Les Sociétés d'expansion.*

Les Allemands sont doués d'une faculté merveilleuse d'association: ils aiment à se subordonner, à
s'unir pour atteindre ensemble un but commun. On
retrouve ce profond instinct de solidarité dans tous
les organismes qu'ils créent pour satisfaire leurs besoins de tout ordre, par exemple dans les cartels et
leurs syndicats économiques ; on le retrouve d'une
façon toute particulière dans la satisfaction de leur
besoin d'expansion.

Cette substitution de la lutte entre sociétés à la
lutte entre individus est un phénomène général qui
caractérise de plus en plus toute la vie sociale contemporaine, mais, tandis que dans la plupart des
pays ces groupements solidaires affectent une forme soit purement économique, soit internationale,
en Allemagne au contraire ils sont nationaux et
inspirés par de profonds sentiments patriotiques.
On voit chaque entreprise allemande guetter, dans
le monde, l'occasion de donner la main aux autres
entreprises nationales ; marins, industriels et commerçants se considèrent comme des soldats devant
l'ennemi : ils marchent l'un aidant l'autre dans la
mêlée universelle ; ils substituent l'effort national
solidaire au déchaînement de la lutte de chacun

contre tous. Nous trouvons ainsi, en Allemagne, une forme nouvelle du patriotisme, le patriotisme d'affaires, qui s'oppose d'une façon très nette à l'internationalisation des intérêts économiques que prêchent tant de Français. De ces sentiments de solidarité et de patriotisme sont nées les nombreuses sociétés d'Outre-Rhin qui ont pour but de travailler à l'expansion de l'Allemagne. Ces sociétés, qui renferment dans leur sein la majeure partie de la population, sont une cause importante du mouvement national qui soulève la Germanie et la pousse hors de ses frontières.

La plus importante d'entre elles est la *Ligue Pangermanique* (Alldeutscher Verband); cette société, fondée en 1891, réorganisée en 1894, possède aujourd'hui des groupes locaux dans toutes les villes d'Allemagne et dans tous les pays où se sont produites l'émigration ou la colonisation germaniques, en Amérique, en Afrique, en Asie et en Océanie. Elle a joué depuis 20 ans un rôle considérable dans le monde entier et un rôle prépondérant dans l'Empire.

La Ligue Pangermanique prétend « personnifier la conscience nationale de l'Allemagne » ; elle veut implanter dans la masse du peuple la conviction que le développement de la patrie est loin d'être terminée par les événements de 1870-71 ; elle y exalte la volonté de l'unification totale des peuples allemands, la foi dans la supériorité de la race germanique, et par dessus tout le culte de la force et de l'armée .

« Notre tâche, à nous, pangermanistes, disait le
général Keim au congrès pangermaniste de Mayence,
d'avril 1913, est de maintenir le glaive allemand
tranchant comme un rasoir » ; à l'intérieur, elle
combat tout ce qui n'est pas allemand et dirige le
laborieux travail de germanisation de la Lorraine,
de l'Alsace, de la Pologne et des provinces Danoises
annexées ; à l'extérieur, elle protège tous les Allemands et amis de l'Allemagne « qui seraient inquié-
tés en raison de leur Deutschtum (1) », et s'efforce
d'établir des liens de plus en plus puissants entre
les émigrés allemands et la mère-patrie.

En vue de propager ses théories et d'atteindre
son but, la Ligue Pangermanique a fondé des journaux et des revues, organisé des bibliothèques et
des conférences, ouvert des concours de chants, de
poésies et d'ouvrages patriotiques, à la suite desquels elle distribue des prix qui s'élèvent jusqu'à
deux mille marks. L'organe officiel de cette société,
les *Alldeutsche Blætter*, s'est fait le défenseur vigi-
lant et acharné de l'expansion allemande sur tous
les points du globe. Nous le verrons, en Belgique,
soutenir le *flamingantisme* et le progrès de la civilisation germanique avec une passion qui touche
parfois au délire. C'est ainsi, par exemple, que dans
son numéro du 3 juillet 1909 ce journal engageait

_____

(1) Le mot « Deutschtum » n'a aucun équivalent en français, on peut le traduire dans cette citation par l'expression
« culte de ce qui est allemand ».

toute la presse allemande à ouvrir une campagne
contre le cinématographe Pathé, qui osait se permettre dans ses représentations en Belgique de travailler « à changer en antipathie, la sympathie profonde qu'ont les Belges pour les Allemands. »

Une polémique qui s'engagea en octobre 1905
entre le Dr Grosse, membre New-Yorkais de
l'*Alldeutscher Verband*, et un journal allemand qui
est publié à New-York, *la New-York Staatszeitung*,
polémique à laquelle les *Alldeutsche Blætter* parti-
cipèrent, nous permet de caractériser, à l'aide d'un
document officiel, la doctrine et les procédés de propagande de la Ligue Pangermanique. « Le destin de
notre peuple, est-il écrit dans un appel que la Ligue
Pangermanique adressait aux Allemands de New-
York, ne peut pas borner son horizon aux limites
étroites de l'empire allemand, son histoire, sa civilisation, sa valeur propre lui donnent des droits à
une situation mondiale. La Ligue Pangermanique se
propose la défense et le relèvement des Allemands,
elle poursuit la lutte contre toutes les influences qui
empêchent notre développement national, et pour
que le peuple allemand soit mis en état de faire
une politique mondiale, il faut travailler à développer en lui une conscience nationale. »

Tout particulièrement, la Ligue Pangermanique
veut, était-il déclaré au cours de cette polémique,
obtenir le renforcement de la flotte allemande, la
création de stations maritimes, de dépôts de charbon, d'un réseau de câbles allemands, et surtout

diriger l'émigration allemande vers les pays où l'expérience a prouvé que les Allemands conservent leur nationalité.

Parmi les livres publiés sous les auspices de l'*Alldeutscher Verband* nous signalerons ceux parus sous le titre : *Der Kampf um das Deutschtum* (le Combat pour le Germanisme). On trouve dans toutes ces brochures populaires, sous une forme enthousiaste, souvent même exaltée, mais toujours très propre à hypnotiser les masses, la vulgarisation des concepts que nous avons analysés au chapitre Ier ; les idées suivantes y reviennent comme un leit-motiv : Dans l'histoire comme dans la nature il n'y a qu'une loi, celle de la lutte pour l'existence ; « la nécessité fait loi ; c'est elle qui confère des droits aux peuples et leur fournit les justes bases de leurs revendications » (1) ; « un véritable peuple a le droit de créer, avec sa bonne épée, l'espace qui manque à ceux de ses enfants ne pouvant plus vivre sur son territoire » (2) ; en donnant la victoire au meilleur, au plus fort, la loi de la lutte pour la vie tend à l'ennoblissement de l'espèce humaine ;

(1) Extrait d'une brochure publiée par la Ligue Pangermanique après le « coup d'Agadir », intitulée « L'ouest du Maroc à l'Allemagne » et dans laquelle il est dit que la France « ayant peur de la guerre », il suffira probablement de procéder par intimidation pour lui enlever le Maroc, et que si l'intimidation ne suffit pas, les Allemands doivent occuper le Maroc par la force des armes, « en invoquant, comme droits, leur surpopulation et leur activité ».

(2) *La Politique allemande de l'avenir*, p. 4.

l'empire du monde doit appartenir au peuple qui s'abstenant de tout amour universel pour l'humanité, concentre ses efforts pour assurer dans la lutte éternelle la prédominance de sa race ; la langue allemande est la langue la plus riche, le germanisme est la plus grande force de civilisation, de lui est venu tout ce qui s'est fait de bon dans le monde ; la race germanique est la plus forte, la plus prolifique, la plus morale ; les Allemands ont le droit et le devoir de prendre part en qualité de « peuple de maîtres » (Herrenvolk), à la direction des destinées du monde entier ; sur le chemin menant à une position de puissance mondiale ils n'ont fait que le premier pas en fondant l'empire ; c'est à eux qu'appartient l'avenir, et le XXe siècle sera le « siècle allemand ». C'est aux plus actifs, aux plus décidés, aux plus nobles que le monde appartient ; telle est la justice de Dieu.

Par delà les frontières de l'empire, l'*Alldeutscher Verband* conduit, ainsi que nous le verrons, le mouvement pangermanique en Autriche et dans les Pays-Bas. De plus cette société joint ses efforts à la *Kolonialgesselschaft* (Société coloniale) pour favoriser l'expansion de l'Allemagne hors d'Europe. C'est elle qui a propagé l'ambition de faire du Chantoung une colonie germanique ; c'est encore elle qui a inspiré la politique de Guillaume II au Maroc. « Je crois devoir noter la résolution suivante votée le 20 de ce mois par les pangermanistes Wurtembergeois réunis à Esslingen », écrivait le 25 mars

1904 M. Bihourd, ambassadeur à Berlin : « Plaise
au gouvernement impérial de mettre à profit la situation actuelle pour développer les intérêts économiques de l'Allemagne au Maroc. Le Maroc peut
devenir une colonie de peuplement et d'agriculture
en même temps qu'il serait un point d'appui des
plus précieux pour notre flotte sur une route de
navigation des plus importantes (1) ». *Les Alldéustche
Blætter*, depuis le mois d'octobre 1903, signalaient
l'importance du Maroc pour l'Allemagne et réclamaient, comme compensation à la moindre modification du *statu quo*, la cession d'une station de charbons avec son hinterland et le droit de poser un
câble ; elles rappelaient que l'art du diplomate
« était de savoir profiter des bonnes occasions » et,
dans le n° de mars 1904, montrant la Russie battue
en Extrême-Orient, elles demandaient « pourquoi
l'Allemagne ne profiterait pas au Maroc des avantages que lui offrait la situation ? » Aussi les Pangermanistes ont-ils toujours considéré comme un
échec pour eux les accords franco-allemands relatifs
au Maroc. Le 9 novembre 1908, la diplomatie
allemande consentait à soumettre à l'arbitrage l'incident des déserteurs de Casablanca, après avoir,
pendant huit jours, suspendu sur l'Europe la menace de la guerre. Le lendemain le chancelier de
Bülow se rendant au Reichstag était accueilli par
une manifestation de pangermanistes qui criaient

(1) *Livre Jaune sur les Affaires du Maroc*, p. 121.

« Casablanca, Casablanca, Démission ». Le 4 août 1911, le journal pangermaniste *la Post* écrivait, au sujet de la possibilité d'acceptation par l'Allemagne de la combinaison Congo-Marocaine : « Nous sommes en pleine retraite » et appelait l'Empereur « Guillaume le timide » et « le valeureux poltron ». La question du Maroc a fait l'objet de plusieurs publications de l'Union Pangermanique parmi lesquelles nous citerons les brochures n° 17 et 18 de la série intitulée « Flugschriften » : « le Maroc est-il perdu ? » de M. Elass, avocat, président du groupe de l'Union Pangermanique de Mayence, et « Pourquoi nous avons besoin du Maroc » du D[r] von Pfeil. Enfin, au congrès de Stuttgard, en novembre 1905, la section Wurtembergeoise de l'Alldeutscher examinait des projets de chemins de fer dans l'est et le sud-ouest africains. Nous voyons par ces quelques exemples, que l'Union Pangermanique s'attache à stimuler tous les ordres de manifestations de la vie nationale.

La violence ou l'inopportunité de l'action de la Ligue Pangermanique ont quelquefois obligé l'empereur ou les chanceliers à résister à cette action ou à la désavouer, du moins en apparence ; mais la Ligue a toujours finalement réussi à imposer sa volonté au gouvernement et, pour se renseigner à l'avance sur la politique que suivra l'Empire d'Allemagne, il suffira à l'avenir de lire les publications de la Ligue Pangermanique et d'étudier son programme.

A côté de la Ligue Pangermanique, nous citerons la « Ligue de défense nationale allemande » (Deutscher Wehrverein), fondée, le 28 janvier 1912, sous les auspices de l'élite de l'armée, de l'enseignement, du haut commerce, de la magistrature et de la diplomatie. Le manifeste de cette nouvelle société était un véritable appel aux armes ; il flétrissait les « chimères de paix universelle et de fraternité internationale » et réclamait l'augmentation immédiate de la force militaire allemande. Cette société a été la cause des accroissements formidables de l'armée allemande réalisés depuis 1913.

Parmi les sociétés qui ont pour objet principal de favoriser l'expansion économique, les plus puissantes sont la *Deutsche Kolonial Gesselschaft*, le *Deutscher Schulverein* (Union scolaire allemande) et le *Flottenverein* (Ligue navale). La Société Coloniale dont le budget annuel s'élève à plus de cent mille marks compte parmi ses 32.000 membres les plus grandes personnalités de l'empire ; le prince de Hohenlohe, le duc de Mecklembourg ont été ses présidents. L'Union Scolaire s'occupe de la conservation de la nationalité et de la propagation de la langue allemande à l'étranger où elle subventionne un grand nombre d'écoles, notamment à Anvers, Bruxelles, Bucharest et Constantinople. Son budget annuel dépasse 200.000 marks. En 1906, à l'occasion de son 25e anniversaire, cette société ouvrait une souscription destinée à créer un « trésor de guerre » pour mieux conduire la lutte contre les

autres races ; elle comptait 1.300 adhérents à sa
fondation, elle en renferme aujourd'hui 45.000. La
Ligue Navale, qui comptait en 1908, 1.018.590 membres (12.000 de plus qu'en 1907) (1) et en comptait
1.111.909 en 1913 avec un budget de 396.509 marks,
a joué un rôle prépondérant dans la constitution de
la flotte de guerre, garantie suprême de l'expansion
commerciale de l'Allemagne. Ses membres ne trouvaient pas, en 1908, de président assez énergique
pour combattre l'office impérial, accusé par eux
« de travailler avec trop de mollesse au développement de la marine allemande » (2). Les deux présidents successifs de la ligue accusés de faiblesse, en
1908, avaient été, d'ailleurs, un général (Keim) et
un amiral (Von Kœster). Parmi les sociétés purement économiques nous citerons encore le *Deutscher
Verband für das Kaufmænnische Unterrichtswesen*
(Association allemande pour le développement de
l'enseignement commercial) qui a imprimé un vi-
goureux élan au commerce, en portant à un haut
degré de perfection le système allemand de l'éducation professionnelle.

Ainsi stimulées de toutes parts, par la nécessité,
par les sociétés et par l'enseignement, les préoccupations économiques ont pris, en Allemagne, une
importance dont on trouve la preuve jusque dans
les grands journaux quotidiens : sur 8 pages que

(1-2) *Questions diplomatiques*, 16 octobre 1908, p. 494 ; 1ᵉ
août 1908, p. 189.

renferment ces journaux, 4 sont relatives aux marchés et aux événements de tout ordre susceptibles d'influer sur les prix et les débouchés des marchandises. De même, dans la librairie allemande, la première place n'est pas tenue par les romans, mais bien par les Baedeker, les livres de voyage, les études commerciales, les études des langues ; nous n'avons pas vu une vitrine de librairie où ne figurassent des méthodes offrant à leurs lecteurs d'apprendre le Russe en deux mois et le Français en douze leçons.

Mais à se préoccuper ainsi d'intérêts exclusivement économiques, l'Allemagne pourrait courir le risque de tomber dans une conception purement matérialiste de la vie sociale, qui arriverait infailliblement à affaiblir sa force d'expansion. Prévenir ce danger est une des tâches du *Verein für Sozialpolitik* (Union pour la politique sociale) « Nous n'entendons pas négliger la richesse nationale, disait à Munich, le 23 septembre 1901, le professeur Brentano dans son discours d'ouverture de l'Assemblée générale de cette société. Le bien-être matériel de l'Allemagne nous semble la condition nécessaire du bien-être matériel et moral du peuple allemand, comme aussi de la puissance de l'Empire et des Etats confédérés. Mais il passe pour nous en seconde ligne. Je veux dire que le bonheur de l'individu et la puissance de l'Allemagne figurent au premier plan comme le but le plus élevé, et, en cas de conflit entre cet objectif et le plus grand accroissement de la

richesse, cette dernière doit, pensons-nous, céder
le pas à un intérêt supérieur. »

C'est cette mentalité, il importe de le remarquer,
qui inspire à un haut degré les Syndicats d'ouvriers
allemands ; ceux-ci ne limitent pas leur rôle aux
seuls problèmes matériels de la limitation de la
journée du travail, au relèvement des salaires, ils
s'efforcent aussi d'élever le niveau intellectuel et
moral de la classe ouvrière.

La Commission générale des Syndicats qui correspond à notre C. G. T. a créé à Berlin une école
où on enseigne aux jeunes ouvriers syndiqués les
éléments de l'économie politique et du droit ouvrier;
elle organise dans tous les centres des conférences
faites par des professeurs d'élite et non par des ouvriers incompétents ou des « déracinés » en quête
d'un mandat politique. De plus, les syndicats locaux
créent pour leurs adhérents des cours du soir et des
bibliothèques ; la « Fédération des Métaux » a dépensé en 1910 à elle seule près d'un million de francs
pour ses œuvres éducatives. L'esprit général qui
domine dans ces milieux, ainsi organisés, témoigne
d'un développement du sens économique et politique,
que tous les économistes s'accordent à trouver supérieur à celui de l'ouvrier français et anglais. Les
syndicats allemands n'admettent pas, par exemple,
qu'un ouvrier fasse du sabotage chez un patron ; il
nuit ainsi, disent-ils, à ses propres camarades et
donne au patron le droit de ne plus observer, à son
tour, les clauses du contrat de travail.

Ils n'admettent pas non plus, nous devons le rappeler ici, que la grève générale soit décidée en cas de mobilisation ; tous leurs congrès ont été unanimes sur ce point capital. C'est encore dans les Associations ouvrières que se poursuit avec le plus d'activité une propagande qui se fait dans toute l'Allemagne pour l'emploi exclusif des produits germaniques ; « dans tes dépenses les plus minimes ne perds jamais de vue les intérêts de tes compatriotes, est-il dit, dans une circulaire qui renferme « dix commandements au public » ; n'oublie pas que lorsque tu achètes un produit étranger, ne fut-ce que d'un pfennig, tu diminues d'autant la fortune de ta patrie. »

A côté de ces diverses catégories d'associations nous citerons encore celles qui ont pour but d'arracher la propriété du sol aux races non allemandes englobées dans l'Empire. Telle est l'Ostmarkenverein (Ligue des marches de l'Est) qui a la Pologne pour champ d'action. Fondée en 1894, elle compte plus de 50.000 membres répartis en 429 groupes locaux. Avec les initiales H. K. T. des noms des trois fondateurs de l'Ostmarkenverein, les Polonais ont fait le mot « Hakatistes » dont ils se servent pour désigner les adhérents de cette société. Le rôle des Hakatistes est considérable ; possesseurs de grands capitaux, soutenus par toutes les associations politiques de l'Allemagne, ils organisent des conférences dans lesquelles on les a entendus déclarer qu'ils ne reconnaîtraient aux vaincus que

« trois privilèges, payer l'impôt, servir dans l'armée
et fermer la gueule (das Maul halten) » ; ils aident
des artisans, des médecins, des avocats allemands
à s'établir dans les « Marches de l'Est » ; ils
s'efforcent d'interdire aux Polonais l'usage de
leur langue et de les exproprier de leurs biens ;
ils empêchent le morcellement des propriétés allemandes et dénoncent comme traître à la patrie tout
Germain qui vend ses terres aux Polonais (1).

Nous mentionnerons, enfin, les nombreuses associations qui ont pour but de préparer la population
civile à l'accomplissement des devoirs militaires,
telles la Deutsche Türnerschaft (société des Gymnastes allemands), les Schützengilden (sociétés de
tir), les Kriegervereine (sociétés d'anciens militaires). Tous les grands pays possèdent des associations analogues, mais leur importance est très inférieure à celle des sociétés similaires allemandes. Les
Kriegervereine, dont le nombre dépasse 5.000, comptent 2.250.000 adhérents. Ces puissantes associations
ont pour but officiel de maintenir des liens de cama-

(1) En août 1905, Guillaume II disait à Gnesen, dans un
discours : « Tout Allemand qui vend dans l'Est ses propriétés
sans y être absolument obligé commet un crime de lèse-pa-
trie. » En 1907, la Diète prussienne votait une loi donnant au
Gouvernement le droit d'exproprier *pour cause d'utilité publique*, et jusqu'à concurrence de 70,000 hectares, tout Polonais possesseur de terres situées dans certaines zones tracées
par la Commission de Colonisation qu'avait fondée Bismarck
en 1886. La Diète votait en même temps un crédit de 400 millions de marks (500,000,000 de francs) pour le paiement de
ces expropriations.

raderie entre leurs membres, d'organiser des caisses
de secours mutuels pour le temps de paix et des
services sanitaires en cas de guerre ; mais elles
ont aussi « pour but secret le prosélytisme politique
en faveur du gouvernement impérial » (1). Dans les
plus petites villes d'Allemagne on trouve une Türnerschaft et une Schützengilde ; ces associations ne
s'occupent pas seulement de gymnastique et de tir,
elles sont, nous le verrons, des sociétés d'éducation
patriotique du plus haut intérêt.

Si toutes les sociétés dont nous venons de faire
l'étude jouent dans l'avenir le rôle qu'ont joué dans
le passé des associations analogues — telles le Tu-
genbund après 1807, l'Allgemeine Deutsche Bürs-
chenschaft après 1815, le National Verein après
1860, — on verra grandir d'une manière irrésistible
le mouvement d'expansion que ces sociétés provoquent déjà Outre-Rhin.

Le grand nombre de ces associations que l'Allemagne doit à l'initiative privée, le grand nombre et
l'activité de leurs adhérents font prévoir la nature
et les tendances de l'enseignement donné par l'Etat
dans son Université et dans son Armée.

2. — L'Université.

« Dans la lutte universelle pour la prééminence
et le pouvoir, écrit Paulsen, un des maîtres de l'En-

____

(1) **Lang**, professeur d'allemand à l'école de Saint-Cyr.

seignement les plus réputés en Allemagne, la supériorité appartiendra aux peuples qui auront le
mieux su assurer à la jeunesse une instruction et
une culture solides par l'organisation d'écoles bien
outillées et par la constitution de familles économiquement prospères et moralement saines ». Cet
enseignement en vue de la « lutte pour la prééminence et le pouvoir » est donné au peuple allemand
avec beaucoup de méthode et d'ardeur. Nous montrerons (chap. VI) le caractère belliqueux et particulièrement anti-français de l'instruction donnée Outre-
Rhin dans les écoles. Cette instruction est, d'autre
part, concentrée vers un but essentiel : célébrer,
même au détriment de la vérité, tout ce qui est allemand et tout ce qui a été fait par les peuples allemands en vue d'établir d'une façon indiscutable la
supériorité de la race germanique : en vue de montrer à l'enfant, ainsi que l'a voté un congrès d'instituteurs, « comment son pays a accompli les plus
grands desseins sous la direction de la divine providence et par la vertu de ses ancêtres. »

Cette tendance constitue un des caractères les
plus graves et les plus nets de l'enseignement donné
dans l'Allemagne contemporaine. « Il est faux de
croire que la science n'a pas de patrie et qu'elle
plane au-dessus des frontières, a dit l'historien
Giesebrecht ; notre science ne doit pas être cosmo-
polite mais allemande. » De Treitschke écrit de son
côté : « Etre nommé un historien impartial est une
réputation à laquelle je n'aspire pas ; c'est là me

demander l'impossible. Cette objectivité, anémique
du reste, n'est-elle pas le contraire du vrai sens historique ? » Le 4 décembre 1890, Guillaume II lui-
même demandait à une commission de réforme de
l'enseignement « d'enseigner l'histoire en étudiant
surtout la guerre de 1870 et en remontant de la
bataille de Gravelotte au combat des Thermopyles »;
il demandait « d'élever de jeunes Allemands et non
de jeunes Grecs et Romains. »

Dociles à cette impulsion que leur donnent leurs
gouvernants et leurs historiens, les maîtres de la
jeunesse considèrent leur mission comme patriotique
beaucoup plus que scientifique ou littéraire et ils
instruisent exclusivement les écoliers pour le service de l'Allemagne. Quand ils s'érigent en messa-
gers du progrès, la grandeur du Vaterland, l'hégémonie germanique sont l'idéal avec lequel ils en-
thousiasment les jeunes esprits de leurs élèves, et
non point l'égalité et la fraternité des peuples.

Bien loin de médire de l'armée et de la guerre,
ils déclarent que « l'élévation de l'âme qui se produit dans les luttes ardentes pour la patrie a infiniment plus de valeur pour former les hommes que
tout ce qu'on pourrait attendre des préceptes et de
l'enseignement. » Ce sont là les propres paroles
d'un pédagogue allemand, Herbart. Ainsi, l'éducation donnée Outre-Rhin dans les écoles n'a pas pour
but de faire aimer et connaître la vérité, mais bien
de faire pénétrer dans l'esprit des jeunes gens les
principes et les croyances qui les rendront forts ;

elle n'a pas pour but de soustraire la jeune Allemagne à la lutte universelle mais bien de l'y préparer.

Les maîtres de la jeunesse ont étendu leur rôle d'éducateurs nationaux et de champions du germanisme par delà l'horizon — cependant immense — des écoles et des universités ; ils ont pris l'Allemagne entière pour champ d'action. Les groupes locaux de l'Alldeutscher Verband sont invariablement présidés par des professeurs, des docteurs ou des avocats ; en 1897, sur la proposition de l'Université de Heidelberg, 816 membres des universités d'Allemagne sur 1100 envoyaient une adresse aux professeurs de l'université de Prague pour les encourager à lutter vigoureusement contre les Tchèques et à préparer la réalisation de la « plus Grande Allemagne » (1). L'historien Mommsen, entre autres, a montré un attachement enthousiaste aux théories pangermanistes ; il a fondé avec le général Von der Goltz un comité d'agitation en faveur des Allemands d'Autriche ; il leur écrivait, le 31 octobre 1897, par la voie des journaux et aux applaudissements de toute la presse germanique : « Croyez-m'en de même que les Allemands d'Autriche regardent vers l'Allemagne, de même les Allemands de l'Empire regardent vers l'Autriche » (2).

Or, en tous pays, enfants et jeunes gens reçoi-

(1-2) *L'Allemagne et la Question d'Autriche*, Cheradame, pp. 222, 218.

vent de leurs maîtres des empreintes ineffaçables
et une étincelle suffit à enflammer leurs cœurs pour
toujours. Aussi toute la jeunesse d'Outre-Rhin, ainsi
stimulée par une éducation patriotique et impérialiste, se prépare-t-elle avec un élan enthousiaste à
poursuivre toutes les formes de l'expansion allemande (1). La supériorité de la race germanique,
sa mission dominatrice sont, pour tous les écoliers
et pour tous les étudiants, des principes indiscutables
dont ils entretiennent froidement leurs camarades
français. Dociles à l'éducation qu'ils ont reçue, sérieux et disciplinés, les jeunes gens ont les goûts
et les ambitions de leurs pères ; c'est ainsi qu'on
les a vus manifester en plusieurs circonstances leur
désir de l'unité politique des « tribus allemandes » ;
en janvier 1897, une délégation d'étudiants de l'empire allait à Vienne soutenir les camarades autrichiens dans leur lutte contre les autres races de la
monarchie. « Nous n'oublierons jamais les Marches
de l'Est, leur disaient-ils, pas plus que nous n'avons
oublié Strasbourg. L'avenir le montrera. » En septembre 1908, une autre délégation se rendait encore
à Prague, porter des encouragements aux Germains

(1) Sous peine d'amendes rigoureusement appliquées, les
parents doivent envoyer leurs enfants dans les écoles pri-
maires, chaque jour, jusqu'à l'âge de 13 ans, puis, de 14 à
17 ans, une fois par semaine pendant l'été et deux fois pendant l'hiver Les cours d'adultes sont d'ailleurs suivis
volontairement par beaucoup de jeunes gens même après
leur vingtième année.

de Bohême. Le 6 août 1911, au moment le plus grave de la dernière crise marocaine, M. de Kinderlen-
Waechter recevait le télégramme suivant : « Les étudiants des corporations allemandes, réunies à Halle
en assemblée extraordinaire, se permettent d'exprimer à Votre Excellence l'enthousiasme et la joyeuse
confiance que provoquent chez eux la défense efficace des intérêts nationaux allemands et promettent
leur fidèle concours pour le maintien et l'accroissement de l'honneur et de la grandeur de la patrie. »

Toutefois, nous ne voulons point dire que étudiants et écoliers allemands sont des modèles de
sagesse et de vertus. En Allemagne, comme partout,
la jeunesse sacrifie à l'amour, à la bière et au vin
l'excédent de sa joyeuse vitalité. Mais, les fêtes
folles, dans les kneipe d'étudiants aussi bien que
dans les salles de réunions des sociétés de gymnastique ou de tir, prennent elles-mêmes, en certaines circonstances, le caractère de véritables cé-
rémonies patriotiques. C'est là un fait qui nous a,
personnellement, vivement impressionné. Quel que
puisse être l'état de ces assemblées, quand le président se lève, son recueil de chants à la main,
chacun se tait et prend à son tour un des livres
placés sur les tables, pêle-mêle avec les pipes et les
bocks en forme de bottes, d'animaux, ou même de
têtes de mort. Alors commence, parfois grave et
solennel comme un chant d'église, un lied, que termine le toast d'un assistant. Or ces chants et ces
discours, chose qu'on ne saurait assez remarquer,

célèbrent le plus souvent la force, la guerre, les victoires allemandes, la suprématie germanique. Les plus usités des recueils de lieder, le Kommersbuch (Livre des réunions d'Etudiants) de Silcher, et le Liederbuch (Livre de chants) publié par la Société de Gymnastique de Berlin, offrent, à ce point de vue particulier, un intérêt d'autant plus considérable que les chansons patriotiques enseignées soit dans les écoles soit dans les nombreuses sociétés de chant (1) en sont tirées. Le Kommersbuch s'ouvre sur une gravure qui représente le départ pour la guerre : au pied de la Germania, on voit des jeunes gens accourir à l'appel du clairon et saluer un drapeau qui flotte au vent sur la rive gauche du Rhin ; sur une épée sont gravés ces mots : Wir Deutsche fürchten Gott sonst Nichts (nous, Allemands, nous craignons Dieu et plus rien) (2). Les lieder ci-après que nous citons dans l'ordre de leur ancienneté peuvent donner un aperçu des 357 chants du Liederbuch des gymnastes et des 832 du Kommersbuch. Un « Vieux chant de guerre » et une « chanson de Bataille » datent de 1624 et de 1682 ; un grand

(1) Les instituteurs dirigent ou fondent des chorales dans tous les villages d'Allemagne ; dans les villes, le nombre des sociétés de chant est considérable ; il y en a par exemple 28 à Mayence.

(2) Ces paroles sont célèbres en Allemagne ; elles constituent le refrain de plusieurs chansons et Bismarck les prononçait en plein Reichstag, le 6 février 1888, dans une séance qui a fait l'objet d'un tableau commémoratif très répandu Outre-Rhin.

nombre de Lieder sont de Arndt, Uhland, Kœrner, Rückert, les poètes guerriers de 1813 et 1815 ; parmi les plus célèbres nous trouvons : « Prière avant la bataille », « Prière pendant la bataille », « la chanson du maréchal Blücher », « Chant de guerre » et surtout « La Patrie des Allemands » de Arndt. Ce dernier, que le Kommersbuch donne avec la musique de Reichardt, puis encore avec celle de Cotta, contient en germe tout le programme pangermanique actuel. Les chants qui naquîrent vers l'époque troublée de 1840 sont représentés par l' « Hymne au Rhin » de Becker, la « Garde au Rhin » de Schneckenburger et le Deutschland über alles in der Welt (l'Allemagne par-dessus tout dans le monde) de Fallersleben qui est presque aussi célèbre en Allemagne que le chant national « la Garde au Rhin ». La guerre de 1870 est célébrée par un grand nombre de Lieder parmi lesquels les plus curieux sont consacrés à la bataille de Sedan, à la bataille de Gravelotte, à Bismarck ; l'entrevue d'Ems, elle-même, est chantée par Kreusler. Nous citerons enfin, parmi les lieder postérieurs à 1870, « les Allemands en Autriche » qui, sur l'air du Deutschland über alles, célèbre l'étroite parenté de tous les Allemands, et la « Garde aux Vosges » dont l'éloquence lapidaire du titre nous dispense de tout commentaire. Telle est l'université allemande, telle est l'âme qu'elle donne à la jeunesse.

3. — *L'Armée.*

« Mais, a dit Guillaume II, si dans le monde on veut décider de quelque chose, la volonté n'est puissante que soutenue par la force du glaive. » Aussi l'Allemagne a-t-elle donné à son « glaive » une puissance formidable.

L'armée vraiment redoutable, c'est-à-dire celle qui serait formée de soldats ayant de 21 à 27 ans — l'âge de l'enthousiasme, de l'insouciance et de la force — s'élèverait environ à 1.800.000 hommes ayant des armes à peu près équivalentes à celles des troupes françaises. Sur ce chiffre, depuis 1913, 900.000 hommes sont, nous l'avons déjà vu, constamment sous les armes dès le temps de paix.

D'autre part, la marine de guerre de l'empire, qui était à peu près inexistante en 1870, est devenue rapidement équivalente, puis supérieure, à la marine française et quand les programmes actuels seront réalisés, l'Allemagne aura la seconde flotte militaire du monde, dépassant de plusieurs unités la marine des Etats-Unis. Elle aura, en outre, dans la mer du Nord la plus formidable base d'opération qui existe au monde grâce au canal de Kiel. Cette création et cet accroissement de la marine allemande ont, en outre, été réalisés avec un esprit de méthode et d'économie dont aucune nation n'avait donné l'exemple ; de 1880 à 1910, la France, par exemple, a dépensé 7 milliards 600 millions pour sa marine, l'Allemagne, 4 milliards 900 millions et cependant, pendant ce même laps de temps, l'Allemagne qui, auparavant, ne comptait pas comme puissance navale, s'est élevée au deuxième rang, et la France est descendue du deuxième rang au cinquième (1).

Il est impossible de préjuger de la valeur effective de l'armée et de la marine allemandes, la guerre seule peut donner la mesure de cette valeur. Par contre, le mode d'action des deux armées nous est connu ; c'est pour toutes deux l'offensive stratégique et tactique portée au maximum d'intensité. « La résolution de faire la guerre, l'ordre de mobilisation, la concentration et le commencement des hostilités, ne forment en quelque sorte qu'un seul et même acte, disait le général de Bernhardi dans sa conférence du 9 février 1898. Le déploiement stratégique terminé, l'offensive doit en jaillir comme l'éclair du nuage, et en être la conséquence à la fois logique et inéluctable. » Cette opinion est partagée par tous les écrivains militaires de l'Allemagne ; le général von Blume, par exemple, la développe dans son étude : « Dans quelles mesures les conditions du succès à la guerre se sont modifiées depuis 1871 », que la *Revue Militaire d'Infanterie* a publiée in-extenso du 15 octobre 1908 au 15 mars 1909.

Les écrivains militaires français, les généraux Langlois et Bonnal entre autres, ont déduit de cette

____

(1) *Economiste Français* du 25 février 1911 et *Journal Officiel* du 22 février 1911, p. 857. Discours de M. Painlevé.

doctrine, unanimement admise Outre-Rhin, que, dans un conflit avec la France, les premières hostilités des armées allemandes se produiront sous forme d'un violent coup de force destiné à produire une grande impression morale. « On ne saurait trop avertir les populations de la France, écrivait le général Bonnal en 1906, et spécialement la Lorraine, qu'elles doivent s'attendre à une irruption soudaine des troupes allemandes sur le territoire national » (1). On ne saurait trop leur rappeler, ajouterons-nous, que c'est par des défaites françaises que commencèrent toutes les grandes guerres de la Révolution. Or, la prise de Longwy, et celle de Verdun par Brunswick furent suivies, quelques jours après, de la victoire de Valmy ; la défaite de Dumouriez à Neerwinden fut suivie de la victoire de Jourdan à Wattignies ; les défaites de Novi et de Cassano, des victoires de Zurich et de Marengo. Si les Français sont restés les dignes descendants des héros de la Révolution une première défaite au début d'une guerre franco-allemande ne saurait donc les décourager.

L'offensive est encore le mode de combat préconisé dans l'armée navale allemande ; on prête généralement à la marine impériale l'intention d'expédier sur la côte de l'adversaire, dès la déclaration de guerre, ou, ainsi que le firent les Japonais à Port-Arthur, avant cette déclaration, de nombreux grou-

____

(1) *La Prochaine Guerre*, p. 23.

pes de submersibles afin de mettre hors de combat
le plus d'unités possibles dans le trouble des derniers préparatifs ; puis de concentrer le bloc des
cuirassés et de chercher l'ennemi pour le détruire (1).

De plus, on peut poser en principe que toutes les
opérations offensives qu'accompliront dans la prochaine guerre la puissante armée et la jeune marine
de l'Allemagne ont été prévues dans toute la mesure
où il est possible de prévoir l'avenir : « Ni la grandeur des Etats, ni l'improvisation, ni l'enthousiasme,
ni le fanatisme, disait le **12 janvier 1900**, au Reichstag, le général von Gossler, ministre de la guerre, ne
peuvent remplacer les préparatifs soigneusement
faits pendant la paix. » Aussi, le premier acte de
la préparation de l'Allemagne à la prochaine guerre
— la mise en réserve dans la tour de Spandau
d'un trésor de 150 millions de francs (1), reliquat des
5 milliards versés par la France — remonte-t-il au
lendemain même du traité de Francfort, et depuis
cette date, suivant le conseil que lui en donne le général von der Goltz (2), l'Allemagne considère que
travailler sans relâche à perfectionner son armée et
son organisation nationale, à accroître les forces
morales, « cette puissance qui décide tout à la guerre et qui décroît dès qu'elle cesse de croître » —

(1) *Questions Diplomatiques*, 16 octobre 1908, p. 506.
(2) **Réserve** portée à 450 millions de francs en juin 1913.
(3) *La Nation Armée*. Traduction du capitaine Monet, p. 503.

est encore pour elle la suprême sagesse politique.

Telles sont l'armée et la marine allemandes.

4. — *Le culte des souvenirs historiques.*

La vertu éducatrice des grands souvenirs avait déjà été mise à profit dès 1807, par les libérateurs de l'Allemagne, et après 1815 par les précurseurs de son unité politique. Depuis 1840, l'emploi de ce mode d'éducation nationale s'est généralisé et l'histoire est devenue, Outre-Rhin, l'objet d'un véritable culte. En 1843, l'Allemagne fêtait le millième anniversaire du traité de Verdun entre les fils de Louis le Débonnaire. En 1844, le gouvernement prussien fondait un prix d'histoire qu'il appelait le prix Verdun ; les historiens Ranke, Giesebrecht, Schmidt créaient de leur côté une revue — *la Revue de Schmidt* — et la plaçaient sous l'égide du glorieux millénaire : « pouvions-nous choisir un meilleur moment, écrivaient-ils dans leur préface (p. 4). N'est-ce pas cette année que nous célébrons l'anniversaire de l'indépendance de notre patrie, et dans ce jour où l'on parle tant de l'unité de notre pays qui n'est encore qu'à l'état de vœu, la pensée nous est venue, tout naturellement, de poser la pierre angulaire d'une science qui, plus que tout autre chose, contribue à rapprocher tous les Allemands. Cette science, l'histoire, nous voulons la cultiver d'un commun accord car elle est étroitement liée à la politique : elle en est la mère et l'institutrice. » L'histoire est réellement devenue aujourd'hui « la mère de la politique allemande » ; le gouvernement en fait même le plus puissant moyen de développement des ambitions nationales.

Les extraits des discours de Guillaume II que nous avons déjà cités sont, à ce point de vue, très caractéristiques. « Au premier coup de marteau, disait-il encore le 4 octobre 1900, posant la première pierre du musée romain de Saalbourg, je consacre cette pierre à l'empereur Frédéric III ; au second, je la consacre à la jeunesse allemande, aux générations qui s'élèvent et qui pourront apprendre dans le nouveau musée ce que signifie « un empire universel » ; au troisième coup je la consacre à l'avenir de notre patrie allemande. Puisse-t-elle, dans les temps futurs, par l'action commune des princes et des peuples, de leurs armées et de leurs citoyens, devenir aussi puissante, aussi fortement unie, aussi extraordinaire que l'empire romain universel afin qu'on dise dans l'avenir : *Ich bin ein deutscher Bürger* (Je suis un citoyen allemand) comme on disait autrefois : « *civis romanus sum.* »

Les efforts persévérants des historiens et des empereurs ont eu pour effet de donner à tous les Allemands une même vue d'ensemble sur l'histoire, une même croyance sur la destinée de la race germanique : Le Saint-Empire d'Allemagne, héritier de l'Empire Romain, s'étendait autrefois sur toute l'Europe centrale ; l'Autriche n'a jamais été qu'une province de cette grande Germanie dont Charlema-

gne et Barberousse furent les grands empereurs (I),
et de laquelle les Othon, les Hohenstaufen, les **Habsbourg** et les **Hohenzollern** furent les dynasties successives. Les Habsbourg, déjà, avaient pour **devise**,
dès le XV⁰ siècle, *Austriæ Est Imperare Orbi Uni-
verso* (2) « l'Autriche est **appelée à commander** à
l'univers », devise qui exprime la destinée de la race
germanique tout entière, et les Hohenzollern doivent
poursuivre dans l'avenir, avec l'aide des Habsbourg,
la mission glorieuse des peuples allemands.

C'est encore par le culte des souvenirs historiques que se sont conservés, puis accrus, en même
temps que l'espoir de la suprématie allemande,
l'hostilité et la haine pour la France. Lorsque Iahn
passait avec ses élèves sous la porte de Brandebourg de laquelle, après Iéna, Napoléon avait fait
enlever le Siegeswagen (Char de la victoire) il demandait : « A quoi pensez-vous ? » Si l'élève inter-
rogé répondait mal, Iahn lui donnait un soufflet en
lui disant : « Une autre fois vous penserez que vous
êtes le fils de vaincus et que votre devoir, dès que

---

(1) Charlemagne et Barberousse étaient, avec Guillaume Ier,
les trois empereurs représentés dans les tableaux qui or-
naient, fin 1908, le dessus de la tribune du Reichstag. Ces
peintures ont été enlevées en 1909 à la suite de l'émotion
qu'elles avaient soulevée en France. Guillaume Ier était en
effet représenté traversant le champ de bataille de Sedan
suivi de de Moltke et de Bismarck; un cuirassier français
gisait à terre et un soldat allemand tenait couché sur le sol
un drapeau français.

(2) Cette devise fut adoptée pour la première fois par Frédéric III (1415-1493).

vous serez homme, sera d'aller à Paris chercher le
char de la victoire qui nous a été pris par Napoléon
le voleur ». Les écoliers d'Allemagne apprennent
tous l'histoire de Iahn sur les bancs de l'école, et, en
montrant aux touristes soit la statue de Iahn, soit
la porte de Brandebourg, sur laquelle le char de la
Victoire a repris sa place de jadis, les Berlinois,
toujours fidèles au culte du souvenir, content l'odys-
sée « du Siegeswagen repris aux Français » (1). La
domination napoléonienne a laissé en Allemagne,
grâce à ces procédés d'éducation, une trace si profonde que, aujourd'hui encore, dans les casernes,
quand les Allemands veulent exprimer leur mépris
aux Lorrains et aux Alsaciens, « leurs frères », ils
les appellent *Verdampter Napoléons Kopf* (tête dam-
née de Napoléon).

Les souvenirs antifrançais remontent jusqu'à
Louis XIV, et même, nous le verrons, jusqu'au « supplice de Conrad de Hohenstaufen ». C'est pour perpétuer dans le peuple la mémoire du Roi Soleil,
que les Allemands ont conservé jusqu'à nos jours,
« fumantes », a dit un poète, les ruines de Heidel-

---

(1) Le Siegeswagen (on dit aussi Siegesgœttin, déesse de
la Victoire) fut envoyé à Paris, en 1807, par Napoléon; en
1814, Blücher le renvoya à Berlin. Rückert avait déjà célébré
ce retour, dès 1813, dans ses *Sonnets cuirassés* : « Victoria,
ton sauveur approche. — Ne reconnais-tu pas les voix dans
ton oreille? — Tes yeux n'aperçoivent-ils pas les drapeaux ?
— Laisse tes chevaux hennir vers le Rhin — Car là-bas vient
ton Blücher pour te ramener — A la porte de Brandebourg
que tu connais. »

berg détruit par les armées françaises. L'annexion de Strasbourg eût suffi pour perpétuer le souvenir du Grand Roi dans le cœur des historiens allemands. « Je ne puis oublier, écrit de Treitschke, en faisant allusion aux conquêtes faites en pleine paix par Louis XIV, que c'est en montant sur les épaules de notre patrie que la France est devenue la première puissance du continent. » En 1870, au cours du triste voyage qu'il avait entrepris en Europe pour solliciter une intervention en faveur de la France vaincue, Thiers demandait à l'historien de Ranke : « Contre qui l'Allemagne fait-elle la guerre, maintenant que Napoléon III est prisonnier ? » — « Contre Louis XIV », répondit l'Allemand. Et ce fut, en effet, dans la salle d'honneur du palais de Louis XIV à Versailles, que Guillaume Ier fut proclamé empereur d'Allemagne.

Enfin, les grands souvenirs de l'histoire nationale sont entretenus dans l'âme des foules, en Allemagne comme en nul autre pays, par les chants populaires, les monuments, les musées et les fêtes publiques. Des bords du Rhin, où s'élève la colossale statue de la Germania faite avec le bronze des canons pris aux Français, jusqu'à Berlin, où le National-Denkmal et l'Allée de la Victoire sont une des plus grandioses célébrations qui soient au monde des triomphes militaires, on retrouve partout des monuments commémoratifs du passé. Dans le Zeughaus (Arsenal) de Berlin sont réunis tous les trophées de l'Allemagne, et les Français pourraient apprendre, dans ce

temple des gloires germaniques, l'histoire de toutes
leurs défaites (1). Là sont représentées, dans d'immenses peintures murales, tous les moments solen-
nels des grandes batailles : la jonction de Blücher
et de Wellington à Waterloo, la capitulation de
Sedan. Là attendent prisonnières les décorations,
le chapeau et les armes que Napoléon portait à
Leipzig et à Waterloo.

De nombreuses fêtes populaires perpétuent les
souvenirs de la guerre de 1870 ; le jour anniversaire de Sedan tous les écoliers d'Allemagne sont en
liesse ; nous avons congé, disent-ils dans leurs familles, « parce qu'aujourd'hui c'est Sedan ». De
plus, Guillaume II a fait prendre à ses régiments,
pour célébrer leur fête, un jour anniversaire d'une
victoire choisie dans la guerre de 1870.

La célébration exclusive des triomphes aurait pu
donner aux Allemands une éducation incomplète et
un enivrement dangereux. Aussi les voyons-nous
commémorer pieusement leurs grandes défaites à
côté de leurs victoires. En 1906, le centenaire d'Iéna
était célébré pompeusement dans la ville même qui
vit la déroute des armées prussiennes et inaugura
cette période que les vaincus ont appelée *die Zeit
der grossen Schmach* (l'époque des grandes hontes).
Au musée d'Iéna ont été réunis un grand nombre de

______

(1) Tous ces trophées n'ont pas été cueillis par les Allemands
sur les champs de bataille. Un grand nombre d'entre eux
furent pris, par Blücher, au musée des Invalides en 1814 et
1815.

souvenirs de la grande bataille du 14 octobre 1806, et les Allemands entrent comme dans un lieu saint dans ce musée où le buste de Bismarck se trouve à la place d'honneur, sous une inscription célébrant le grand homme qui a « fait l'unité de l'Allemagne et effacé la honte de la bataille d'Iéna ».

Ce culte des grands souvenirs de l'histoire nationale, cette éducation persévérante et méthodique ont porté leur fruit. La force apparaît aujourd'hui, à tous les Allemands, comme le seul moyen d'empêcher le retour des malheurs passés et comme la condition nécessaire de l'existence et de l'expansion nationale. Enseignées aux enfants dès l'école, solidement inculquées dans l'esprit des soldats pendant leur séjour sous les drapeaux, soigneusement entretenues et développées dans la nation entière par les associations patriotiques, la religion de l'armée, la volonté de puissance et de suprématie mondiale, forment aujourd'hui l'idéal qui inspire tous les Germains ; idéal dont ils sont fiers parce qu'il leur apparaît comme la preuve de leur jeunesse et de leur puissante vitalité.

L'organisation et l'effort méthodique que nous venons d'analyser augmentent, ainsi, dans des proportions considérables la puissance d'expansion que donnaient déjà à l'Allemagne sa doctrine sociale et l'accroissement de sa population.

Nous allons étudier, dans les chapitres suivants, les effets de ces causes, c'est-à-dire les formes diverses d'expansion qu'engendrent, dans le monde entier, ces forces expansives. Nous étudierons dans les chapitres III et IV les formes d'expansion renfermant des manifestations de l'activité sociale du même ordre, savoir : l'Expansion Economique (chap. III), l'Emigration et l'Expansion Coloniale (chap. IV) ; nous étudierons ensuite dans les Ve et VIe chapitres des formes d'expansion plus complexes renfermant à la fois les manifestations de l'activité les plus diverses et nous étudierons ces formes d'expansion en suivant l'ordre de leur distribution géographique ; l'expansion germanique dans les Pays-Bas, en Autriche et en Orient fera l'objet d'un même chapitre (chap. V) et nous étudierons, dans un chapitre distinct, l'expansion germanique en France (chap. VI).

Nous exposerons, en principe, dans chaque chapitre : 1° des considérations générales sur la nature de la forme d'expansion, objet du chapitre, et sur la mesure dans laquelle les différentes causes générales d'expansion, étudiées dans les deux premiers chapitres, collaborent à engendrer cette forme d'expansion ; 2° les faits qui caractérisent le mieux cette forme d'expansion ; 3° les conséquences de cette forme d'expansion. Parmi ces conséquences nous étudierons, d'une façon plus particulière, celles qui intéressent directement la France.

CHAPITRE III

L'Expansion économique de l'Allemagne contemporaine

I. — Considérations générales

L'Allemagne contemporaine a développé dans des proportions considérables et dans le monde entier toutes les branches de son industrie et de son commerce.

Ce mouvement d'expansion, qui est un des faits les plus remarquables de l'histoire contemporaine, a commencé après le traité de Francfort. Les milliards payés par la France avaient provoqué Outre-Rhin une grande activité économique, et cette activité, malgré les crises de 1873, de 1880 et de 1901, qui furent comme des maladies de croissance, a été en progressant jusqu'à nos jours. De 1879 à 1890 sous le régime protectionniste institué par Bismarck, l'industrie et le commerce allemands se développaient à l'abri de la concurrence étrangère. En 1892, l'Allemagne étant devenue assez forte pour affronter la lutte, le chancelier de Caprivi inaugurait un régime de traités de commerce moins protecteur, et, dès 1897, au point de vue économique, l'Allemagne s'était élevée du cinquième rang au second qu'elle occupe encore aujourd'hui.

Cette forme d'expansion a pour première cause l'accroissement de la population en Allemagne et l'impuissance où sont les terres germaniques de nourrir tous leurs habitants. Au début du XIXe siècle les deux tiers d'entre eux se livraient aux travaux agricoles, et cependant la production ne suffisait pas à faire vivre la prolifique population de l'Allemagne. Or, depuis 30 ans, la population de l'Empire s'est accrue dans les proportions considérables qui nous sont connues, les besoins de chaque individu ont augmenté avec le progrès de la civilisation, la proportion des agriculteurs est descendue des deux tiers au tiers et le rendement de l'agriculture est devenu de plus en plus insuffisant à la consommation intérieure, bien que ce rendement ait été lui-même en progressant depuis 1870. Il a donc fallu que les milliers de Germains, que la terre ne faisait pas vivre, émigrent ou tirent leur subsistance soit de l'industrie, soit du commerce extérieur.

Si les Allemands avaient seulement demandé à l'industrie et au commerce d'exportation le supplément de richesses nécessaire à leur subsistance, l'expansion économique de l'empire n'aurait jamais atteint ses proportions actuelles. Mais la richesse est, pour les nations comme pour les individus, la principale cause de puissance sociale. Entraînée par sa volonté de puissance, l'Allemagne devait donc dépasser le régime économique limité au simple entretien de la vie nationale pour adopter celui d'entreprises toujours plus vastes, toujours plus rémunératrices. D'autre part, l'industrie et le commerce sont, dans la civilisation actuelle, les moyens de s'enrichir les plus efficaces et les plus rapides. La volonté de puissance qui stimule l'activité germanique devait donc conduire l'Allemagne à tourner ses efforts vers l'expansion industrielle et commerciale.

En outre, l'Allemagne, nous l'avons vu, compte en dernier ressort sur la force des armes pour réaliser ses rêves ambitieux. Or, la préparation et l'entretien de la guerre coûtent des sommes énormes et la richesse d'un peuple est, ainsi, un facteur important de sa puissance militaire.

Ces considérations expliquent l'ardeur avec laquelle Guillaume II s'est personnellement préoccupé des intérêts économiques de l'Allemagne, méritant ainsi le surnom élogieux de « premier commis-voyageur » de son peuple. « L'Allemagne est un jeune empire qui grandit, disait-il dans l'interview désormais historique que le *Daily Télégraph* a publié le 28 octobre 1908 ; son commerce s'étend sur le monde entier et l'ambition légitime des patriotes

allemands se refuse à y assigner des bornes. »
C'est d'un discours de Guillaume II que l'Allemagne a tiré la devise de son expansion économique : *Unsere Zukunft liegt auf dem Wasser* (notre
avenir est sur l'eau). C'est encore Guillaume II qui
a repris pour l'empire tout entier la devise de la
Hanse : *Mein Feld ist die Welt* (mon domaine est le
monde).

II. — Faits qui caractérisent l'expansion économique de l'Allemagne.

Nous ne ferons pas un tableau complet du mouvement industriel et commercial de l'Allemagne contemporaine ; cette nomenclature de chiffres et de
faits, qui figure d'ailleurs dans tous les ouvrages
de statistique, serait sans intérêt pour notre étude ;
nous nous bornerons à la partie utile de cette nomenclature, et nous rapporterons seulement, en les com-
mentant, les faits, les mouvements commerciaux et
industriels dont la connaissance nous permettra d'a-
percevoir, le plus nettement, toutes les conséquences
actuelles et toutes les conséquences possibles dans
l'avenir de cette expansion.

Nous retrouverons aux chapitres suivants de
nombreux faits caractéristiques de cette expansion
dans le monde entier ; dans le présent chapitre,

nous caractériserons l'expansion économique d'Outre-Rhin en prenant tous nos exemples dans les faits
d'expansion qui intéressent directement la France,
parce que ce sont ces exemples qui sont le plus propres à nous révéler toutes les conséquences de l'expansion économique de l'Allemagne, révélation qui
est le but essentiel de ce chapitre.

Il importe, avant tout, de redire que l'origine
première de la prospérité allemande est notre défaite
de 1870. C'est avec nos milliards que l'essor général
a été donné ; puis, ce sont nos minerais de Lorraine
et nos charbons de la Saare qui, avec ceux de Silésie
et de Saxe, ont permis à la métallurgie et à l'industrie minière de se développer ; c'est l'habileté des
tisseurs et la célébrité des tissus d'Alsace qui ont
fait le succès de l'industrie textile allemande.

A l'heure actuelle c'est encore au détriment de
la France que se développent le commerce et l'industrie germaniques. En 1890 l'Allemagne occupait le
quatrième rang au point de vue commercial et industriel, parmi les puissances du monde, et la France le
second ; en 1908 la France était descendue au quatrième rang et l'Allemagne était montée au second,
l'Angleterre et les Etats-Unis ayant respectivement
conservé le premier et le troisième, situations qui
sont restées inchangées jusqu'à aujourd'hui

Dans son grand ouvrage, « la Psychologie du
Socialisme », M. Gustave Le Bon rapporte (page
258) l'exemple typique ci-après : un négociant de
l'Amérique du Sud ayant expédié 20.000 peaux

d'agneau simultanément à une maison française et
à une maison allemande ; l'année écoulée, les deux
maisons lui adressaient leur compte. La première
avait éprouvé tant de difficultés à vendre la mar-
chandise et avait dû consentir de si bas prix que
l'opération se traduisait par une perte de 10 % à
la charge de l'expéditeur. Plus active et mieux organisée, la maison allemande avait vendu la même mar-
chandise avec un bénéfice de 12 % et *c'est en France
même qu'elle en avait trouvé le placement.* Ce simple
fait est comme le symbole des situations économiques respectives de la France et de l'Allemagne.
Dans **beaucoup** d'industries, nos anciens fabricants
sont devenus de simples commissionnaires se bor-
nant à revendre, après y avoir mis leur nom, les articles qu'ils se sont procurés en Allemagne. C'est ainsi
que, en moins de vingt ans, des industries où la
France brillait jadis au premier **rang**, telles la fabrication des appareils photographiques, des produits
chimiques, des instruments de précision et même des
articles dits « de Paris » ont passé à peu près entièrement dans les mains allemandes. Tous nos grands
magasins, nos grands bazars achètent Outre-Rhin
la majeure partie des marchandises qu'ils nous re-
vendent. Les Français voient même diminuer chaque jour leur simple rôle de commissionnaires. Les
maisons allemandes, en effet, vendent de plus en
plus leurs marchandises en France sans recourir à
des intermédiaires ; elles y établissent jusqu'à leurs
fabriques. Il y a, par exemple, à Paris, trois mai-

sons allemandes vendant des instruments d'optique ;
l'une d'elles a installé au cœur de notre capitale
pour la fabrication de ces objets une usine qui
compte deux cents ouvriers tous venus d'Allemagne
Les lentilles des appareils photographiques et les
instruments d'optique nous venaient dans ces dernières années de l'usine Zeiss d'Iéna ; elles nous
seront désormais fournies par les maisons allemandes de Paris. Au total, il y a, dans notre capitale,
environ 300 grandes firmes de 400 agences ou maisons de commission allemandes.

La province est victime du même envahissement
que la capitale. Le Syndicat des fabricants et pré-
parateurs de bois injectés demandait, le 16 juin
1909, au ministre du commerce le relèvement des
droits de douane sur l'importation des bois allemands parce que la lutte contre cette importation
devenait impossible. Il était dit, dans la demande
des négociants français, que les bois injectés allemands pouvaient être vendus à Bayonne à meilleur
compte que les pins des Landes. Les métallurgistes
allemands étendent progressivement leurs droits de
propriété sur nos grands bassins miniers de Meur-
the-et-Moselle et de Normandie, dont un quart est
déjà tombé sous leur dépendance, et ils s'efforcent,
à l'heure actuelle, de devenir les maîtres des mines
de l'Ouenza (Algérie) où ont été découverts des gise-
ments très riches de fer hématite, minerai de choix
spécialement réservé aux commandes de guerre.

Dans la conférence faite le 9 novembre 1906, à

l'inauguration de la Section Marseillaise de la Ligue
Maritime, M. Baudin, ancien ministre des travaux
publics, après avoir parlé de la « stratégie savante
et tenace que suit l'Allemagne pour réaliser l'enveloppement économique de l'Europe en général et de
la France en particulier » (1), montrait que d'habiles
combinaisons de transports par voie de fer, par
voie fluviale et par voie de mer permettent aux Allemands de venir jusqu'au centre de la France con-
currencer nos entreprises de transport (2). « Un très
grand nombre de nos industriels de la région lyon-
naise, disait-il, ont trouvé de sérieux profits à diriger leurs produits d'exportation sur Brême, Hambourg et Anvers. » De même les champagnes français à destination d'Amérique sont embarqués, non
pas au Havre ou à Dunkerque, mais à Anvers où
les navires allemands, nous le verrons, deviennent
chaque jour plus nombreux.

La France ne laisse pas exploiter par l'Allemagne
ses seules richesses économiques ; les Français se
voient encore ravir par elle l'exploitation de leurs
découvertes scientifiques. C'est Lavoisier, Berthol-
let, Chevreul, Gay-Lussac, Berthelot qui ont créé
la chimie organique, mais c'est l'Allemagne qui
l'exploite et en retire les plus grands profits, et cela,
aux dépens même de la France où elle importe an-
nuellement plus de 50 millions de francs de produits
chimiques. Le rapport de M. Haller, professeur à

(1-2) P. 6, 11. Chapelot, éditeur.

la Sorbonne, sur les Arts chimiques et la Pharmacie à l'Exposition Universelle de Paris (1900) nous révèle, à ce point de vue, la situation respective des diverses nations (1). « La prépondérance de l'industrie chimique allemande est un fait reconnu et indiscutable, dit-il ; il suffit, pour s'en convaincre, de jeter les yeux sur l'ensemble de sa production et sur la progression qu'ont suivie ses exportations depuis une vingtaine d'années ». M. Haller montre que dans les quinze dernières années la production et le nombre des usines chimiques créées en Allemagne ont presque doublé, que le salaire de leurs ouvriers s'est élevé de un tiers, et que les dividendes distribués aux actionnaires de leurs sociétés ont été en progressant.

L'Allemagne, et c'est là un fait d'une importance capitale, poursuit le développement de ces industries chimiques sur le territoire même de la France. Les usines qui déboisent nos châtaigneraies pour obtenir les produits nécessaires au tannage des gros cuirs sont 8 fois sur 10 allemandes. Les matières colorantes employées en France pour le finissage des cuirs et la teinture des draps provenaient dans les derniers temps, de la *Badische Anilin und Soda Fabrik* ; elles proviennent en grande partie, aujourd'hui, de la succursale que cette grande maison allemande a montée à Neuville-sur-Saône. La céra-

(1) *Revue générale des Sciences*, **30** novembre, **15** et **30** décembre 1912.

mique française de Sèvres et Limoges avait autrefois
une réputation universelle, elle est aujourd'hui con-
currencée en France même par la céramique allemandes ; nos saladiers, nos cuvettes, nos poteries
artistiques viennent, en grande partie, d'Outre-Rhin.
Nos céramistes ont longtemps conservé la spécialité
lucrative des ors somptueux ; ils employaient l'or
véritable à 3 fr. 50 le gramme, mais la chimie allemande a créé l'or — en bronze d'aluminium — à
0 fr. 35 le gramme, et les spécialistes français ont
fermé leurs usines. Un grand nombre de spécialités
pharmaceutiques réputées : antipyrine, aspirine, ci-
tarine, somatose, véronal, lycetol, produits d'Ehr-
lich (par exemple le 606), ont été lancés par des
Allemands qui en conservent en France le monopole
de la vente ; tous nos pharmaciens sont d'ailleurs
presque entièrement approvisionnés par les maisons
allemandes ou par les succursales que les maisons
Merck, Bayer, Schering et Schimmel ont en France,
par exemple, à Flers (Nord), à Creil, à Paris. Depuis 1904 s'est établie, près de Landerneau, une
usine destinée à la fabrication des matières premières de nos poudres de guerre ; or, cette usine, qui
vend ses produits à des prix dérisoires et se prépare
à supplanter les fabricants français aux adjudica-
tions du Ministère de la guerre, a été montée avec
des capitaux allemands et son directeur technique
est officier de réserve dans l'armée allemande.

Les lois françaises exigent que les matières premières employées dans les fournitures de l'Etat

soient d'origine française ; mais la poussée économique de l'Allemagne est telle, qu'on en trouve les effets jusque dans les fournitures administratives les plus importantes. Il a fallu la catastrophe **du** « République », pour révéler que l'enveloppe de ce dirigeable était de fabrication allemande. Il a fallu l'explosion du « Liberté » pour qu'on apprit en France que l'usine dont nous avons parlé ci-dessus, et dont nous avions signalé l'existence en 1909, avait fourni plusieurs milliers de kilos de matières premières avec lesquelles on avait fabriqué de la poudre livrée au cuirassé sinistré, et pour qu'on apprit aussi que des ingénieurs allemands avaient collaboré à l'établissement de l'usine de la Grande-Palluc dans laquelle il était employé dans la fabrication des poudres des procédés allemands. Nous rappellerons enfin ce fait cité au Sénat et non contredit (séance du 1ᵉʳ avril 1910), que deux usines allemandes établies en France fournissaient, à cette date, le coton-poudre nécessaire à la fabrication de notre poudre B. « Ces deux usines sont la propriété de deux Allemands, autrefois associés pour le commerce du coton, et venus en France pour fournir leurs produits à l'Etat en dissimulant leur nationalité sous des noms français » (1).

---

(1) Le Ministre de la Guerre, interpellé à ce sujet, répondit : « Je n'ai pas besoin de dire à M. Gaudin de Villaine que la question de la fourniture du coton-poudre est depuis longtemps étudiée par le département de la Guerre et que toutes les mesures sont prises pour réduire dans la mesure du pos-

Qu'il s'agisse de fournitures de l'Etat ou de marchandises du commerce général, les Allemands dissimulent sous des noms français non seulement la nationalité des producteurs et des vendeurs, mais aussi celle des marchandises. Et cette dissimulation rend l'invasion économique de la France par l'Allemagne très facile à réaliser et très difficile à dévoiler. Il a été récemment établi, par exemple, à la suite de plusieurs procès engagés par l'Administration des Douanes françaises contre la Société « Continental » dont le siège est à Hanovre : 1° que cette Société importait en France, en masse, ses articles en caoutchouc et gutta-percha (pneumatiques d'autos, etc., etc.), fabriqués en Allemagne et qu'elle les vendait chez nous comme étant de fabrication française ; 2° qu'une des plus grandes maisons de Paris s'occupant du commerce de produits du même ordre et se disant française n'était que **la filiale de la Société** allemande de Hanovre « Continental » (1).

Des écrivains et des journalistes français ont encore prétendu que les Grands Moulins de Corbeil chargés d'alimenter Paris en farines sont placés sous la direction d'un officier de réserve de l'armée allemande et emploient dans leur personnel, un grand nombre d'Allemands ; que plusieurs Sociétés indus-

sible les inconvénients qu'il a signalés. » *Journal officiel* du 2 avril 1910, pp. 1179 et 1182.

(1) Voir notamment un jugement rendu par le Tribunal d'Avesnes, relaté dans la *Gazette des Tribunaux* du 18 juin 1912.

trielles introduisant leur personnel dans les forts
et les casernes pour y vendre leurs produits, étaient
en même temps des agences d'espionnage ; que la
Société de Paris filiale de la Continental de Hanovre
dont nous venons de parler manœuvrait en vue de
fournir à l'Etat français des toiles de ballons pour
dirigeables, des pneumatiques pour les automobiles
militaires, et que, sous prétexte d'établir des guides
routiers, elle faisait faire par ses agents la reconnaissance de nos régions frontières et envoyait
ensuite en Allemagne les renseignements recueillis.
« Nous défions, dit un de ces journaux, qu'on oppose
à cette assertion le moindre démenti. »

De tels procédés sont considérés en Allemagne
comme parfaitement légitimes, leur emploi est même recommandé par les éducateurs de la nation :
« Il faut se pénétrer de cette pensée, écrit le général
Von Bernhardi dans « l'Allemagne et la prochaine
guerre », que les rapports entre nations doivent
être considérés, souvent, comme un état de guerre
latente qui, provisoirement, se poursuit dans un conflit non armé. Un tel état justifie l'emploi de tous
les moyens non violents, les ruses et les superche-
ries, par exemple, comme la guerre elle-même. »

La concurrence que les compagnies de navigation allemandes font aux compagnies françaises
jusque dans nos propres ports est encore un fait
très caractéristique de l'expansion de l'Allemagne.
On peut dire que les avantages géographiques de

la France et de ses colonies tombent les uns après les autres dans le domaine public allemand. Du tableau général du commerce et de la navigation il résulte que depuis 1900 nous payons chaque année aux marines commerciales étrangères de 300 à 400 millions de francs. La part de l'Allemagne dans cette somme énorme grandit sans cesse. Depuis plusieurs années déjà, la Hambourg-América-Linie, la plus grande compagnie de navigation du monde, et plusieurs autres sociétés allemandes se sont installées dans nos ports de l'Océan. La statistique du port de Cherbourg pour 1903, par exemple, enregistre 263 navires ayant embarqué ou débarqué 24.012 passagers ; sur ces chiffres 219 navires étaient allemands et 18.627 passagers avaient emprunté des vapeurs allemands. Sur 95.993 sacs postaux embarqués ou débarqués à Cherbourg de 1895 à 1903, 75.708 ont été transportés par des navires allemands (1). La lutte, depuis 1904, s'engage surtout dans la Méditerranée. Le Norddeutscher Lloyd de Brême (1904), deuxième compagnie maritime du monde, la Deutsche Levante Linie (1904) et la Deutsche Mittelmeer Levante Linie (fin 1906), toutes deux étroitement unies au Norddeutscher Lloyd, ont installé dans la Méditerranée, berceau de la race latine où l'Allemagne ne possède ni un port ni une parcelle de territoire, des services de transports qui

(1) *Questions Diplomatiques et Coloniales* (2ᵉ semestre 1904, pp. 100, 286).

élargissent sans cesse le champ de leurs opérations (1).
Marseille, par exemple, est aujourd'hui reliée
avec Constantinople et Alexandrie par huit navires
allemands de premier ordre faisant escale dans tous
les grands ports ; les compagnies françaises n'ayant
primitivement affecté à ces lignes que de vieux ba-
teaux se voient aujourd'hui dans l'obligation soit de
se déclarer vaincues et de supprimer ces services,
soit de les modifier radicalement et d'engager la
lutte avec des moyens nouveaux.

Tels sont les faits qui caractérisent le mieux
l'expansion économique de l'Allemagne en France.

Nous caractériserons par des faits analogues
l'expansion économique de l'Allemagne dans le
monde entier, notamment en Belgique et en Hollande, en Autriche et dans les pays d'Orient. Mais
dès maintenant nous sommes en mesure d'établir les
principales conséquences de cette formidable expansion économique.

(1) La marine de commerce de l'Allemagne a triplé depuis
1871, doublé depuis 1880 ; en 1901 elle transportait 3,3 millions
de tonnes de jauge d'un port allemand à un autre ; 22,4 millions d'un port allemand à un port étranger ou vice-versa et
38,1 millions d'un port étranger à un autre port étranger. Le
rôle principal de la marine allemande est donc d'effectuer,
pour le compte des autres peuples, le roulage des mers.

III. — Conséquences de l'expansion économique de l'Allemagne.

Quelles peuvent être les conséquences de cette expansion économique de l'Allemagne dont nous venons, par quelques exemples, de caractériser la nature ?

1. — *Accroissement de la volonté de suprématie politique et accroissement de l'esprit d'entreprise.* — L'expansion économique de tout peuple se ramène à une production de richesses croissante et à l'emploi de tous les moyens susceptibles de favoriser l'écoulement de ces richesses. Ces moyens se ramènent, eux-mêmes, à la recherche du libre accès sur les marchés du monde et à la lutte contre la concurrence étrangère. Or, la limitation de la concurrence étrangère et l'ouverture des débouchés ne sont possibles à une nation que dans la mesure où elle exerce la suprématie politique. L'Allemagne, par exemple, a pu tenter vers 1900, la création d'une « Inde allemande » dans le Chantoung parce qu'elle jouait, à ce moment, un premier rôle à la cour du Céleste-Empire ; par contre, elle a vu sa tentative échouer, le jour où les Anglais et les Japonais, victorieux des Boers et des Russes, ont repris, en Orient, une situation prépondérante, et,

en outre, fortifiée par leur alliance (Traité Anglo-Japonais de 1905).

Jusqu'au moment de la conquête anglaise, le Transwaal était pour l'Allemagne un débouché de premier ordre ; depuis cette conquête le chiffre du commerce total de l'Allemagne avec le Transwaal est passé de 2.500.000 livres sterling à 450.000. De même, l'Allemagne a tenu la Turquie sous sa domination économique tant qu'elle y a exercé la prééminence au point de vue politique. La recherche de l'expansion économique a donc pour corollaire la recherche de la suprématie politique.

D'autre part, l'expansion commerciale et industrielle habitue les Allemands à porter leurs regards bien au delà des frontières de leur pays, sur toutes les parties du monde où ont grandi leurs intérêts ; l'habitude des victoires industrielles et commerciales leur donne l'esprit d'entreprise, l'audace des grandes ambitions, elle fait pénétrer plus profondément dans leur âme le goût de la domination, le désir de la lutte avec les énergies rivales des autres peuples.

2. — *Accroissement de la richesse nationale.* — L'expansion économique de l'Empire ne donne pas seulement une énergie nouvelle aux ambitions de l'Allemagne ; elle fournit des moyens puissants pour les réaliser.

Les succès d'un peuple dans la lutte universelle sont, en effet, la conséquence de la bonne organisa-

tion de ses services nationaux ; ils sont la récompense du bon fonctionnement de son Agriculture, de
son Industrie, de son Commerce, de son Armée, de
sa Marine, de son Enseignement Public. Or, la création et l'entretien de tous ces organismes complexes
rendus nécessaires par la civilisation moderne coûtent des sommes énormes. C'est à coups de millions
qu'on crée des écoles, qu'on construit des chemins
de fer, des canaux, des cuirassés, qu'on fabrique
des armes et qu'on creuse des ports. Le principal
effet de l'expansion économique d'un peuple étant
d'augmenter la richesse publique, il s'ensuit que
cette expansion est susceptible de faciliter le perfectionnement de l'organisation nationale et d'augmenter ainsi la puissance générale de la nation,
son aptitude à survivre dans la lutte des peuples.
Les Etats, jusqu'à ce jour, s'étaient assuré la force
pour avoir la richesse ; il vaudra mieux dorénavant
qu'ils s'assurent la richesse ; et, s'ils savent en
faire un usage judicieux, la force leur viendra par
surcroît.

Or, l'essor industriel et commercial de l'Allemagne a fait passer la valeur de son stock monétaire
de 1 milliard 300 millions en 1876 à 2 milliards 800
millions en 1900 ; la statistique de l'impôt sur les
revenus (*Einkommensteuer*) décèle un accroissement
progressif du revenu : de 1892 à 1910, le nombre
des personnes ayant un revenu annuel au moins de
900 marks (1.125 francs), a triplé ; celui des personnes ayant un revenu annuel de 3.000 marks (3.750

francs), a augmenté de 160 % ; celui des personnes ayant un revenu supérieur à 3.000 marks a augmenté de 121 %. En 1896 plus des deux tiers des Allemands gagnaient moins de 900 marks ; en 1910 il n'y en avait pas même deux cinquièmes qui dussent se contenter d'un si faible revenu.

Dans le grand discours du 19 novembre 1908 par lequel il engageait les Allemands à imiter le goût de l'épargne des Français « parce que une forte situation financière est une aussi solide garantie qu'une bonne armée », le chancelier de Bülow déclarait au Reichstag que l'augmentation actuelle de la richesse totale de l'Empire était de 4 milliards de marks par an (1).

Il résulte donc de tout ce qui précède que l'expansion économique de l'Allemagne enrichit rapidement la race germanique, lui permet d'améliorer son organisation sociale et augmente ainsi sa puissance dans des proportions considérables.

L'étude des effets que l'augmentation de la fortune publique pourrait théoriquement avoir sur la puissance militaire de l'Allemagne nous servira d'exemple pour montrer d'une façon précise les grands résultats que l'expansion économique de l'empire peut engendrer.

Si l'Allemagne avait entretenu en temps de paix,

____

(1) Les chiffres des dépôts dans les Caisses d'épargne en Allemagne étaient : en 1880, 2,614,000,000 de marks; en 1900, 8,839,000,000; en 1910, 16,053,000,000.

sous les drapeaux, un nombre de soldats proportionnellement aussi élevé que la France, l'effectif de son contingent eût été en 1908 de 827.000 hommes au lieu de 602.000 (2). Mais la situation financière de l'Allemagne l'avait obligée à limiter le nombre de ses soldats, de même qu'elle l'avait obligée à réduire depuis 1893 la durée du service actif, pour les troupes à pied, de 3 à 2 ans (1). Par suite le premier effet de l'augmentation de la richesse publique sera de permettre à l'Allemagne soit d'augmenter la durée du service actif si elle le croit nécessaire, soit de rendre l'effectif de son armée du temps de paix proportionnellement aussi élevé ou même plus élevé que celui de la France ; nous savons que l'Allemagne s'est provisoirement arrêtée à cette dernière mesure dans la loi de recrutement de 1913.

L'entretien des hommes sous les drapeaux, quelque coûteux qu'il soit, est encore une charge légère pour les Etats, en comparaison de celle qui résulte de la construction et de l'entretien du matériel de guerre. En France, par exemple, la construction d'un cuirassé coûtait en moyenne 30.000.000

(1) En 1908, l'effectif budgétaire était en France 512,000 sur 39,000,000 d'habitants ; en Allemagne, 602,000 sur 63,000,000.

(2) Général Langlois, *Revue des Deux-Mondes*, 15 octobre 1907, p. 766. Les considérations budgétaires furent d'ailleurs les seules invoquées par le gouvernement allemand pour soutenir le projet de loi qui, déposé le 22 novembre 1892, devait donner à l'Allemagne sa loi de recrutement du 3 août 1893.

de francs il y a vingt ans, elle en coûte aujourd'hui
65 ; l'adoption du fusil 1886 a coûté 320.000.000
et le budget de la défense nationale (guerre et marine) s'élève chaque année à un milliard. Or, ces
dépenses formidables s'accroîtront progressivement
en raison de l'application à la guerre des découvertes scientifiques, par exemple, les automobiles, les
aéroplanes, les ballons dirigeables ; cette application exigera des sommes énormes, et cependant elle
est une nécessité absolue, car la nation assez riche
pour devancer les autres dans cette voie aura sur
elles une supériorité écrasante. La situation financière d'un pays jouera donc un rôle de plus en plus
important dans la préparation de la guerre.

Ce rôle, pendant la guerre, sera plus considérable encore. Le colonel allemand von Ritter a
calculé (1), d'une part, que la guerre de 1870-71
a coûté en moyenne, à l'Allemagne, 6 marks par
homme et par jour (7 fr. 50) et, d'autre part, que
l'empire pourrait disposer, en 1922 de 10.245.000
soldats. Si l'on prend ces chiffres pour base on
voit que l'entretien en temps de guerre de la totalité
des effectifs théoriques de l'Allemagne coûterait
27.000.000.000 de francs par an. L'Allemagne aurait
beau drainer toutes ses ressources financières et
toutes celles que pourrait lui procurer son crédit,

(1) *La mobilisation des forces militaires allemandes au
point de vue financier*. Edité chez Duncker et Humblot, à
Leipzig.

jamais, dit le colonel von Ritter, elle n'arriverait à faire face à de telles exigences. On admet généralement que la situation financière actuelle de l'Allemagne ne lui permet pas de mobiliser plus de 3.000.000 d'hommes (1). Nous voyons donc que l'Allemagne pourra augmenter ses forces militaires dans des proportions considérables, le jour où son stock monétaire et son crédit le lui permettront. Il lui sera ainsi possible, non seulement de prononcer avec des effectifs plus considérables les attaques de front et de flanc qu'elle prépare, nous le verrons, contre les armées françaises, mais encore de renforcer les effectifs des armées autrichiennes et italiennes et d'augmenter ainsi la difficulté qu'aura la France à défendre sa frontière des Alpes. Telles sont les conséquences que peut entraîner au seul point de vue de la force militaire, l'expansion économique de l'Allemagne.

Il est donc manifeste que cette expansion, en enrichissant la race germanique, lui permet de perfectionner son organisation intérieure, en particulier,

_____

(1) Le général von Blume, dans une étude publiée sous les auspices du Grand État-Major allemand (*Revue militaire d'Infanterie*, 15 octobre 1908 au 15 mars 1909), écrit : « En ce qui concerne l'Allemagne, les frais occasionnés par une guerre à laquelle prendrait part la totalité de ses forces s'élèveraient pour une seule année, sans compter les prestations en nature que le pays aurait l'obligation de fournir, au moins à 7,500,000,000 de francs. » On obtient ce même résultat en comptant que l'Allemagne mobilisera 3,000,000 d'hommes et que la guerre coûtera 7 fr. 50 par homme et par jour.

l'organisation de son armée, et lui fournit ainsi un premier et puissant moyen de réaliser son idéal ambitieux.

3. — *L'expansion économique comme moyen de conquêtes politiques et territoriales.* — Pour arriver à cette même réalisation, l'expansion économique fournit encore à l'Allemagne un deuxième moyen qu'il importe d'étudier de très près.

Les nations ne sont pas seulement des domaines territoriaux à frontières rigides ; elles sont surtout des groupements de forces solidaires qui, dépassant toute limite territoriale, étendent leur champ d'action, leur « sphère d'influence » sur l'univers entier ; elles sont comme des masses compressibles et extensibles, qui se pressent, se pénètrent et se modifient réciproquement suivant la puissance d'expansion et la force de résistance qui leur est propre. La lutte pour la vie ne se manifeste pas seulement entre les peuples par des conflits sanglants, des conquêtes de territoires, que séparent de longues années de paix, elle se manifeste tous les jours, entre toutes ces forces constitutives des Etats dont les champs d'action s'entremêlent et tendent à empiéter les uns sur les autres ; à notre époque où la population et les besoins ont considérablement augmenté, cette lutte est de tous les instants, elle s'engage entre les intérêts de toute espèce et elle se déroule sur tous les points de l'univers où intérêts et besoins sont en présence.

Dans ce conflit aux formes infiniment variées, les luttes économiques sont moins retentissantes que les luttes des armées, mais leurs conséquences finales sont les mêmes. Par leurs victoires agricoles, industrielles et commerciales, les nations expansives agrandissent progressivement leur influence dans le monde, réduisent celle des nations vaincues, et, même en respectant l'intégrité territoriale de ces dernières, elles peuvent, nous allons le voir, supprimer leur indépendance nationale.

Si, en effet, les banques, l'industrie et le commerce germaniques arrivent à s'établir en maîtres dans un pays quel qu'il soit, comme ils l'ont déjà fait, nous le verrons, en Asie Mineure, par exemple, si une nation laisse tomber l'entreprise de ses transports au pouvoir de cette Allemagne que nous voyons s'installer dans les Pays-Bas, dans nos ports, et s'efforcer de prendre part jusqu'à la fabrication de nos poudres de guerre, cette nation, ce pays auront perdu, en premier lieu, leur indépendance économique. L'Allemagne pourra, en effet, bouleverser et même arrêter leur vie industrielle et commerciale en modifiant soit son régime douanier, soit le prix de ses marchandises, soit le tarif de ses transports, soit le taux de ses créances. Cette nation, ce pays auront même perdu leur indépendance politique car ils ne pourront plus se gouverner contre la volonté de l'Etat suzerain sans attirer sur eux des représailles économiques mortelles. Le peuple qui laisserait tomber au pouvoir de l'Allemagne, ne fût-ce qu'en partie, ses transports maritimes ou la fabrication de ses poudres ou la fabrication des produits pharmaceutiques nécessaires aux blessés et aux malades verrait sa puissance paralysée au moment de la guerre. Celui qui deviendrait tributaire des financiers allemands ne serait plus qu'un jouet dans leurs mains. Aucune entreprise ne pourrait être tentée par lui contre leur gré ; il ne disposerait même plus du droit de paix et de guerre ; il serait obligé de subir une paix honteuse si elle était favorable aux intérêts de ses créanciers ; il serait lancé malgré lui dans la guerre si telle était la volonté de ses maîtres. Un Etat qui se laisserait asservir économiquement par un autre n'aurait donc plus d'existence propre, il ne vivrait que du souffle qu'il plairait à l'Etat suzerain de lui laisser, et, vaincu sans combat, il devrait chaque jour payer son indemnité de. guerre sous forme de tribut commercial et de servitude nationale.

Ainsi, les luttes économiques ne sont pas accompagnées d'effusion de sang, mais, dans le monde contemporain, elles ont les mêmes conséquences politiques que celles où grondent les canons. Dans les unes comme dans les autres se joue la destinée des peuples, s'affirme leur suprématie ou leur décadence ; pour un peuple, établir sa domination économique sur un autre, c'est en faire la conquête tout en réalisant l'économie d'une guerre.

Les défaites économiques peuvent même engen-

drer des conséquences plus graves que les défaites
des armées ; celles-ci ont, à beaucoup d'égards,
sur les peuples les mêmes effets que les opérations
chirurgicales sur les individus ; elles accroissent la
force vitale des nations belligérantes. C'est ainsi que
la déroute d'Iéna est la cause première de la grandeur de l'Allemagne et que les désastres militaires
de 1870 ont donné à la France une orientation et une
vigueur nouvelles. Les défaites économiques prolon-
gées engendrent au contraire l'affaiblissement progressif des vaincus, elles sont comme une phtisie
lente qui les conduit graduellement à la mort. Bismarck semble avoir nettement aperçu toutes ces
conséquences des luttes économiques : « Nous avons
fait le Sedan militaire, a-t-il dit, il nous reste maintenant à faire le Sedan commercial. » Tous les faits
d'expansion économique de l'Allemagne en France
ne seraient-ils que la mise en exécution d'un plan
d'investissement industriel et commercial soigneusement étudié et arrêté en Allemagne et qui ne serait lui-même que le développement de la pensée
de Bismarck ?

Il résulte de tout ce qui précède que l'on doit
considérer le développement illimité de l'industrie
et du commerce germaniques, dans un pays quelconque, comme un acheminement sûr de l'Allemagne, dans le pays considéré, vers la réalisation de
l'idéal de suprématie qui l'inspire. On ne saurait
assez se défier de ce mode de conquête par l'expansion industrielle et commerciale. Nos ancêtres ne

l'ont pas connu ; l'annexion de l'Egypte par l'Angleterre semble en être le premier exemple historique ; mais il pourrait bien constituer le mode de conquête de l'avenir. Si une telle évolution se produisait, les armées ne joueraient plus dans l'expansion des peuples le même rôle qu'autrefois ; leur intervention ne ferait que confirmer et rendre irrévocable une domination déjà établie en fait par la conquête économique.

Ces considérations prouvent d'une manière nouvelle, et inattendue, l'impossibilité où sont les hommes d'établir le règne de la paix par la suppression des armées permanentes. Les rêveurs décréteraient en vain la fin des luttes militaires ; les batailles économiques pouvant faire perdre à un peuple son indépendance nationale, de ce régime de servitude renaîtrait infailliblement la guerre. La croyance au rapprochement des hommes par le commerce, que les peintures allégoriques et les discours d'expositions universelles célèbrent à l'envi, est donc une croyance fausse et dangereuse ; il importe de la chasser de tout esprit français. Les luttes économiques sont même plus impitoyables que la guerre, car elles n'épargnent ni les femmes, ni les vieillards ni les enfants ; dans ces conflits dits pacifiques, le succès appartient non au plus brave, mais au plus sobre, au plus travailleur ; les moyens de combat et de victoire changent, mais le résultat de la lutte ne change pas. La suppression des armées, si elle était possible, aurait même pour notre pays des effets particulièrement désastreux. Tous les États emploieraient dans la lutte économique les milliards rendus disponibles par cette suppression. La force de production de l'Allemagne étant supérieure à celle de la France, les conséquences de la guerre industrielle et commerciale, à notre égard, se trouveraient ainsi considérablement aggravées, et l'on verrait, bientôt, les mêmes capitalistes, les mêmes ouvriers dont tous les échos répètent aujourd'hui les « bêlements » pacifistes et internationalistes, réclamer le secours du nationalisme et du militarisme les plus intransigeants, et le renforcement de la défense nationale actuelle par la défense nationale du commerce, de l'industrie et de l'agriculture.

4. — *L'Expansion économique de l'Allemagne et les causes de guerre qu'elle peut engendrer.* — Telles sont les graves conséquences que peut entraîner l'expansion industrielle et commerciale de la race germanique. Il est possible, et même probable, que les Etats menacés par l'Allemagne uniront leurs efforts pour résister ensemble au danger commun. Le chancelier de Bülow a fait connaître d'une façon particulièrement éloquente les suites que pourrait avoir cette résistance à l'expansion allemande: « Une politique qui aurait pour but d'enfermer l'Allemagne, disait-il au Reichstag le 15 novembre 1906, de construire un cercle de puissances pour nous isoler et nous paralyser serait une politique très dangereuse pour la paix (Au centre et à droite : C'est vrai). La

formation d'un tel anneau n'est pas possible sans qu'on exerce une certaine pression ; une pression crée une contre-pression; pression et contre-pression peuvent facilement produire des explosions. » (Au centre et à droite : Très vrai).

Guillaume II a tenu en maintes circonstances un langage analogue : « Si l'empire allemand se développe de la façon que je viens d'esquisser, disait-il le 25 octobre 1905, nous pourrons alors, la visière levée et avec le courage viril qui sied aux hommes allemands et que confère une conscience tranquille, regarder dans les yeux quiconque trouverait bon de nous barrer le chemin et de nous troubler dans les occupations légitimes qui résultent de nos intérêts. » Le lendemain, aux officiers de la garde et à l'Etat-major général de l'armée il disait encore : « Vous avez vu, messieurs, dans quelle position nous sommes vis-à-vis du monde : par conséquent hourra pour la poudre sèche et l'épée aiguisée, pour le but reconnu, et les forces toujours tendues, pour l'armée allemande et l'état-major général. »

Ces énergiques paroles ne sont pas de simples manifestations oratoires, elles ont été inspirées au chancelier et à l'empereur d'Allemagne par de graves préoccupations politiques.

Tous les Etats ont un intérêt majeur au fonctionnement régulier des entreprises économiques de leurs sujets. En raison de l'intensité et de la complexité de la vie moderne, un arrêt dans ce fonctionnement peut amener les troubles les plus graves :

la faim aux ouvriers, car ils n'ont pas de réserves ;
la ruine aux patrons, car leurs machines ont besoin d'une activité constante pour rémunérer le capital et pour ne pas devenir du vieux fer ; la
révolte et la révolution aux gouvernements, car la
ruine, la faim et la misère ont toujours été la cause
première de tous les bouleversements politiques.

Vraies pour tous les Etats, ces considérations pré-
sentent pour l'Allemagne un intérêt tout particulier.
D'une part, l'insuffisance des matières premières
oblige l'Allemagne à importer pour la valeur de un
milliard et demi de francs, par an, d'éléments nécessaires à ses forges, à ses hauts-fourneaux et à ses
métiers à tisser. L'insuffisance de l'agriculture fait
qu'il lui manque 120 jours de vivres par an et lui
impose l'obligation d'acheter près de 3 milliards de
francs de matières alimentaires. De plus, la population de l'empire augmente chaque année de près
de un million de bouches. D'autre part, l'Allemagne
ne possède pas des réserves monétaires suffisantes
pour parer à une longue crise économique, et ses
habitants, que l'esprit d'initiative entraîne à des entreprises toujours plus étendues, ne se préparent pas
à les constituer. Il est donc nécessaire que les Allemands gagnent chaque année plus de quatre milliards de francs par leur industrie et leur commerce;
il est nécessaire que dans l'avenir ils augmentent
chaque année le chiffre de leurs bénéfices sous peine
de souffrir de la faim. Par suite, l'expansion économique de l'Allemagne ne saurait être empêchée

sans inconvénients graves ; pour nourrir cette population prolifique où, de plus, le nombre des besoins
individuels s'accroît avec le progrès de la civilisation,
il faut l'activité incessante d'usines nombreuses, et
cette production ininterrompue exige des débouchés
qu'il est impossible de laisser fermer ; le développement industriel et commercial continu est pour
l'Empire une nécessité vitale ; il faut à tout prix
que son marteau frappe, que son métier batte et
que son pavillon claque au vent.

De tout ce qui précède il résulte que l'Allemagne
se trouve dans la nécessité absolue de briser rapidement par les armes tout obstacle à son essor, sous
peine de voir son industrie et son commerce ruinés,
ses habitants affamés. C'est ainsi qu'apparaît d'ailleurs aux Allemands la lutte contre toute coalition
économique hostile à leur pays ou contre toute résistance à leur expansion industrielle et commerciale. « *Noth bricht Eisen* », disent-ils (la nécessité
brise le fer) ; les intérêts font violence aux sentiments des plus pacifiques d'entre eux, et tous
déclarent que cette lutte se fera à main armée et
sera, selon leur forte expression, — *ein Hunger-
krieg* — une guerre de la faim.

Est-il possible que la guerre soit un moyen efficace pour prévenir un désastre commercial ou
industriel, ou pour poursuivre l'expansion économique ? Cette question est très discutée en droit.
Toutefois, il ne faut pas oublier que, en fait, toutes
les révolutions et presque toutes les guerres ont

eu pour cause profonde des causes économiques ;
il ne faut pas oublier que l'Allemagne considère la
guerre comme « un remède moins violent que les
révolutions », ainsi que le dit Treitschke ; il ne faut
pas oublier, surtout, que la guerre de 1870 a été
pour les vainqueurs la cause de leur prodigieux
développement. Il n'est pas impossible qu'ils succombent à la tentation de renouveler une expérience qui a été pour eux aussi heureuse à tous
égards.

Telle est, pour employer l'image du chancelier de
Bülow, la pression intérieure qui s'oppose à tout
arrêt de l'expansion économique de l'Allemagne.
Existe-t-il soit « une contre-pression » extérieure,
soit un « cercle de puissances pour isoler et paralyser » l'Allemagne ?

La « *contre-pression* » extérieure existe. Les Etats
qui demeurent fidèles au libre-échange tombent
progressivement sous la domination industrielle et
commerciale des nations expansives ; c'est ainsi
que la Belgique et la Hollande, libre-échangistes,
tendent à devenir, nous le verrons, un fief de l'Allemagne. Aussi, les nations jalouses de leur indépendance deviennent-elles de plus en plus protection-
nistes ; l'Angleterre elle-même, berceau du libre-
échange, était bouleversée, naguère, par la campagne impérialiste de M. Chamberlain, campagne menée depuis avec un succès croissant par le parti
conservateur anglais. De plus, la grande industrie
s'est développée dans des pays qui étaient depuis

vingt ans les clients de l'Allemagne ; tels l'Italie,
la Russie et surtout les Etats-Unis ; elle se développe en Chine, au Japon et la race Jaune se prépare déjà à faire une concurrence redoutable à
toute la race blanche. Enfin, quand l'Allemagne a
voulu se créer un empire colonial toutes les bonnes
terres étaient prises, en fait, ou, comme le Maroc,
en droit, et ses possessions actuelles seront toujours
de faibles débouchés commerciaux, de mauvaises
colonies de peuplement et de médiocres colonies de
plantations. Il semble donc que cette expansion
économique de l'Allemagne qui devient de plus en
plus impérieuse doive aussi devenir de plus en plus
difficile.

Nous étudierons au chapitre VI les éléments essentiels du conflit franco-allemand relatif au Maroc;
nous dirons dès maintenant, que ce conflit est la
première conséquence de la situation de fait que nous
venons d'analyser.

En outre, un « *cercle de puissances* » paraît se
former sous nos yeux, dans le but d'isoler l'Allemagne et de paralyser son essor économique.
L'Angleterre n'a jamais permis qu'une nation du
continent puisse grandir jusqu'à l'atteindre de son
ombre. Elle avait été pendant la guerre de Sept ans
le soutien de Frédéric II contre la France et l'Autriche ; elle a été l'adversaire irréconciliable de
Napoléon Ier ; et elle s'efforce de devenir depuis
1900 l'âme d'un groupement de puissances directe-

ment opposé à l'Allemagne. Il y a d'autant plus de
probabilités pour que l'Angleterre poursuive sa
politique traditionnelle que ce n'est pas seulement,
comme au temps de Napoléon Ier, par un développement politique qu'elle se sent menacée, mais en
outre et surtout par un développement économique.
Or, toute menace économique est particulièrement
grave pour l'Angleterre ; tandis que l'expansion
économique de l'Allemagne ne peut engendrer a
l'égard de la France, par exemple, les conséquences
étudiées plus haut que d'une manière lente, suivant
une progression presque insensible, l'expansion économique de l'Allemagne est, au contraire, susceptible d'engendrer en Angleterre une crise aiguë et à
développement rapide. Tandis, en effet, que la
France est une nation qui peut à peu près vivre sur
elle-même grâce au développement équilibré de son
agriculture, de son industrie et de son commerce,
l'Angleterre, au contraire, vit presque exclusivement
de son industrie et de son commerce avec tous les
peuples de la terre ; elle doit acheter à l'étranger
la presque totalité de ses denrées alimentaires ; il
en résulte que l'expansion économique de l'Allemagne est une menace directe non seulement pour la
puissance générale de l'Angleterre, mais encore et
surtout pour la source même de sa vie matérielle.
Or, cette menace se fait sentir de plus en plus vivement, non seulement sur les marchés des peuples
étrangers, mais encore sur les marchés nationaux
anglais ; c'est ainsi, par exemple, que dans les

vingt dernières années les importations allemandes,
dans les colonies anglaises, se sont élevées de 1 à
10 %, tandis que les importations de l'Angleterre y
sont descendues de 54 à 42 %. En présence d'une
telle situation, les socialistes anglais ont, eux-mêmes,
demandé au gouvernement de prendre des résolu-
tions énergiques ; c'est ainsi que Robert Blatchford,
un des maîtres du mouvement socialiste moderne en
Angleterre, a fait une campagne dans le *Daily Mail*,
dans son journal *Le Clairon*, qui est le plus influent
des journaux socialistes, et a enfin publié une étude,
intitulée « le Danger Allemand », en vue d'amener
l'Angleterre à augmenter sa marine et à créer une
armée permanente basée sur le principe du service
militaire personnel et obligatoire pour tous les Anglais.

Ainsi, l'expansion économique de l'Allemagne est
susceptible d'amener les plus graves conflits et même la guerre, d'une part, en raison de la nécessité
de cette expansion pour la race germanique, et, d'autre part, en raison de la résistance à cette même
expansion qu'opposeront à des degrés différents
toutes les nations et particulièrement l'Angleterre.

La crainte des maux terribles de la guerre pourra-
t-elle retarder ou détourner ce courant de la vie
économique qui semble emporter le monde vers une
conflagration générale ?

En raison de l'accroissement de la natalité, de
l'accroissement de la fortune publique et de l'accrois-

sement de la force militaire qui en résultent, l'Allemagne peut trouver des avantages sérieux à retarder
une guerre causée par ses ambitions politiques ;
une telle guerre éclatera seulement au moment jugé
opportun, comme ont éclaté les guerres de 1866 et
de 1870 contre l'Autriche et contre la France. Par
contre nous venons de le voir, l'Allemagne est dans la
nécessité absolue de résoudre rapidement par la
force tout conflit économique. Or, elle connaît la valeur de son armée, et il est probable, lorsque les circonstances l'exigeront, qu'elle préférera
courir les risques d'une guerre que d'étouffer lentement dans son pays trop étroit.

L'Angleterre, de son côté, n'hésitera pas à provoquer la guerre quand l'occasion lui paraîtra favorable ; la paix l'affaiblit chaque jour au profit de
l'Allemagne et un Pitt eût, peut-être, déjà provoqué
un *casus belli*. Dans un conflit anglo-allemand, la
France pourra difficilement rester neutre. L'Allemagne, elle-même, nous a fait savoir qu'elle n'admettait
pas « cette politique de fauteuil d'orchestre ». Elle
craint qu'une telle guerre, en affaiblissant les deux
nations belligérantes, ne donne à la France la suprématie européenne. De plus, les Allemands comptent se venger sur notre territoire, sur notre argent
ou sur nos colonies des défaites qu'ils pourraient
essuyer par ailleurs. Aussi, — les écrivains militaires de l'Allemagne ne le cachent pas, — dans une
guerre européenne, l'Allemagne gardera la défensive sur toutes ses frontières et prendra, contre la

France, une offensive vigoureuse (1). Un conflit anglo-allemand serait donc surtout un duel entre la France et l'Allemagne ; l'Angleterre ayant des avantages immenses à retirer de cette lutte, et peu de risques à y courir, nous devons tenir pour certain qu'elle s'efforcera de la déchaîner quand le moment lui paraîtra opportun, dût-elle ensuite, « perfide Albion », assister impassible à la guerre ou n'y intervenir que pour accroître ses profits (2).

De tout ce qui précède il résulte que de grandes

---

(1) D'après l'ouvrage que vient de publier le général von Falkenhausen. *La grande guerre des temps présents,* dans une guerre européenne, la totalité des forces allemandes, moins cinq corps d'armée destinés à la frontière russe, serait dirigée sur la frontière française.

(2) Dans la préface qu'il a écrite pour l'ouvrage de Paul Dehn, *Nouveaux éléments de politique mondiale*, l'économiste von Peez donne le tableau suivant, que nous reproduisons à simple titre de curiosité, de ce qu'auraient gagné ou perdu les divers Etats à une guerre européenne à propos du Maroc.

Allemagne. — Frais de préparation et de mobilisation, 10 milliards ; Entretien de 2 millions d'hommes pendant un an, 3 milliards ; Pertes de l'Etat et des particuliers (bâtiments, voies ferrées, tunnels, etc.), 2 milliards ; Pertes sur les fournitures, 1 milliard ; Pertes en vies et forces humaines, 5 milliards ; Pertes par l'arrêt de l'industrie et du commerce, 15 milliards ; Pertes sur la valeur des titres, 10 milliards ; Reconstruction du matériel après la guerre, 5 milliards ; Total : 51 milliards. A soustraire (ou à ajouter) l'indemnité éventuelle pour le vainqueur, 10 milliards.

France. — Mêmes chiffres que pour l'Allemagne.

Angleterre. — Gain pour la cessation de la concurrence et le quasi monopole maritime, 40 milliards ; Gains sur les valeurs mobilières et gains coloniaux, 13 milliards ; Total : 53 milliards de gains. A soustraire 13 milliards pour la mobilisation et les frais de guerre.

complications internationales sont à la merci du
moindre incident et que la guerre peut soudaine-
ment éclater à propos d'un simple conflit économique dans lequel les intérêts de l'Allemagne seront
engagés.

Un changement quelconque dans la forme des
gouvernements ne changerait rien à cette situation.
« Il ne serait peut-être pas exagéré de dire, écrivait le 15 août 1907 un ancien ambassadeur, que si
l'Allemagne jouissait d'un régime démocratique,
les incidents les plus fâcheux se seraient déjà produits. C'est, en effet, un phénomène bien curieux,
de **voir** que le gouvernement, et en première ligne
l'empereur lui-même, sont obligés de mettre un frein
aux manifestations d'inquiétude et de colère qui se
succèdent sans interruption non seulement dans la
presse mais surtout dans les échanges de vues quotidiens des citoyens.... Tout ce que le gouvernement
peut faire maintenant pour créer des ennuis à l'Angleterre ou à la France est sûr de trouver les applaudissements du peuple. Il n'y a pas d'autres raisons
au réveil stupéfiant des idées nationalistes jusque
dans les couches les moins belliqueuses de la population » (1).

Ainsi, quelle que puisse être la forme des gouvernements, les nécessités économiques en présence
desquelles se trouve l'Allemagne sont susceptibles
d'amener, dans l'avenir, les plus graves événements.

(1) *La Revue,* 15 août 1907, p. 426.

Les conflits économiques ont joué un grand
rôle dans l'éclosion des grandes guerres du passé,
l'honneur, la foi n'y furent souvent que les masques
du trafic ; mais dans l'avenir, on ne saurait trop le
redire, ce rôle ira encore en grandissant à mesure
que le chiffre de la population humaine et le nombre
des besoins iront eux-mêmes en augmentant. La
« paix universelle dans le travail » est une chimère ;
la nécessité où seront de plus en plus les hommes de
« gagner leur pain à la sueur de leur front » amènera
au contraire les guerres les plus terribles de toutes ;
jamais, la population totale de la terre ne s'est
accrue aussi vite qu'en notre temps, en particulier
dans les pays où vivent les races jaunes, slaves et
anglo-saxonnes ; l'accroissement numérique de ces
peuples posera des problèmes économiques insolubles et ces conflits économiques constitueront de
plus en plus les plus graves menaces pour la paix
du monde.

En résumé, l'expansion économique de l'Allemagne peut être pour l'Empire un moyen d'accroissement de puissance et un moyen de conquêtes territoriales faites en pleine paix, et si cette expansion
est rendue impossible, de cette impossibilité résul
tera inévitablement la guerre.

CHAPITRE IV

L'Emigration Allemande et l'Expansion Coloniale de l'Allemagne contemporaine.

I. — Considérations générales.

Nous nous sommes occupés dans le chapitre précédent de l'exportation à travers le monde des produits industriels et commerciaux de l'Allemagne ; nous allons étudier dans celui-ci l'émigration et la colonisation allemandes.

L'émigration allemande a eu pour cause l'accroissement de la population et l'impuissance où ont toujours été les terres germaniques de nourrir la prolifique race de l'Allemagne. L'expansion coloniale a été, en partie, la conséquence du mouvement d'émigration, mais elle a eu surtout pour cause, d'u part, la volonté de puissance qui inspire et dirige la vie nationale d'Outre-Rhin, et d'autre part, l'ex-

pansion économique de l'Allemagne : le jeune empire était fatalement conduit par ses ambitions politiques et économiques à rechercher, en des terres
dont il serait le seul maître et où il lui serait possible
de défier toute concurrence, des débouchés pour ses
émigrants, des matières premières pour ses hauts-
fourneaux et ses manufactures, des marchés pour
son commerce, des ports pour ses navires.

L'émigration allemande, qui a été de tous temps
considérable, a atteint son maximum d'intensité au
XIXe siècle pendant la durée duquel elle mit plus de
masses en mouvement que ne l'avaient fait les invasions germaniques des premiers siècles de notre ère :
de 1885 à 1892, par exemple, l'Allemagne envoya
hors d'Europe 120 mille émigrés par an. D'après
les dernières statistiques, le nombre et la distribution
géographique des émigrés et descendants d'émigrés
allemands parlant la langue allemande sont les suivants :

En Russie il y a 200.000 Allemands dans les
provinces baltiques (Courlande, Livonie, Esthonie),
provinces qui, nous l'avons déjà dit, sont considé-
rées par les Pangermanistes comme devant faire
partie de la grande Allemagne ; ces Allemands forment la majeure partie de la noblesse et de la bour-
geoisie de ces provinces. En outre, aux XVIIIe et
XIXe siècles, de nombreux colons allemands se sont
établis en groupes compacts, comprenant aujourd'hui
plus de 500 mille individus, dans les provinces russes voisines des frontières allemande et autrichienne

et dans celles baignées par la Mer-Noire où des bourgs entiers sont habités par des Allemands.

Dans les 30 dernières années, un fort courant d'émigration allemande s'est dirigé vers la Turquie d'Europe et la Turquie d'Asie ; il y a plus de 10.000 Allemands à Constantinople ; 2.000 se sont établis en Palestine où ils ont rénové l'agriculture ; le long du chemin de fer Konia-Bagdad les colonies d'Allemands se multiplient, nous le verrons, de Alexandrette, dont Guillaume II rêve de faire un port rival de Beyrouth, où domine l'influence française, jusqu'au golfe Persique.

L'infiltration allemande en Belgique et en Hollande, dont nous ferons plus loin une étude détaillée, a été telle qu'on y trouve aujourd'hui plus de 100 mille Allemands.

Mais leur terre de prédilection a été l'Amérique ; nous verrons tout à l'heure, dans l'étude de détail, qu'il y a de 20 à 25 millions d'individus de race germanique aux Etats-Unis et 450 mille au Brésil; en outre, il y en a encore 310.000 au Canada, 100.000 dans la République Argentine, et plusieurs milliers dans l'Amérique centrale, où ils détiennent la majeure partie du commerce d'exportation.

Les Allemands forment encore des groupes compacts importants en Australie ; la ville d'Adélaïde, par exemple, en renferme 7.000 sur 160.000 habitants.

Nous ne comptons pas, dans ce dénombrement général, les Allemands que leurs entreprises industrielles ou leur commerce général ont conduit, sans les y fixer, dans toutes les parties du monde (1) ou ceux qui s'établissent dans les colonies allemandes ; nous ne parlons également que pour mémoire des Allemands résidant en France, car nous reviendrons tout à l'heure sur ce sujet ; nous ajouterons, cependant, que le nombre des Allemands qui s'installent dans les colonies françaises s'accroît rapidement ; par exemple, les statistiques allemandes portent 3.500 sujets de Guillaume II établis en Algérie.

Tel est le résultat général de l'émigration allemande. Pendant longtemps, aucune colonie politique n'est résultée de cette émigration en raison de la faiblesse des Etats allemands jusqu'à la formation de l'Empire en 1870, et en raison de l'absence d'idéal et de volontés communes aux masses des émigrants anciens ; si ces masses avaient eu des chefs comme en avaient eu les invasions germaniques des premiers siècles leur mouvement, au lieu de passer inaperçu, eût peut-être changé le cours de l'histoire contemporaine.

Mais vers 1880, les économistes allemands, désireux de conserver au jeune empire les forces vives que l'émigration lui avait fait et lui faisait encore perdre, préconisèrent la création de colonies et, à l'instigation des théoriciens, de nombreuses sociétés de colonisation se formèrent ; dans leur sein furent étudiés

(1) On en compte 60,000 en Angleterre, 50,000 en Espagne et Portugal.

des projets d'occupation méthodique du Brésil méri-
ridional, puis, vers 1885, du sud de l'Afrique ;
enfin, après la fondation, en 1888, de la *Deutsche
Kolonial Gesselschaft*, dont nous avons parlé au
chapitre II, un grand mouvement populaire, exclusivement dû à l'initiative privée, se produisit en Allemagne en vue de la création de colonies. De cette
époque, 1885-1890, datent les premières entreprises
coloniales des commerçants aventureux et des compagnies de colonisation.

L'Etat intervint peu, au début, dans ce mouvement : Bismarck ne parut accepter qu'à regret les
possessions que lui offrirent les initiatives privées
(Afrique du Sud, Iles de la Polynésie), et le chancelier de Caprivi déclara qu' « on ne saurait lui
jouer de plus méchant tour que de lui offrir en toute
propriété l'Afrique entière. » Mais après le départ
du chancelier de Hohenlohe, le gouvernement ac-
cueillit avec une faveur croissante les démarches des
Sociétés de Colonisation et de la Ligue Pangermanique, et depuis 1895, avec Guillaume II, le gouvernement a pris d'une manière effective la direction
du mouvement colonial ; guidé par sa volonté de
puissance et de domination, il s'est substitué aux
compagnies de colonisation, il s'est efforcé d'éveiller,
chez les émigrés les plus lointains et les plus anciens, les sentiments d'une universelle solidarité
allemande et il a adopté, comme règle nouvelle de
conduite, ce principe qu'aucun agrandissement ter-
ritorial d'une nation quelconque ne pouvait se pro-

duire sans l'intervention et l'assentiment de l'Allemagne et sans qu'il eût été accordé à celle-ci de préalables compensations ; ce principe, dont la France a éprouvé l'application dans les « Affaires Marocaines », est le principe fondamental de ce que les Allemands ont appelé la *Weltpolitik*, la politique mondiale.

Le discours prononcé par Guillaume II le 18 janvier 1896, lors de la célébration du 25ᵉ anniversaire de la fondation de l'Empire, renferme le premier exposé officiel de la volonté du gouvernement en matière coloniale. Depuis cette date la colonisation allemande se poursuit sous deux formes différentes :

1° Par la constitution et le développement de colonies proprement dites qui sont : dans l'Océan Pacifique, les îles Carolines, les îles Mariannes, les îles Palaos, les îles Samoa, les îles Marshall, les îles Salomon (en partage avec l'Angleterre) ; l'Archipel Bismarck, et la Terre de l'Empereur Guillaume (N.-E. de la Nouvelle-Guinée) ; en Afrique, le Togo, le Cameroun (agrandi de la partie du Congo Français cédée par l'accord du 4 septembre 1911), le Sud-ouest Africain et l'Afrique Orientale Allemande. A l'heure actuelle les colonies allemandes ont une étendue de 3 millions de kilomètres carrés (un peu moins de 6 fois l'étendue de la France), et sont habitées par 10.000 européens et 16 à 18 millions d'indigènes.

2° Par la pénétration pacifique de peuples d'un

développement intérieur, pénétration qui se fait par voie de conquêtes économiques progressives, suivant la méthode que nous avons exposée au chapitre précédent ; les principaux théâtres de ce mode d'action coloniale sont la Chine (base d'opération Kiao-Tcheou), et l'Asie Mineure.

L'émigration allemande en pays étrangers n'a pas cessé pendant la période actuelle du mouvement colonial. Mais sous sa forme présente, l'émigratoin allemande présente trois caractères nouveaux : en premier lieu, le nombre des émigrants est beaucoup moins considérable, le chiffre en est tombé de 120.000 par an, qui était le chiffre moyen de 1885 à 1892 à 32.000 en 1900, pour remonter ensuite à 50.000 ; en second lieu, les émigrants actuels n'abandonnent plus leur pays sans esprit de retour, ce ne sont plus des familles entières qui quittent l'Allemagne, mais seulement des individus isolés ; enfin, ils se dirigent beaucoup plus qu'autrefois vers les pays limitrophes de l'Allemagne, notamment vers les Pays-Bas et vers la France où leur émigration a, nous le verrons, un caractère à la fois politique et économique.

En résumé, à l'ère des émigrations non coordonnées, avait fait suite celle de la colonisation due à l'initiative privée ; à celle-ci a fait suite l'ère de la colonisation officielle, l'ère de la *Weltpolitik* (politique mondiale), ère pendant laquelle l'émigration allemande a pris comme caractère distinctif d'être un mouvement à la fois politique et économique.

Il importe de remarquer que l'Allemagne s'efforce

aujourd'hui avec zèle d'améliorer la situation de ses
émigrés et de fortifier les liens qui les rattachent à la
mère-patrie. « Que l'émigration présente un caractère définitif, colonisateur ou temporaire, écrivait
naguère le Dʳ Zahn, professeur à l'Université de
Berlin, nous devons conserver soigneusement les
rapports de nos colonies d'hommes avec la mère-
patrie. Et dans ce but, il convient de fortifier sysié-
matiquement la puissance nationale de résistance,
ou germanisme, de cultiver avec soin la langue allemande, l'esprit allemand, les usages allemands, la
nationalité allemande et de fortifier la protection
diplomatique, consulaire et maritime des intérêts
allemands à l'étranger. Dès lors, la perte que nous
subissons dans la migration internationale des peuples ne représentera qu'une augmentation de notre
puissance et de notre *domination* et ce au point de
vue des idées, de la civilisation et aussi au point de
vue économique. Alors l'Allemagne sera « la grande
pépinière d'hommes » pour le plus grand bonheur
et pour la prospérité de notre patrie ».

Il y a en Allemagne, deux grandes sociétés qui se
sont particulièrement donné comme mission d'atteindre l'ensemble de ces buts clairement définis par
le Dʳ Zahn ; ce sont « l'Association Générale pour la
conservation de la nationalité allemande à l'étranger », et la « Ligue pour le Deutschtum (puissance
allemande) à l'étranger ». Ces sociétés ont fait rendre de plus en plus difficile l'acquisition par un Allemand d'une nationalité étrangère, et aujourd'hui,

on peut dire que partout où les Allemands s'établissent naît une petite Allemagne.

Ces « petites patries » ne sont pas seulement rattachées à l'Allemagne par des sociétés nationales dues à l'initiative privée, elles le sont aussi par l'intervention directe du gouvernement de Berlin ; cette intervention se fait surtout sentir par l'aide apportée aux milliers d'écoles allemandes qui sont en pays étranger ; en 1903 un crédit de 300 mille marks fut affecté dans le budget de l'Empire à ces écoles ; ce crédit, qui a été en augmentant chaque année, est aujourd'hui de 900 mille marks.

Enfin, dans les pays non chrétiens, les missions religieuses, notamment les missions protestantes, travaillent à répandre avec l'Evangile, la foi dans la toute puissance de l'Allemagne.

Fils de l'Allemagne, descendants des anciens émigrés et indigènes des colonies allemandes forment ainsi avec l'Empire une collectivité dont les éléments tendent à devenir de plus en plus solidaires.

Nous allons étudier avec quelques détails les faits qui caractérisent le mieux ces mouvements d'émigration et de colonisation dont nous venons de marquer à grands traits les phases successives et les caractères généraux.

Comme faits caractéristiques de l'émigration par grandes masses, nous étudierons l'émigration allemande aux Etats-Unis et au Brésil ; comme fait caractéristique du mode de colonisation allemande, nous étudierons la constitution et le développement de la colonie du Sud-Ouest Africain ; comme exemple caractéristique de la colonisation par voie dite de pénétration pacifique, nous étudierons l'installation des Allemands sur divers points des côtes chinoises. Nous nous inspirerons surtout, pour cette étude, de l'enquête faite sur les lieux mêmes par M. Tonnelat (1). Enfin, comme faits caractéristiques de l'émigration individuelle allemande, forme d'émigration semi-politique, semi-économique, nous étudierons l'émigration allemande en France.

II. — Faits qui caractérisent l'Emigration allemande et l'Expansion coloniale de l'Allemagne.

---

1. — L'Emigration Allemande aux Etats-Unis.

Le premier mouvement d'émigration allemande dans l'Amérique du Nord dont l'histoire ait gardé un souvenir précis, remonte à 1685 et eut pour objet la Pennsylvanie; des mouvements analogues à intensité variable se succédèrent pendant les XVIII⁰ et XIX⁰ siècles ; depuis 1850 seulement, près de 5 millions d'Allemands émigrèrent aux Etats-Unis, et il y existe actuellement 25 millions d'individus de

(1) *L'Expansion Allemande hors d'Europe.*

race germanique ; les groupements les plus nombreux sont ceux des Etats de New-York et de Wis-
consin et des villes de Chicago et Milwaukee.

Les émigrés allemands avaient conservé leur instinct national de solidarité, leur faculté d'association
et s'étaient, de bonne heure, groupés en de nombreuses associations ; toutefois, jusque vers 1870, individus et groupements se laissaient progressivement assimiler par la race énergique qui les entourait et la
personnalité des émigrés se transformait profondément. La formation de l'Empire allemand a été la
cause et le signal d'un effort de résistance à l'assi-
milation qui va en grandissant ; les anciens Vereine (Sociétés) sont devenus les foyers de cette
résistance ; ils s'efforcent de conserver les traditions allemandes parmi les émigrés et descendants
d'émigrés et de propager autour d'eux l'esprit, les
idées, les coutumes et surtout les produits industriels et commerciaux de l'Allemagne.

L'unification de l'Allemagne est devenue un exemple pour les Vereine eux-mêmes ; on les voit se
solidariser, se lier les uns aux autres ; par exemple
en 1899, s'est formé à Philadelphie un organisme
central auquel ont adhéré tous les Vereine de la
Pennsylvanie ; cette même fédération s'est faite en
1905, pour les Allemands de Saint-Louis, sous le
titre très caractéristique de Union pangermanique
(Alldeutscher Verein).

En 1901, le Zentralbund de Philadelphie prit l'initiative d'un groupement de tous les émigrés et des-

cendants d'émigrés allemands des États-Unis, en
vue, disent les statuts de cette « Union Nationale »
(Nationalverband), « d'éveiller dans la population
d'origine allemande le sentiment de son unité, de
défendre et propager l'emploi de la langue, des
idées et de la littérature allemandes. »

Cette attitude prise par les Deutsch-Amérikaner
(Américains Allemands), ainsi qu'ils s'appellent
eux-mêmes, est parfaitement conciliable, prétendent-
ils, avec leur qualité de citoyens de la République
américaine, mais il n'en est pas moins vrai que
l'Union Pangermanique suit avec un vif intérêt cet
effort fait par les Allemands des États-Unis, pour
conserver et développer en Amérique l'esprit allemand : les publications qu'elle étale complaisamment dans les *Alldeutsche Blætter*, relativement à
cette campagne, en sont la preuve, ainsi que le
manifeste dont nous avons parlé, adressé par elle
à ses compatriotes des États-Unis en 1905.

Les résultats déjà obtenus sont remarquables :
il y a plus de 600 journaux publiés en allemand aux
États-Unis (il n'y en a qu'un publié en français) ;
en matière d'art, de théâtre, de musique les Allemands sont les éducateurs du peuple américain,
déclare M. Tonnelat, et la science allemande joue
un rôle de plus en plus prépondérant dans les
Universités des États-Unis ; à Milwaukee, qui est,
il est vrai, la plus allemande des villes américaines
« l'Athènes allemande des États-Unis », on trouve
même une école normale d'instituteurs allemands.

Il y a lieu de remarquer que l'accroissement du nombre des Allemands aux Etats-Unis est dû aujourd'hui plus particulièrement à la prolificité des anciens émigrés ; le nombre des Allemands nouvellement établis faiblit progressivement, d'une part en raison des difficultés croissantes que font les Etats pour accueillir les étrangers, et d'autre part, en raison du développement de l'industrie et du commerce allemands qui permet de nourrir un nombre de plus en plus grand d'individus.

2° *L'Emigration allemande au Brésil.*

Le premier mouvement d'émigration allemande au Brésil remonte à 1824 ; il fut provoqué par le gouvernement du Brésil, qui recruta des colons en Allemagne avec l'aide du major Schœffer ; ces émigrés s'établirent dans le Rio Grande do Sul, et fondèrent la ville de Porto Alegre. Le deuxième mouvement, provoqué vers 1848 par l'administration de la province de Rio Grande do Sul, aboutit à la fondation de la colonie de Santa Cruz, aujourd'hui presque en entier allemande et aussi la plus riche et la plus peuplée de l'intérieur de la province. A partir de 1850, les Allemands commencèrent à organiser eux-mêmes l'émigration au Brésil ; une société privée se fonda à Hambourg, acheta de vastes territoires dans l'état de Santa-Catharina, et y établit des colons ; de 1855 à 1862, 20.000 Allemands débarquèrent au Brésil. Toutefois la situation de ces émigrés fut souvent très malheureuse, et un édit de 1859 interdit en Prusse toute propagande en faveur de l'émigration ; le mouvement se ralentit dans les années qui suivirent, et au total il y eut environ, depuis 1850, 100 mille Allemands qui émigrèrent au Brésil, tandis qu'il y en eut 5 millions, nous l'avons vu, qui se dirigèrent vers les Etats-Unis. Toutefois la question allemande offre dans ces deux Etats un égal intérêt, car dans le Brésil les émigrés Allemands et leurs descendants ont conservé depuis les premières émigrations leur caractère national propre : il y a là 450 mille Allemands et fils d'Allemands (Etats de Parana, 50.000 ; de Santa Catharina, 100.000 ; de Rio Grande do Sul, 250.000 ; de Sao Polo 25.000, d'Espirito-Santo, 20.000) et en aucun pays du monde on ne trouve des groupements germaniques aussi cohérents, aussi purs de tout mélange.

Aussi la presse brésilienne signale-t-elle souvent l'existence du « péril allemand » que les 350.000 germains groupés dans les deux Etats de Rio Grande do Sul et de Santa-Catharina font courir à la République du Brésil.

Ce « péril allemand » est indéniable ; non seulement les Allemands du Brésil forment des groupements isolés, indépendants, où on ne parle que la langue allemande, où on ne lit que des journaux allemands qui sont au nombre de 30, mais encore ces groupements ont gardé avec la mère-patrie des relations étroites : les Kriegervereine d'Allemagne

qui sont, nous l'avons vu, des Sociétés essentiellement politiques et patriotiques ont des filiales au
Brésil et leurs adhérents y célèbrent le Sedan Tag
(anniversaire de la bataille de Sedan) en uniforme,
et envoient ce jour par télégramme, à l'Empereur
d'Allemagne, dit M. Tonnelat, l'assurance de leur
inébranlable dévouement.

En 1904, le géographe berlinois Jannasch faisait, dans le sud du Brésil, sur l'invitation du président de l'Etat de Rio Grande, une série de conférences dans lesquelles il engageait les colons allemands à s'unir et à conserver fidèlement l'esprit
allemand et les traditions allemandes : ce voyage
et ces discours émurent si fort l'opinion publique
américaine que la diplomatie dut s'en inquiéter ; le
gouvernement allemand fit déclarer qu'il ignorait
tout du voyage du professeur Jannasch, mais cette
ignorance, si elle était réelle, ne changerait rien à
la signification des faits.

La presse pangermaniste d'Outre-Rhin, de son
côté, suit avec la plus vive sympathie le développement des *Deutsch-Brasilien* (Allemands-Brésiliens ;
elle a souvent prédit la formation dans le sud du Brésil d'un état de paysans allemands semblable aux anciennes républiques boers, mais plus fortement
organisé qu'elles pour propager dans l'Amérique
du Sud l'influence allemande.

Le gouvernement du Brésil se prémunit aujour-
d'hui contre le « péril allemand » ; pour combattre
la persistance du sentiment national, il envoie les

émigrés qui lui arrivent d'Allemagne dans les pays
en voie de peuplement, il les y mélange à des Russes, des Polonais, des Italiens et les uns et les autres
se trouvent ainsi obligés d'apprendre le portugais
pour avoir un dialecte commun. Cette attitude du
gouvernement Brésilien a eu cette conséquence que
l'émigration allemande vers l'Amérique du Sud s'est
encore ralentie dans les dernières années et, en
outre, qu'elle s'est surtout dirigée vers le Chili,
nation latine, dont les Allemands sont devenus les
éducateurs intellectuels, les fournisseurs et les instructeurs militaires, et surtout vers l'Argentine qui,
encore en voie d'organisation, laisse aux Allemands
toute leur liberté d'action.

3° La Colonie du Sud-Ouest Africain Allemand.

En 1883, le marchand brêmois Lüderitz achetait
à des chefs indigènes pour 2.000 marks et 200 fusils
Angra-Pequena et les terres environnantes ; ce fut
là la première possession allemande hors d'Europe ;
elle allait devenir, en moins de trente ans, la grande
colonie du Sud-Ouest Africain.

Cette colonie comprend aujourd'hui géographiquement et ethnographiquement trois régions ; la
région du Nord au climat équatorial, habitée par la
race nègre des Ovambos ; la région du centre ou
Damaraland, au climat tempéré, très favorable à
une colonisation européenne, habitée par la race
nègre des Hereros et les restes de la race autochtone

des Damaras ; la région du sud ou Namaland, au climat également tempéré, habitée par la race jaune des Hottentots.

L'Allemagne n'a pas encore fait de tentative sérieuse pour établir sa domination sur le pays des Ovambos ; le Namaland et surtout le Damaraland sont au contraire sous son autorité absolue, et l'histoire de la colonisation de ces deux régions offre un grand intérêt.

Les Hereros étaient en relation avec des missionnaires allemands depuis le milieu du XIXe siècle, et quand Lüderitz vint s'établir dans leur pays, il se trouva en présence de chefs Hereros intelligents et à demi civilisés. Les Hottentots étaient plus intelligents et plus civilisés encore que les Hereros, ils avaient dans leur langue un mot pour désigner le sentiment de l'humanité, ils apprenaient aisément les mélopées européennes que leur enseignaient leurs missionnaires et composaient eux-mêmes des chants d'une originalité frappante ; une tribu de métis Bœrs-Hottentots possédait un niveau de culture de toutes façons bien supérieures à celle des Hottentots : leur langue maternelle était le hollandais. Enfin, certains chefs indigènes présentaient un développement moral et intellectuel absolument remarquable, tels les Hottentots Morenga qui parlait couramment le hollandais, l'anglais et assez bien l'allemand, et Henrik Witboï, qui dans des lettres adressées au gouverneur Leutwein, et que celui-ci a publiées, écrivait : « Vous, hommes blancs, vous êtes les plus

raisonnables des hommes, vous nous enseignez la
vérité et la justice et je ne peux pas comprendre
que vous considériez comme un péché et une faute
qu'un homme ne veuille pas vous donner son bien
quand vous le lui demandez. » Tels sont les hommes que, en moins de 12 ans, l'Allemagne allait
massacrer ou réduire à la servitude.

Bien que la déclaration officielle du protectorat
allemand remonte à avril 1884, il n'y a d'administration allemande dans ces régions que depuis 1892 ;
jusqu'à cette date la direction de la colonie reposait
en entier sur les compagnies d'exploitation qui
s'étaient substituées à Lüderitz ou qui, suivant son
exemple, avaient signé des conventions et des actes
d'achat de territoires avec les chefs indigènes.

De 1892 à 1903, l'Allemagne parut vouloir fonder
la prospérité de sa colonie sur la collaboration des
races indigènes avec les colons allemands ; cette
méthode ne donna pas les résultats immédiats que
désirait la réaliste Allemagne.

Les indigènes avaient d'abord espéré rester entièrement indépendants ; mais ils avaient prodigale-
ment vendu leurs territoires en échange de sommes
dérisoires, de fusils rouillés et de bimbeloterie allemande et quand leurs envies puériles, sur lesquelles
spéculaient les Allemands, furent satisfaites, quand
il ne resta plus pour leurs troupeaux que de maigres
« réserves » ils comprirent le danger du protectorat
de l'Allemagne ; en outre, une doctrine dite « éthio-
pienne », enseignant que l'Afrique devait appartenir

exclusivement aux aborigènes et prêchant l'expulsion
des blancs, se propageait rapidement parmi les indigènes d'Afrique ; ainsi naquit chez les Hereros et
les Hottentots la volonté de se débarrasser du joug
allemand. On vit s'apaiser brusquement entre eux
les querelles intestines à la faveur desquelles l'Allemagne avait agrandi ses territoires en promettant
tour à tour son aide à tous les chefs rivaux, et, du
11 au 14 janvier 1904, tous les Allemands qui se trouvaient isolés à travers le Damaraland furent massa-
crés après une entente secrète entre Hereros et
Hottentots. Ce massacre, qui avait fait 123 victimes,
fut le signal d'une guerre atroce, entre l'Allemagne
et les indigènes, qui dura jusqu'en 1907 ; pour vaincre les révoltés, notamment Witboï et Morenga
l'Allemagne dut envoyer plus de 14.000 hommes
dans sa colonie.

Cette guerre a été le point de départ d'un mode
nouveau de colonisation allemande qui a pour but
l'extermination complète des races indigènes et l'exploitation exclusive du sol par les colons allemands.

Le nombre des insurgés Hereros fut de 6 à 7.000,
les Allemands en tuèrent plus de 40.000, hommes
femmes et enfants et les survivants des 70 à 80.000
Hereros qui existaient avant la guerre ont été par-
qués dans des territoires gardés militairement, ou
employés à des travaux publics. Les survivants des
15 à 20.000 Hottentots qui vivaient avant la guerre
sont soumis à un régime analogue ; ils ne peuvent,
sans autorisation du gouverneur, posséder ni terre,

ni bétail et ils sont soumis à l'obligation du passe-
port pour circuler d'un district à l'autre. Il n'y a donc
plus, à proprement parler, comme indigènes libres
dans le sud-ouest africain que les 300.000 Ovambos,
chez lesquels la « civilisation » allemande n'a pas
encore essayé de pénétrer.

Ainsi s'est formée la colonie allemande du sud-ouest
africain. Dans la formation de la colonie du Camé-
roun et dans son agrandissement aux dépens d'une
étendue du Congo français égale aux trois-cinquiè-
mes de l'étendue de la France (traité du 4 novembre
1911), dans la formation et le développement de
leur colonie de l'Afrique-Orientale, les Allemands
ont fait preuve d'une énergie, d'une volonté coloni-
satrices du même ordre, et quand ils auront encore
agrandi, puis relié par le chemin de fer transafricain,
auquel ils rêvent, ces deux dernières possessions, les
Allemands auront constitué, dans l'Afrique du Sud,
une des plus belles colonies du monde.

4° Les Allemands en Chine.

Nous avons déjà dit que l'installation des Allemands en Chine avait inauguré l'ère de la Weltpolitik.

En octobre 1895, l'Allemagne obtenait des concessions du gouvernement chinois à Tientsin et à
Hankéou ; mais elle voulait aussi un port à la fois
militaire et commercial, un port susceptible de devenir le point d'appui de la flotte allemande en

Extrême-Orient et le débouché d'un riche hinterland.
De 1895 à 1897, vigoureusement soutenu par la Ligue
Pangermanique, le gouvernement fit rechercher le
point le plus favorable à une occupation et la mission
envoyée par lui conclut en faveur de la baie de Kiao-
Tchéou, dans le Chantoung ; les Chinois faisant traî-
ner en longueur les négociations engagées par l'Allemagne en vue d'obtenir d'eux les concessions dési-
rées, le gouvernement de Berlin prit comme prétexte
l'assassinat de deux missionnaires allemands (1er novembre 1897) et fit occuper militairement la baie par
l'amiral Diederichs, qui croisait dans les eaux chinoises (14 novembre 1897) ; le 6 mars 1898, le gouvernement chinois accordait à l'Allemagne un bail de
99 ans sur la baie de Kiao-Tchéou.

Cette baie était, en 1897, entièrement inutilisée par
les Chinois et presque déserte ; les Allemands l'ont
transformée en moins de trois ou quatre ans ; ils
en ont chassé les propriétaires chinois en leur payant
pour leurs terrains des indemnités dérisoires, puis
ils ont tracé sur le sol le plan d'une ville immense,
Tsingtau, qu'ils ont commencé à bâtir de toûs les
côtés à la fois. Les édifices publics et privés qui s'élèvent sont ceux d'une petite capitale ; depuis 1904
Tsingtau devient une ville de plaisance où les Européens et les riches chinois du sud viennent se repo-
ser pendant les chaleurs de l'été ; elle a ses hôtels
éclairés à l'électricité, reliés par téléphone, son quartier de villas, sa plage et sa montagne, le Bismarck-
berg, entièrement replantée d'arbres par les Alle-

mands. « De tous les travaux de Tsingtau, dit M. Tonnelat, le plus grandiose et le plus largement conçu demeure certainement le port. C'est un véritable port à l'Européenne et tel que n'en possèdent encore ni Yokohama, ni Schanghaï. Les plus gros navires y peuvent accoster à quai, alors que dans la plupart des ports d'Extrême-Orient le transbordement des passagers et des marchandises se fait à l'aide de chaloupes à vapeur et de chalands. » C'est là que vint se réfugier le *Césarewitch*, poursuivi par les cuirassés japonais, en 1904. Une jetée de 4 kilomètres de longueur a été déjà construite, et depuis 1905, à côté des bassins de radoub, se trouve un dock flottant qui n'a pas son pareil dans le monde entier, il peut contenir des vaisseaux de 16.000 tonnes ; la ville et le port sont, maintenant, protégés par des forts.

Les Allemands ont donc construit de toutes pièces, à Tsingtau, en quelques années, une ville entière ; elle est la seule ville complètement européenne qui se trouve dans tout l'Extrême-Orient. Aucun exemple ne caractérise mieux la volonté colonisatrice de l'Allemagne contemporaine.

Toutefois, les résultats obtenus jusqu'à ce jour sont bien inférieurs aux espérances qu'avait conçues l'Allemagne et aux dépenses qu'elle a engagées (plus de 200 millions de marks, dont plus de 100 millions fournis par le budget de l'Empire). Le développement de la nouvelle colonie a été, dès le début, contrarié par la concurrence japonaise, par le réveil économi-

que et intellectuel de toute la Chine qui est aussi
rapide qu'il a été imprévu et par la susceptibité
anglaise. L'Allemagne a pris des mesures pour diminuer la concurrence étrangère ; le port de Tsingtau
devait être un port librement ouvert à toutes les nations en vertu du traité du 6 mars 1898, mais, depuis
la convention du 1er décembre 1905, les marchandises de toutes les nations, l'Allemagne exceptée,
doivent payer des droits d'entrée élevés ; l'Allemagne avait promis la porte ouverte en 1898, elle l'a
fermée en 1905, au moment même où elle menait une
ardente campagne contre la duplicité française au
Maroc.

De tous les risques que court la colonie du Chantoung, le plus grand est celui qui provient du réveil
du sentiment national chez les Chinois ; ceux-ci paraissent, de plus en plus, vouloir rester maîtres chez
eux. L'occupation de Kiao-Tchéou avait été le signal
du grand mouvement xénophobe qui finit par l'insur-
rection des Boxers (1900), mouvement dont l'ambassadeur allemand à Pékin fut la première victime ; ce
souvenir a rendu l'Allemagne prudente et elle a
renoncé pour le moment à son rêve de domination politique sur le Chantoung ; elle limite son ambition à y conserver sa situation économique et la
colonie nouvelle se trouve être ainsi à l'heure présente un poste d'observation plutôt qu'une base d'action.

Tels sont les faits qui caractérisent le mieux, à
la fois, la volonté d'expansion coloniale de l'Allema-

gne contemporaine, et la difficulté de cette expansion.

5° *L'Emigration Allemande en France.*

Depuis l'ère de la Weltpolitik, c'est-à-dire depuis 1895 environ, le nombre des émigrés allemands a, nous le savons, considérablement diminué. Les causes essentielles de cette diminution sont, d'une part, la difficulté croissante qu'éprouvent les émigrés à se faire une situation dans des pays qui, autrefois hospitaliers, se sont progressivement fermés puis montrés hostiles aux émigrants, tels avons-nous vu, les Etats-Unis et le Brésil, et, d'autre part, le développement de l'industrie et du commerce allemands qui permet de nourrir un nombre de plus en plus considérable d'individus.

Toutefois, à la diminution de l'émigration germanique totale correspond une augmentation sensible de l'immigration allemande en France, notamment dans nos départements de l'Est. Sur 39 millions 600 mille habitants, que renferme la France, il y a, sans compter les 223 mille naturalisés, 1 million 336 mille étrangers et dans ce chiffre la part des Allemands est considérable. Les statistiques officielles relatives au nombre d'Allemands établis en France donnent des chiffres qui varient entre 89 mille et 100 mille pour les dernières années ; plus de 30 mille d'entre eux sont inscrits comme domiciliés à Paris. Mais ce ne sont là que des chiffres minimum ; les statisticiens comptent qu'il y a à Paris plus de 50 mille et en France plus de 200 mille Allemands, si l'on tient compte de ceux qui ne déclarent pas soit leur domicile, soit leur résidence, soit leur nationalité (1). Il importe de remarquer, en effet, que l'émigration des Allemands en France se fait non par groupes nombreux, mais par voie d'infiltration insensible, et que ce mode d'émigration individuelle rend très difficile l'appréciation de l'importance du mouvement.

Tous ces émigrés s'organisent en France d'une façon admirable selon leurs goûts et leurs habitudes nationales. Ils ont leurs journaux spéciaux, tels sont « der Deutsche » et le « Pariser Zeitung » paraissant sur 10 ou 12 pages, dont le but avoué est de défendre les intérêts allemands et de maintenir l'esprit allemand dans les colonies de Paris et de la province. Ces colonies ont une vie religieuse entièrement indépendante, et les pasteurs protestants s'intéressent d'une façon toute particulière à toutes les œuvres patriotiques d'Outre-Rhin. On compte à Paris trois

(1) Il y a à peine 3,100 Français en Allemagne. Il y en avait 791 à Berlin en juillet 1909 (Archives du Consulat de France). La majorité des Français résidant en Allemagne se compose de jeunes gens venus dans l'intention d'étudier les méthodes commerciales d'Outre Rhin. Cette étude leur est rendue difficile. Par crainte de la concurrence ultérieure, les maisons allemandes se ferment presque toutes devant nos compatriotes, alors même qu'ils offrent leur collaboration à titre de « volontaires », suivant la méthode inaugurée depuis longtemps en France par les Allemands eux-mêmes.

paroisses protestantes et trois paroisses catholiques
exclusivement allemandes ; il y en a également à Lyon,
à Marseille et à Bordeaux. A chacune de ces paroisses se rattachent des sociétés de Secours Mutuels ;
le *Deutscher Hülfsverein* de Marseille vient chaque
année en aide à près de mille Allemands émigrés en
France. Les sociétés laïques sont plus nombreuses
encore ; M. Von Jecklin, consul général d'Allemagne, disait, le 2 novembre 1908, qu'il existait à Paris
« plus de 60 associations allemandes, ayant toutes
conservé fidèlement le culte de la patrie ». Parmi ces
sociétés quelques-unes ont une grande importance :
le *Deutscher Hülfsverein* de Paris dispose de fonds
considérables et possède des services de médecine
et d'hygiène particuliers. Dans notre capitale, les
commerçants allemands ont fondé, à eux seuls, huit
associations différentes dont trois sont des filiales
ayant leur centre à Hambourg et à Leipzig. A côté
de ces associations d'ordre économique existent plusieurs sociétés mondaines, — telles, *l'Allemania* qui
donne des fêtes somptueuses dans les élégants salons
du Petit-Véfour et la « Société des femmes Allemandes », qui a eu pour présidente la femme de l'amiral
Siegel. Il existe même à Paris, depuis 1902, une
filiale de la Ligue Maritime, qui a pour but, nous le
savons, de travailler à l'expansion mondiale de l'Allemagne. La colonie allemande possède, enfin, dans
notre capitale une « Maison des Travailleurs allemands » et des établissements scolaires spéciaux,
savoir une école enfantine et une école supérieure,

dans lesquelles l'enseignement est donné conformément aux méthodes, à la discipline et à l'esprit allemands.

III. — Conséquences de l'Emigration allemande et de l'Expansion coloniale de l'Allemagne contemporaine.

Nous avons constaté que si l'émigration allemande avait pu être dirigée sur des colonies de peuplement appartenant à l'Allemagne, celle-ci serait aujourd'hui la première puissance coloniale du monde. Ce magnifique résultat est à jamais inaccessible de par le fait de l'émigration ; cependant l'Allemagne peut tirer et tire déjà, de ce même fait, d'autres avantages considérables. Depuis que la mère-patrie s'efforce, avec l'enthousiasme et l'esprit de méthode que nous avons caractérisés, d'éveiller chez tous les émigrés et fils d'émigrés le sentiment d'une universelle solidarité allemande, on peut dire que la grande masse des individus de race germanique qui sont disséminés dans le monde fait de plus en plus partie intégrante du Deutschtum ; chacun de ces individus est comme une abeille de la ruche.

Les émigrés et fils d'émigrés allemands ont. d'abord, facilité dans de grandes proportions l'expansion économique de l'Allemagne, d'une part, en lui envoyant dans les meilleures conditions les matières premières nécessaires à son industrie et en lui demandant ses produits manufacturés, d'autre part, en propageant autour d'eux les goûts et les coutumes allemandes, en faisant connaître les produits allemands, les maisons allemandes, la langue allemande, et en facilitant ainsi la tâche de l'essaim nombreux des voyageurs de commerce allemands qui parcourt tous les pays du monde. En outre, cette émigration temporaire des Allemands compense en grande partie l'insuffisance de l'empire colonial germanique ; l'Allemagne est, nous l'avons vu, un Etat pour lequel la possession des colonies est une nécessité indiscutable, et encore insuffisamment satisfaite ; mais, de cette émigration de la race germanique dans tous les Etats et dans toutes les Colonies du monde il résulte que ces Etats et leurs colonies se comportent, en fait, comme des colonies allemandes, et même comme des colonies extrêmement avantageuses, puisque les Allemands y développent librement leur situation économique et que les pays qui les reçoivent ont seuls la charge de l'entretien des routes, des ports, de la police, de l'armée, de tous les organes nécessaires à la vie sociale, avec en outre la charge de payer des indemnités aux Allemands émigrés si des dommages leur sont causés.

Les émigrés allemands ont ainsi une large part

dans tous les résultats heureux de l'expansion économique de l'Allemagne, résultats dont nous avons fait
l'analyse au précédent chapitre.

En outre, les émigrés allemands contribuent au
plus haut degré à l'expansion intellectuelle de la
mère-patrie. C'est parce qu'ils ont fait et font de
plus en plus résonner partout, et résonner haut, la
langue allemande et le nom de l'Allemagne, qu'on
voit partout, de plus en plus, se répandre la littérature allemande, la peinture allemande, le théâtre
allemand, la musique allemande.

En fait d'art, de théâtre et de musique, l'Allemagne est aujourd'hui, nous l'avons vu, l'éducatrice des
Etats-Unis, **comme elle l'est du Chili au point** de
vue industriel et militaire ; elle devient encore l'é-
ducatrice de la Roumanie, sœur latine du Chili et
de la France, où, dans la saison 1908-1909, on a
commencé à substituer des pièces allemandes à celles de notre répertoire que l'on jouait jusqu'alors
en français ; elle devient aussi de plus en plus, nous
le verrons, l'éducatrice des Belges-Flamands.

L'émigration allemande en France peut avoir d'autres conséquences particulières qu'il importe d'examiner en détail.

Nous établirons d'abord que cette émigration ne
fera que s'accroître pendant un certain temps en
raison des conditions actuelles de la vie mondiale.

La superficie de l'Allemagne (540.500 kilomètres
carrés) est, en effet, à peine supérieure à celle de la
France (536.464) ; avec 50 millions d'habitants l'Em-

pire était déjà surpeuplé. Or, nous avons vu avec quelle rapidité s'accroît la population de l'Allemagne, et il est manifeste que l'obligation, pour elle, de déverser sur les autres pays le trop-plein de sa race prolifique, augmentera dans les proportions mêmes où s'accroîtra le nombre de ses habitants. D'autre part, toutes les terres où la vie est facile, sauf les terres de France, sont surpeuplées ou tendent à se fermer à l'immigration, et dans toutes la population augmente beaucoup plus vite qu'en France. L'Italie qui avait 32.75.253 habitants en 1900 (densité de la population par kilomètre carré 113) tend à en avoir 50 millions en 1950. Dans ce même laps de temps, l'Angleterre verra probablement monter le nombre de ses habitants de 42.051.224 (densité 124) à 62 millions ; le Japon de 48.177.607 (densité 115) à 75 millions ; l'Autriche-Hongrie de 47.057.130 (densité 70) à 65 millions ; la Russie d'Europe de 106.226.820 (densité 20) à 170 millions ; les Etats-Unis de 80.173.040 (densité 8) à 130 millions.

La France, qui était en 1900 avec 38.761.945 habitants (densité 73) la septième puissance au point de vue de la population, restera peut-être encore la huitième en 1950 avec 41 millions, mais les sept premiers peuples la dépasseront considérablement. De plus, l'Amérique, seul pays de peuplement, tend à se fermer à l'émigration et au commerce européens (doctrine Monroé, tarifs Dingley de 1897 que les Etats-Unis ont progressivement aggravés par

leurs lois douanières successives) ; la Chine, rendue intangible par l'accord anglo-japonais du 29
septembre 1905, est surpeuplée et la densité de la
population dans les petites Belgique et Hollande s'é-
lève respectivement à 234 et 162.

Etant donné cette situation, les conséquences pro-
bables de l'accroissement de la population allemande
à l'égard de la France apparaissent clairement. Nos
voisins ont d'ailleurs eu l'obligeance d'ouvrir les
yeux qui voudraient rester fermés, de nous montrer
qu'ils trouvaient toute naturelle une invasion de la
France faite par eux en pleine paix et de nous faire
savoir que nous essaierions vainement de nous y opposer : « C'est très bien d'aimer le confort et de dé-
tester les ennuis, écrit le Dʳ Rommel ; malheureusement le moment approche où les cinq fils pauvres de
la famille allemande viendront facilement à bout du
fils unique de la famille française. Excellent, peut-
être, pour chaque cas particulier, le raisonnement
du Français, appliqué à une nation, est synonyme
de décadence, d'invasion, de désastres, et surtout
de mélange. Vous ne voulez pas vous payer des enfants, supporter les ennuis de leur éducation ; vous
payerez ceux qui en font, qui ont besoin de place
et d'argent et viendront prendre chez vous ce qu'ils
ne trouvent plus chez eux... Le beau territoire de la
France n'a pas été créé pour loger la race française, mais pour porter tant d'habitants par kilomètres carrés, suivant les ressources du pays ; et le
plus grand général du monde ne saurait empêcher

que si la nation n'est pas en état de remplir ses
kilomètres carrés de la manière prescrite par la loi
naturelle, ils seront remplis par des étrangers. Il
faudra, bon gré, mal gré, se serrer les coudes et se
laisser absorber.

« C'est sauvage, c'est monstrueux, c'est tout ce que
vous voudrez, malheureusement c'est naturel. Quand
une nation grossissante en coudoie une autre plus
clairsemée, qui, par suite, forme un centre de dé-
pression, il s'établit un courant d'air, vulgairement
appelé invasion, phénomène pendant lequel le code
civil est mis de côté..... La politique des races est
impitoyable. La fertilité, les ressources de la France vont exciter des convoitises d'autant plus grandes
qu'à l'intérieur les forces de résistance iront s'affaiblissant. Les infiltrations d'étrangers ont commencé
depuis longtemps comme les gouttes d'eau qui pré-
cèdent l'orage. » (1)

Tous les Français devraient connaître ces paroles d'Allemand. Afin de dissiper l'affinité héréditaire
qui les attire vers les illusions du pacifisme et de la
fraternité universelle, ils devraient toujours se souvenir qu'ils se trouvent ici sous la menace d'un danger contre lequel les plus belles conférences de la
paix et les plus éloquents discours resteront impuissants ; c'est, en effet, une froide et inexorable loi
physique, celle des vases communicants, qui pous-

---

(1) *Au Pays de la Revanche*, pp. 6, 230-268.

sera de plus en plus l'émigration allemande vers notre pays.

Il ne faudrait pas croire que les idées du Dr Rommel sont exceptionnelles en Allemagne ; on les trouve, au contraire, exposées dans un grand nombre d'ouvrages où elles affectent parfois une forme des plus saisissantes. M. Schwob, ancien élève de l'Ecole Polytechnique, a publié l'analyse d'un des suppléments secrets que la *Deutsche Export-Revue* distribue à ses seuls abonnés allemands, dans lequel est traité ce sujet : « Que nous est la France, que peut-elle devenir pour nous ». La France, y est-il dit, est un pays « inexploré » pour l'exportateur allemand. « Mais si l'on veut conquérir économiquement un pays et, pour toujours, il faut commencer par y exporter des hommes. Les Allemands sont trop peu nombreux en France, ils n'y forment pas une population stable et la proportion des Allemands du Nord y est trop faible ». *L'Export* prêche l'envoi de commerçants prussiens, sérieux, solides, se fixant dans le pays, puis, il termine son article par ces insolences : « Il est des pays qui demandent à être conquis, il y en a d'autres qu'il est indispensable de conquérir, il est, enfin, des heures où cette conquête doit nécessairement s'accomplir. En ce qui concerne les relations du commerce allemand avec la France ces trois conditions sont actuellement réalisées » (1).

Ainsi, à l'hostilité héréditaire dont nous montre-

____

(1) *La Guerre commerciale* (Avant la Bataille), p. 315.

rons la survivance dans l'Allemagne actuelle viendront se joindre l'impérieuse nécessité de l'émigration et le besoin d'expansion économique pour guider les pas des Germains vers le merveilleux climat, le sol fertile et le ciel bleu de la France.

Cette émigration allemande en France, dont nous
avons exposé les faits caractéristiques, dont nous
avons prévu l'accroissement en nous basant sur la
situation ethnographique mondiale, et dont nous
avons résumé les justifications qu'en donnent les
Allemands eux-mêmes, peut avoir pour la France
les conséquences les plus graves en raison de l'idéal
qui anime ces émigrés plus encore qu'en raison de
leur grand nombre.

Tous ces émigrés d'Outre-Rhin se conduisent, en
effet, sur notre sol, comme des soldats sur un champ
de bataille.

Organisés, nous l'avons vu, en sociétés puissantes,
encouragés et généreusement secourus, quand il y
a lieu, par leur gouvernement, ceux d'entre eux qui
sont commerçants ou industriels travaillent avec
ardeur à l'expansion économique de la mère-patrie ;
or, nous avons exposé au chapitre précédent toutes
les graves conséquences politiques qu'une telle
expansion était susceptible de produire.

D'autres Allemands, — les femmes surtout, —
administrés par des bureaux de placement *ad hoc*
et se contentant de salaires minimes, entrent dans
les familles de fonctionnaires comme domestiques
ou institutrices et y jouent le rôle d'espions avec tant

d'adresse qu'on a dû, récemment, interdire à certains fonctionnaires de l'Etat de prendre à leur service aucun Allemand, quel qu'il fût.

Une campagne systématique en faveur de la « génération consciente », c'est-à-dire, en réalité, en faveur de l'abaissement progressif de la natalité française, est organisée, dans notre malheureux pays, par des comités dont nous avons, nous-même, pu étudier la puissante organisation ; ces comités donnent des consultations gratuites à domicile sur les procédés de « génération consciente », tentent, parfois avec succès, d'organiser dans les grandes villes de France des conférences publiques et gratuites sur ce même sujet, et pratiquent gratuitement des manœuvres abortives sur les femmes qui s'adressent à eux ; or, les agents les plus zélés de ces comités de désorganisation française sont des Allemands, et les campagnes de ces comités sont, au moins en partie, alimentées par de l'or allemand.

Enfin, tous nos départements de l'Est, en particulier la Woëvre, sont infestés d'Allemands ; le général Maitrot, qui a été Chef d'Etat-Major du 6ᵉ corps d'armée et a passé toute sa vie militaire dans les garnisons de l'Est, a recueilli sur ce point particulier des documents nombreux, confirmés d'ailleurs par toutes les personnes qui se sont occupées des questions d'espionnage. Il est établi qu'un grand nombre de fermes de la Woëvre et des régions voisines sont occupées par des Allemands qui n'ont de cultivateurs que le nom, et que ces fermes allemandes sont situées sur des points présentant un intérêt stratégique ou tactique : embranchements de routes, plateaux élevés dominant tout le pays, tunnels, ponts de chemins de fer ou de routes.

Cette situation présente une gravité exceptionnelle en cas de guerre franco-allemande ; dans ces fermes, véritables nids d'espions, les Allemands trouveront des hommes sûrs, connaissant à fond le pays, qui guideront leurs colonnes sur tous les terrains, par tous les temps, de jour et de nuit, en particulier dans les forêts marécageuses et les fourrés de la Woëvre ; ainsi est rendue possible une attaque brusquée de l'Allemagne contre la France ; partie à minuit de la frontière, cette attaque peut amener les premiers éléments de l'armée à 8 heures du matin sur la Meuse (1). Dans ces fermes, les Allemands ont placé d'avance des hommes dévoués qui essaieront de faire sauter les ouvrages d'art, de détruire, aux points importants, les canaux, les routes et les voies ferrées ; si ces espions voyaient leurs tentatives couronnées de succès, ils apporteraient dans la mobilisation et la concentration françaises une perturbation qui pourrait avoir des conséquences incalculables.

Les Allemands qui vivent dans ces fermes, ainsi que beaucoup de ceux qui habitent notre terre hospitalière, suivront, en cas de guerre, les armées

______

(1) Général Maitrot, *Nos frontières de l'Est et du Nord*, pp. 117 et suivantes.

françaises, en dévoileront aux armées du Kaiser les mouvements, l'état moral, et y sèmeront s'ils le peuvent, ainsi que dans la population civile, le désordre, l'indiscipline, l'anarchie.

Le rôle de l'espionnage sera considérable dans la prochaine guerre franco-allemande ; ce rôle déjà très grand en 1870 a été en augmentant dans toutes les dernières guerres. On ne saurait trop méditer à ce sujet les enseignements de l'histoire. Avant la guerre de 1903-1905 par exemple, un grand nombre de Japonais s'étaient fixés en Mandchourie. On les avait vus étudier la topographie du sol, observer les indigènes, épier les Russes, provoquer à prix d'or leurs indiscrétions et leurs trahisons. Puis, la guerre venue, on vit ces mêmes Japonais diriger les reconnaissances et les colonnes d'attaque des troupes du Mikado, se glisser dans les armées russes, y propager des fausses nouvelles, y recueillir des renseignements précieux sur le moral des troupes, les intentions, les espérances ou le découragement des chefs. Les guerres de 1912-1913, dans les Balkans, donnèrent les mêmes spectacles et tout fait prévoir que le rôle joué par l'espionnage ira en grandissant dans les guerres de l'avenir où seront engagées des armées nombreuses et par suite susceptibles de renfermer dans leur sein un grand nombre d'individus victimes désignées des multiples manœuvres des espions. Les Anglais sont même préoccupés par un mode nouveau d'invasion dont ils font honneur à l'esprit méthodique et ingénieux des Allemands. Ce mode consisterait dans l'envoi, chez la nation avec laquelle la guerre est prévue à brève échéance, de soldats éprouvés, qui ensuite se mobiliseraient sur place ; on a prétendu que ce système serait appliqué également à la France et que des réservistes allemands auraient été surpris ayant dans leur livret Nancy, comme lieu de mobilisation : ce ne sont peut-être là que des craintes sans fondement ; toutefois il serait prudent de ne pas fermer entièrement les yeux devant ces hypothèses.

Aux Français qui prétendraient voir des amis dans les Allemands établis en France, qui ont obtenu la nationalité française, nous répondrons que nous avons le devoir de nous défier d'eux comme de tous les autres émigrés allemands ; l'Allemagne maintient le caractère permanent de la nationalité et des obligations qui en résultent, malgré la naturalisation opérée en pays étranger, quand l'expatrié n'a pas été autorisé à rompre l'*allégeance;* il résulte de là que les Allemands naturalisés Français peuvent être en même temps Allemands et peuvent avoir non seulement le droit mais le devoir au moment d'une guerre de combattre pour l'Allemagne : C'est ainsi, par exemple, que Karl Hillebrand, naturalisé Français qui fut professeur d'allemand à l'École Militaire de Saint-Cyr et à la Faculté de Douai avant 1870, reprit au moment de la guerre la nationalité allemande et prit part à la guerre contre nous.

Telles sont les graves conséquences que peut avoir pour les Français l'augmentation de l'émigration allemande en France.

Il est manifeste qu'en devenant une tentation pour l'Allemagne la richesse et la beauté de la France deviendraient un danger pour nous à partir du jour où nous ne serions plus assez forts pour défendre notre pays. Or, un élément de notre force nationale, le chiffre de la population, est stationnaire ou même diminue. Les Allemands assistent, avec une vive satisfaction au mouvement en sens inverse de la population germanique et de la population de cette France qui, selon la prophétie de Moltke, par son infécondité perd chaque jour une bataille. « Hélas, ils se sont envolés au pays des chimères, les beaux rêves d'une entrée triomphale à Berlin et de notre écrasement, écrit le Docteur Rommel. Quel chemin ont parcouru les deux nations depuis quinze ans, et dans quel sens différent. Quel gigantesque déplacement de la pression européenne. Tandis que la population allemande s'accroît dans des proportions menaçantes, la France semble avoir perdu l'énergie nécessaire à la production humaine et ne s'alimente guère que d'infiltrations d'étrangers par une transfusion de sang perpétuelle... La France a lâché pied sur toute la ligne, tout craque en elle, tout s'affaisse et maintenant nous pouvons en parler sans crainte et sans colère, mais avec cette pitié respectueuse que l'on doit à une grande nation qui décline. L'huile commence à manquer dans la lampe de la France. Il en est des nations comme des individus ; elles ne sont pas faites pour rester éternellement jeunes et vigoureuses. Or, la France n'est évidemment plus jeune ; elle n'a plus le courage de pousser la charrue, de trafiquer au loin, de faire des enfants. La force d'expansion, la force de résistance, le ressort de la « Grande Nation » semblent brisés » (1).

La croyance générale dans le peuple allemand est même que la population française diminue régulièrement de plusieurs milliers d'individus par an. — de 30 mille, nous disait naguère un industriel, et la joie qu'il ressentait de cette situation était si grande que, sachant imprudent de la témoigner, il était cependant impuissant à la contenir.

En résumé, l'émigration allemande en France favorise à un haut degré, dans notre pays, l'expansion économique de l'Allemagne avec tout le cortège des redoutables conséquences de cette expansion, et elle y facilite, en outre, l'espionnage, la préparation et l'exécution de la guerre. L'expansion coloniale et la nécessité de cette expansion sont susceptibles d'engendrer des conséquences tout aussi graves. Quand le mouvement colonial de l'Allemagne a commencé, tous les pays riches du globe étaient pris et si ce mouvement est remarquable par sa rapidité et par la force d'expansion qu'il révèle, il l'est beaucoup moins par ses résultats économiques.

(1) *Au Pays de la Revanche*, p. 25.

Aussi, les possessions actuelles de l'Allemagne ne satisfont ni ses besoins, ni ses ambitions ; elle songe avec amertume que si l'émigration avait pu être dirigée sur des colonies allemandes, l'Allemagne serait aujourd'hui la première puissance coloniale. Les regrets qu'elle éprouve d'être accourue la dernière au partage du monde avivent ses désirs, la perspective de la situation qu'elle pourrait avoir l'empêche de se contenter de celle qu'elle a, et poussée d'autre part par la recherche de la suprématie mondiale, par l'accroissement de sa population, par les nécessités économiques, elle se dispose à prendre les colonies des peuples qui seraient trop faibles pour les défendre. Enfin, nous avons vu que la colonisation et l'émigration allemande en tous pays sont des conditions extrêmement favorables à l'expansion économique de l'Allemagne, à son expansion intellectuelle, à toutes les formes de son influence mondiale.

CHAPITRE V

L'Expansion Germanique dans les Pays-Bas, en Autriche et en Orient

---

I. — Considérations générales

Le concept de puissance que nous avons analysé au premier chapitre, et l'affinité naturelle qui résulte de la communauté d'origine et de la parenté des langues ont engendré Outre-Rhin, d'une part, la volonté d'obtenir l'union, ou, tout au moins, un rapprochement économique et politique de tous les *peuples* de race, de langue ou de dialectes allemands (Doctrine Pangermanique), et d'autre part, la volonté de réunir à l'empire certains *territoires* jugés nécessaires à l'extension de la puissance allemande (Plateau de Bohême, Trieste, Pays-Bas, Turquie d'Asie).

I. *La doctrine Pangermanique.* — Cette doctrine, déjà exposée au sein du parlement de Francfort (1848), avait reçu une satisfaction partielle en 1871 par la fusion des pays que les députés de 1848 appelaient la Petite Allemagne ; mais l'unification totale des peuples germaniques n'est pas encore réalisée. Aussi, l'établissement de l'unité, de l'alliance, ou tout au moins de l'entente politique de tous les Etats d'origine allemande constitue-t-il, de nos jours, une des plus grandes ambitions de l'Allemagne, un de ses désirs les plus vifs et les plus profonds.

Le programme actuel du Pangermanisme était formulé dès 1892, d'une manière saisissante : « Le groupement en un même faisceau politique de tous les membres d'un peuple, est-il écrit dans « Un Empire allemand Universel » (1), a toujours constitué l'objet des efforts d'une nation vivace. Inspirons-nous donc des paroles du poète Arndt : « Toute terre où résonne la langue allemande est allemande », et travaillons à l'union de toutes les tribus germaniques. Elle nous procurera l'accroissement de puissance rêvé. Tant que nos efforts pour l'obtenir seront exercés dans de justes limites, le gouvernement ne doit pas les combattre. Mettons-nous à l'œuvre dès maintenant, éveillons dans tous les pays germains du continent le sentiment de la communauté d'origine et le désir d'unité. Sans doute, cette poli-

____

(1) Lustenœder, Berlin, p. 7.

tique peut soulever plus tard de violentes opposi-
tions, même un conflit général ; mais, puisse cette
lutte ne pas se produire avant que nous ayons préparé les esprits à la réalisation du Pangermanisme.
Peut-être, d'ailleurs, sera-t-il possible d'éviter les
solutions violentes ; le type fédéral de l'Empire
allemand se prête facilement à l'incorporation d'E-
tats soucieux de conserver leur liberté intérieure,
et le Pagermanisme sera déjà une réalité si l'union
existe dans les relations extérieures des Etats confédérés..... N'ayons point d'idées préconçues sur
la manière définitive de réaliser le Pangermanisme.
Notre tâche actuelle consiste à présenter comme
but suprême à tous les Germains, sans distinguer
s'ils sont Hauts ou Bas-Allemands, la création
d'une Confédération germanique semblable à celle
des anciens jours. »

Dans un toast prononcé à Vienne devant une assemblée de savants allemands, le 29 septembre 1894,
M. Wislicenus, recteur de l'université de Leipzig,
disait : « L'Empire allemand n'est pas l'Allemagne.
Vraiment et positivement, l'Allemagne est aussi
grande que le pays où résonne la langue allemande.
Si l'Allemagne était l'Empire allemand, elle serait
trop petite » (1). Nous avons vu, d'autre part, au
Chapitre II, que le général de Bernhardi, le général de Meisendorf, Guillaume II, et, à leur suite,

(1) *L'Europe et la question d'Autriche*, Chéradame, p. 66.

historiens, littérateurs et poètes développaient depuis trente ans, Outre-Rhin, des idées identiques.

Or, la langue allemande « résonne » dans tous les pays limitrophes de l'Allemagne. « En dehors des frontières impériales, on compte 21 millions d'Allemands, est-il écrit dans la « Grande Allemagne et l'Europe Centrale en 1950 », deux en Suisse, dix en Autriche-Hongrie, un en Russie et huit millions de Bas-Allemands en Belgique et Hollande. Le problème consiste à établir une identité complète entre le territoire linguistique et le territoire politique, alors seulement l'Allemagne atteindra ses frontières naturelles » (1).

Telles sont, définies par les Allemands eux-mêmes, les théories pangermaniques actuelles. Ces théories sont exposées jusque dans les écoles populaires ; à la page 189 de la géographie classique du professeur Daniel, qui atteint aujourd'hui sa 241° édition, on lit comme titre : « Petits Etats de nationalité allemande : Suisse, Lichtenstein, Belgique, Pays-Bas, Luxembourg. » Puis dans le texte : « Ces cinq Etats sont peuplés en totalité, ou pour la plus grande partie, par des Allemands. Au cours du temps ils se sont séparés de la Confédération des Etats de l'ancien Empire d'Allemagne, auquel ils appartenaient pendant le Moyen-Age » (2). Il est encore écrit dans ce même manuel que « le pays alle-

(1) Thormann, Berlin, p. 7.
(2) *Leitfaden für den Unterricht in der Geographie.*

mand, cœur de l'Europe, occupe une superficie
de 850 mille kilomètres carrés, » (1) et que « l'Empire allemand, brièvement appelé Allemagne, n'est
que la partie principale du pays allemand ». Dans
son « Alldeutscher-Atlas », le géographe Langhans
expose des idées analogues à celles de Daniel ; de
plus, il fait passer la ligne de démarcation entre
la langue allemande et la langue française, au sud
de Courtrai, lui fait franchir la frontière politique
de la France et la dirige par Saint-Omer jusqu'à
Gravelines englobant Dunkerque dans le domaine
propre de la langue allemande.

Il y a cinquante ans, on rappelait en Allemagne
que le Sleswig-Holstein, l'Alsace et la Lorraine
étaient des pays germaniques avec des procédés
tout pareils à ceux qu'emploient aujourd'hui les Wislicenus, les Bernhardi, les Daniel et les Langhans
pour faire pénétrer dans les cœurs la volonté ferme
de créer « une Confédération Germanique semblable
à celle des anciens jours ».

Les Allemands font accompagner ces justifications
générales de leurs ambitions, d'arguments spéciaux,
relatifs à chácun des territoires qui font l'objet de
leurs visées.

2°. *Plateau de Bohême.* — L'annexion du plateau
de Bohême est désirée par eux parce que leurs principaux fleuves descendent de ce « coin de terre en-

______

(1) La superficie de l'Empire d'Allemagne est de 540,500 kilomètres carrés.

foncée dans la chair allemande. » De plus, disent-
ils, la possession de ce plateau est indispensable
pour assurer, en Bohême et en Silésie, la prééminence des Allemands sur les « races inférieures des
Tchèques et des Polonais ». Les écrivains militaires
considèrent, en outre, que le quadrilatère de Bohême
est une forteresse naturelle qui domine l'Allemagne
et du haut de laquelle on peut dominer l'Europe.

3°. *Trieste.* — De Moltke considérait ce port de
l'Adriatique comme « une conquête nécessaire » et de
Lagarde, dès 1853, réclamait son annexion. « Même si tous les Italiens se ruaient contre nous, disait-
il, jamais cette place ne devrait tomber entre leurs
mains ». Aujourd'hui, Trieste et le Trentin sont ardemment convoités par tous les impérialistes allemands. L'Allemagne ne peut donner libre accès sur
le monde à ses 65 millions d'habitants et à sa puissante industrie que par Brême et Hambourg. Posséder un port sur la Méditerrannée lui apparaît comme
la condition nécessaire de sa grandeur future. « Sous
aucun prétexte et à aucune condition, les Allemands
n'abandonneront Trieste aux Italiens ou aux Slovè-
nes, disait, le 22 décembre 1908, M Wolff, député
pangermaniste au Reichsrath. C'est nous qui l'avons
faite ce qu'elle est, et notre commerce a absolument
besoin de ce port sur l'Adriatique, qui est pour nous
la clef de la Méditerranée ». Pour achever de ren-

(1) *Deutsche Schriften*, p. 29.

dre la tentation irrésistible, les impérialistes allemands font remarquer qu'il y a seulement 200 kilomètres de l'Allemagne à l'Adriatique et qu'il n'y en
aura que 80, lorsque la Carinthie, où « résonne la
langue allemande », sera devenue terre germanique.
A côté de ces considérations uniquement basées sur
l'intérêt, pour justifier ces projets d'annexion, on
invoque, Outre-Rhin, le droit historique et le droit
ethnographique ; on rappelle, d'une part, que la population allemande a plus que quadruplé dans le Sud-
Ouest de l'Autriche pendant le dernier demi-siècle,
et d'autre part, que l'Istrie et la Carniole faisaient
partie de la Confédération germanique, et, auparavant, du Xe siècle à 1800, du Saint-Empire d'Allemagne. Ainsi, on considère, Outre-Rhin, comme une
nécessité et comme un droit de faire rentrer ces provinces au sein de la mère-patrie.

4° *Turquie*. — L'Allemagne ne peut fonder sa
vigoureuse expansion en Turquie d'Europe et en
Asie-Mineure sur des droits ethnographiques, historiques ou géographiques ; cette expansion affecte
le caractère d'un mouvement colonial et se justifie,
comme tout mouvement de cette nature, par la nécessité et par le droit du plus fort.

5°. *Pays-Bas : (Hollande et Belgique)*. — La
poussée vers l'Ouest — le Drang nach Westen —
fait, en Allemagne, l'objet de théories nombreuses.
Dans le premier numéro de la *Terre Allemande*,
importante revue fondée en 1902, M. Bremer expose

des idées identiques à celles que développait déjà
Bœck, avant la guerre de 1870, dans sa « Statistique
de la langue et de la race, allemandes dans les Etats
Européens. » « Par leur histoire et par leur langue,
dit Bremer, les habitants des Pays-Bas se rattachent
indissolublement aux Allemands. La frontière de
l'Empire découpe arbitrairement le domaine terri-
torial des Bas-Allemands, elle divise les Etats politiquement, mais elle ne sépare point les hommes. »
Ces aspirations de l'Allemagne à l'égard des Pays-
Bas se manifestent au grand jour dans les ouvrages
les plus sérieux, parmi lesquels nous citerons, a
titre d'exemple, « la Politique Economique et Maritime » de von Halle, professeur à l'université de
Berlin. Dans ce livre, dédié à l'amiral Tirpitz, von
Halle écrit : « La perte des Pays-Bas, au Nord et
au Sud de la Meuse, est un des coups les plus rudes
qui aient été infligés au vieil Empire germanique. »
(T. II, p. 7). Puis, l'auteur montre la nécessité et
expose les moyens de réunir les Pays-Bas à l'Empire. Considérant la Belgique comme un Etat artificiel il envisage la possibilité d'un partage pacifique
et rationnel de cet Etat entre la France et l'Allemagne d'après la frontière linguistique, et il se réjouit
du mouvement flamingant actuel qui, sympathique
à l'Allemagne, accroît la part éventuelle de l'Empire (T. II, p. 8). La Hollande, dit ensuite von
Halle, est une province allemande qui a formé un
pays de commerce absolument indépendant ; elle
a des colonies dont elle profite exclusivement, et,

par sa position entre l'Allemagne et l'étranger client ou fournisseur de l'Allemagne, elle bénéficie de la prospérité de l'Empire sans participer à ses charges. D'autre part, la Hollande pourrait jouer un grand rôle dans une guerre européenne, soit comme base d'opérations, soit comme base de réapprovisionnement. Il importe donc que les deux États voisins concluent une convention militaire et une union douanière. Il est nécessaire que la Hollande suive l'évolution générale, qu'elle fasse des sacrifices, renonce à une partie de son indépendance si elle ne veut la perdre tout entière. Et, ici, von Halle montre les risques que les Etats-Unis et surtout l'Angleterre font courir aux belles colonies hollandaises. Pour prévenir tout danger, von Halle offre à la Hollande « une convention militaire et navale qui comprendrait une coopération en cas de guerre, la garantie de l'intégrité du territoire hollandais en Europe et dans les autres parties du monde, et la contribution de l'Allemagne à la préparation militaire de la Hollande ». Si les Néerlandais par un « esprit d'indépendance étroit et à courte vue » se refusaient à profiter des offres germaniques, on pourrait leur imposer les vues du gouvernement allemand, ajoute von Halle, par une guerre de tarifs, douanes, transport, etc., qui détournerait de la Hollande le trafic, base de sa prospérité. Telles sont les théories d'un professeur de l'Université de Berlin tenu en très haute estime à la Cour Impériale.

Ces idées sont actuellement développées en Allemagne dans toutes les nombreuses revues à tendances chauvines, et dans un grand nombre d'ouvrages de vulgarisation ; tels sont, par exemple : « Le Mouvement flamand considéré au point de vue allemand » de Grævell ; « les Pays-Bas et le mouvement pangermanique » de Bley ; « les Ports de l'Empire d'Allemagne et l'Union douanière avec les Pays-Bas » de Reissmann-Grone. Les mêmes idées générales inspirent toutes ces publications : les Pays-Bas sont des Etats germaniques, leur indépendance actuelle est préjudiciable aux intérêts commerciaux et militaires de l'Allemagne, tandis que la possession de Rotterdam et d'Anvers assurerait à l'Empire une suprématie mondiale. Par suite, si la Hollande et la Belgique ne veulent pas se soumettre aux lois de la géographie et de l'histoire, et refusent de s'incorporer à la Grande-Allemagne, il faudra les y contraindre. Aux moyens de coercition déjà indiqués par von Halle est ajouté un procédé nouveau : la guerre des Cartels (1). Les économistes

---

(1) Les cartels allemands sont des syndicats économiques permettant d'élever le prix des marchandises sur le marché national, et, par ce moyen, de réaliser des bénéfices qui rendent possible l'abaissement des prix de vente à l'extérieur au-dessous des prix de revient. Les cartels deviennent ainsi des instruments de guerre économique redoutables. Ils permettent de ruiner dans un petit pays un genre de commerce et d'industrie déterminé. L'Allemagne, par exemple, produit 8,000,000 de tonnes d'acier et en consomme 5,000,000 ; la Belfiique consomme la dixième partie de ce chiffre. Le cartel

d'Outre-Rhin expliquent longuement que la Belgique et la Hollande, libre échangistes, ne sauraient prélever sur leurs 12 millions d'habitants, fussent-elles unies et organisées en cartels, les primes suffisantes pour contrebalancer l'effet des primes perçues sur 63 millions 1/2 de consommateurs allemands soumis à un régime protectionnniste, et que, dans ces conditions, il serait facile à l'Allemagne de ruiner les Pays-Bas.

Ce ne sont là que des théories et des livres, dira-t-on ; mais on ne saurait trop se souvenir que c'est par une littérature de ce genre, appropriée aux instincts et aux aspirations de la race germanique, que les penseurs allemands avaient préparé, avant 1870, le commencement de réalisation de leur idéal.

Ainsi, les Allemands rêvent d'un immence Etat assis par Hambourg, Rotterdam et Anvers sur la mer du Nord, par Trieste sur les flots bleus de l'Adriatique.

allemand de l'acier peut élever de 1 mark le prix de la tonne d'acier écoulée à l'intérieur du pays, et il pourra ainsi, sans éprouver le plus léger déficit, réduire de 10 marks le prix de la tonne de ce métal dans le trafic avec la Belgique. Celle-ci est, du coup, assurée de la mévente totale et de la ruine de ses propres aciéries. — Il y a en Allemagne plus de 500 cartels : il n'est pas jusqu'aux pêcheurs de la mer du Nord qu' n'aient formé un cartel pour la vente des crabes.

II. — Les Faits.

Ces projets ne sont pas, selon la gracieuse expression allemande, de simples « idées du dimanche » (Sonntagsideen), les Allemands travaillent avec ardeur à les réaliser.

1. *L'expansion germanique dans les Pays-Bas.*

De toutes les parties du programme d'expansion que nous venons d'analyser, celle dont la réalisation menace le plus directement la France est l'expansion vers l'ouest. Depuis 10 à 20 ans, cette expansion se manifeste avec une grande force dans tous les domaines de l'activité des peuples belge et néerlandais ; d'abord dans le domaine de leur vie intellectuelle.

Une revue mensuelle, *Germania*, fondée à Bruxelles en octobre 1898 pour « resserrer les liens qui unissent entre elles toutes les nations germaniques » a été, pendant neuf ans, l'agent propagateur, dans les Pays-Bas, des théories politiques de l'Allemagne. Cette revue, à laquelle collaboraient les plus fougueux pangermanistes, tels les députés Hasse et Wolff dont nous aurons à reparler, publiait les principaux comptes rendus des réunions de l'Alldeutscher Verband. M. Von Strantz y écrivait dans le numéro de

décembre 1899 un article dans lequel la Belgique
et la Hollande sont représentées comme des avant-
postes arrachés à leur patrie et qui trouveront en
Allemagne leur hinterland naturel. Dans le numéro
de mars 1901, le Dr Reissmann-Grone qui dirige à
Essen un des plus grands journaux rhénans, y conseillait aux Pays-Bas de former avec l'Allemagne et
l'Autriche, l'union économique de l'Europe centrale ; un des derniers directeurs de *Germania*, le
Dr Wilser, de Heidelberg, y écrivait en juillet 1905,
parlant du livre de Reimer que nous avons analysé
ci-dessus : « Nous recommandons cet ouvrage,
profond, riche d'idées, et intéressant, à tous les
lecteurs de *Germania*. Le but plein de promesses
qu'il nous assigne doit apparaître à tous les Germains comme le plus élevé qu'ils puissent atteindre
sur cette terre. »

Dans la collection de la revue on trouve un grand
nombre d'articles analogues à ceux dont nous venons de parler, tels : « les Ports Allemands et
l'Alliance douanière avec les Pays-Bas » (octobre-
novembre 1899) ; « Accroissement et émigration du
peuple allemand » (août-septembre 1901 ; « Le
Voyage de l'Empereur Guillaume à Copenhague et
le sentiment germanique » (mai 1903).

Le fondateur et le premier directeur de *Germania*
avait été Von Ziegesar, ancien officier de l'armée
prussienne, devenu ensuite professeur d'allemand
aux athénées (Lycées) de Gand et de Bruxelles. A
sa mort, survenue le 17 mai 1901, l'Alldeutscher

Verband dont il avait été un des membres les plus
actifs, faisait déposer sur sa tombe une couronne
portant cette épigraphe : *dem tampeferen Vor-
kæmpfer in der Westmark* (au brave pionnier de la
marche de l'Ouest).

Depuis que la *Germania* ne paraît plus, le
centre du mouvement intellectuel d'expansion germanique se trouve dans les établissements scolaires que l'Allemagne a créés dans un grand
nombre de villes des Pays-Bas, par exemple
à Hoboken, Seraing, Verviers et surtout à Bruxelles,
à Anvers et à Rotterdam. Les professeurs de ces
écoles, tous Allemands, y mettent dans les mains de
leurs élèves les *Leitfaden* de Daniel, les atlas de
Langhans dans lesquels, nous l'avons vu, la Hollande et la Belgique sont englobées dans le Deutschtum.

En outre, ces écoles deviennent de plus en plus
des centres de réunion pour les colonies allemandes
des Pays-Bas. C'est ainsi que la magnifique Ecole
de la rue des Minimes à Bruxelles a fondé une bi-
bliothèque populaire dont elle répandait des milliers de catalogues dans la ville le 20 mai 1909. Il
est intéressant de remarquer que cette école et celle
d'Anvers figurent parmi les 4 écoles allemandes en
pays étranger qui sont mises sur le même pied que
les écoles de la mère patrie, c'est-à-dire dont le personnel jouit des « privilèges militaires. »

L'expansion germanique dans les Pays-Bas se
manifeste en second lieu par l'immigration alle-

mande. Il y a 32 mille sujets de l'Empire Allemand domiciliés en Hollande, 68 mille en Belgique. A ces chiffres qui sont ceux des Allemands nés dans l'Empire, il y a lieu d'ajouter ceux des naturalisés et des descendants des Allemands immigrés depuis plus d'une génération ; il y a ainsi à Rotterdam un total de 32 mille Allemands ; Anvers qui en renfermait 3 mille en 1880 en a aujourd'hui 15 mille, auxquels il faut joindre les naturalisés et les simples résidents, ce qui donne un total d'environ 30 mille. Les Allemands s'organisent dans les Pays-Bas en de nombreuses sociétés de tout ordre ; ils y forment des associations patriotiques, telle la Société des anciens militaires, identique aux Kriegervereine d'Allemagne, fondée à Bruxelles par Von Ziegesar — des sociétés de secours mutuels, telle le Schiller Verein qui a un tronc dans l'École de la rue des Minimes — des sociétés littéraires, telle la Thalia qui le 16 mai 1909, à Bruxelles, donnait une représentation théâtrale à laquelle le public était admis pour 0 fr. 75. A côté de ces sociétés, nous citerons encore des associations politiques, affiliées à l'Alldeutscher Verband et se recrutant surtout dans la partie germanique de la population des Pays-Bas ; telles sont le Deutscher Verein de la province de Liège et le Deutscher Verein d'Arlon. Cette dernière société, fondée le 26 juin 1893, a pour programme actuel d'obtenir que les régions appelées par elle « la Belgique allemande » soient administrées en langue allemande. Les résultats qu'elle a atteints sont déjà importants : au congrès des professeurs de langue vivante de Gand (18-22 septembre 1906) M. Bischoff, professeur à l'Université de Liège, exposait en allemand une conférence ayant pour sujet : notre troisième langue nationale, son histoire, ses droits ; de plus, le parti flamingant, dont nous allons parler, se déclare profondément respectueux des droits « de la troisième langue nationale de la Belgique. »

L'expansion germanique se manifeste, en troisième lieu, par l'immixtion des Allemands dans les plus graves questions de politique intérieure de la Belgique. Les Allemands se solidarisent, en effet, avec les « flamingants » dans leur lutte contre la civilisation et la langue françaises que défendent les Wallons. Le français avait été la langue prédominante dans la vallée de la Meuse et même dans les Flandres, depuis que le latin y avait perdu sa primauté. Aussi la révolution de 1830, qui amena l'indépendance de la Belgique, eut-elle, en partie, pour cause l'obligation que les Hollandais voulaient imposer aux Belges de reconnaître le néerlandais (flamand littéraire) comme unique langue nationale. D'après la constitution de 1830, le français devait être la langue officielle de la Belgique ; seul le texte français des lois devait avoir valeur légale, et, même dans la partie flamande du nouvel État, le français devait être la langue unique de l'administration, de la magistrature et de l'armée. Depuis 1850 ce régime a été progressivement mo-

difié, et aujourd'hui, le texte des lois, les règlements
d'administration publique sont simultanément publiés dans les deux langues françaises et flamandes et l'enseignement est donné en flamand dans
les Flandres. Ces réformes ont paru insuffisantes
aux « flamingants ». Ce parti, à la tête duquel se
trouvent le député Coremans, d'Anvers, l'ancien
ministre Helleputte, M. de Mont et M. Wattez, professeur à l'Athénée de Tournai, demande que
l'enseignement du flamand soit obligatoire dans
toutes les écoles belges « sauf les arrondissements
de Verviers et d'Arlon où la langue allemande est
en usage », et que le nombre des écoles et des universités où le flamand est la langue « véhiculaire »
soit augmenté. Les flamingants ont déjà obtenu que
les commandements dans la garde civique (armée de
réserve) soient faits en flamand dans les communes
flamandes ; ils demandent, maintenant, que cette mesure soit étendue à l'armée active, risquant ainsi
d'y introduire la difficulté de transmission des ordres
et renseignements qui fait la faiblesse de l'armée
autrichienne.

Les buts de ces exigences sont divers et complexes ; nous nous proposons de montrer que l'un
d'entre eux est de combattre la civilisation française ; nous verrons en même temps que le premier
résultat de cette attitude est de favoriser l'expansion
germanique, et que ce résultat est, d'ailleurs, très
souvent voulu.

Ces tendances des flamingants sont prouvées par

leurs diverses publications. « Si demain dans toute
la Flandre, on ne parlait plus un mot de français,
écrit M. Germain (1), les habitants du pays retour-
neraient à la culture néerlandaise, germanique, et
la question serait résolue dans un tour de main...
Le Flamand pourrait encore, avec un peu d'effort,
aussi bien que l'Allemand du Nord qui parle le bas-
allemand, s'assimiler le haut-allemand, langue littéraire d'une population de 70 millions d'habitants. La
langue, la science, la culture allemandes jouent
actuellement un rôle prépondérant. L'Allemagne,
pays des poètes et des penseurs, est aussi en Europe
le pays des affaires et des grandes entreprises ».
Cette hostilité à l'égard de la France s'est affichée
dans le pays flamand en maintes circonstances et
dans tous les milieux : « Vous le savez tous, l'ennemi séculaire de la Belgique, disait le 18 août 1893
le député Coremans, — qui est, nous l'avons vu,
un des chefs du parti flamingant, — celui qui, cinquante fois nous a envahis, pillés, saccagés, mas-
sacrés, s'annexant autant qu'il a pu notre territoire,
détenant encore aujourd'hui des régions entières
violemment arrachées à notre territoire national,
c'est notre redoutable voisin du midi ». Les sentiments francophobes sont encore plus nets dans cet
article du « Laaste Nieuws » de novembre 1896 :
« A côté de la France, se trouve la puissante Allemagne, qui est de même souche que nous. La France

____

(1) *L'Ame Belge et le Peuple Flamand.*

se meurt, la France disparaît et à la première guerre
la race française sera dispersée. Tournons les yeux
vers l'Allemagne ; là est l'avenir, là est le siège de
la science, là règne la parenté littéraire avec notre
idiome. » Le journal « Vlamsch en Vry » (Flamand
et Libre) organe populaire du parti flamingant, con-
sacrait son article de fond du 15 décembre 1908 à
dénoncer M. Clémenceau qu'il accusait de « vouloir
encourager la vulgarisation de la langue française
et de réagir contre l'influence allemande en Belgique ». Le « Onze Tyd » (*Notre Temps*) reproduisait
en tête de son numéro du 27 décembre 1908 les parties princiales de l'article du *Vlamsch en Vry ;*
« tout citoyen qui aime sa patrie, ajoutait-il, et a à
cœur les intérêts de celle-ci doit reconnaître, en
lisant ces faits irréfutables, que si cette œuvre de
« vulgarisation » réussissait, elle entraînerait fatalement l'abâtardissement irrémédiable du peuple et
de ses mœurs, et, du coup la perte de notre existence comme peuple indépendant ». Le 18 janvier
1909, le « Propaganda-Comité » d'Anvers publiait
un manifeste violent contre la France : « Les armées
françaises, y était-il notamment imprimé, depuis
1870 jusqu'en 1848 ont ravagé notre malheureuse
patrie par l'épée et par le feu, cent-dix-sept fois,
afin de l'assujettir à l'oppression française. La
France, a, au cours du XVIIᵉ siècle, annexé effronté-
ment et malgré les serments les plus sacrés, environ un tiers du territoire belge, par exemple, Dunkerque, Bergues... La France est l'ennemie héré-

ditaire du pays flamand ». Ce manifeste qui représente notre département du Nord comme l'Alsace-
Lorraine de la Belgique, était reproduit et applaudi
par tous les journaux flamands, entre autres le
« Onze Tyd » du 24 janvier 1909. On retrouve, avec
le tableau des nombreuses « invasions » des Pays-
Bas par les Français, le développement de toutes
ces idées, dans la récente « Histoire de la Révolution
de 1830 » de M. Josson. Ainsi s'est développée, dans
les Flandres, une extrême défiance à l'égard de
notre pays : un Belge des plus pondérés et des
plus influents nous disait, en juin 1909, à l'Hôtel de
Ville d'Anvers : « en cas de conflit entre la France
et l'Allemagne, la victoire des Français serait beaucoup plus à redouter pour nous que celle des Allemands » ; et le 24 septembre 1910, à l'occasion de
l'arrivée à Bruxelles du Conseil Municipal de Paris, les flamingants faisaient apposer, dans toute
la ville, des affiches rédigées en termes injurieux
pour la France, et où il était écrit notamment que
la France était « l'ennemie héréditaire » de la Belgique.

Or, l'Allemagne suit avec sollicitude cette résistance des Flamands et cette lutte des flamingants
engagées contre la civilisation française ; elle les
dirige, à l'insu de beaucoup de Flamands, mais avec
la complicité de plusieurs d'entre eux.

Déjà de 1890 à 1892 un Allemand, M. Grævell,
parcourait les Pays-Bas dans le but d'établir des
liens entre les diverses sociétés flamandes et les

associations politiques d'Allemagne. Ces tentatives, affirme-t-on, n'auraient pas été très heureuses. Cependant, vers 1895, en Belgique, la querelle entre flamingants et Wallons s'avivait progressivement, et, sous l'apparence d'une question de langues, devenait de plus en plus une lutte d'influences et de civilisations. En août 1900, dans sa revue *Germania* qui se rédigeait en allemand et en flamand, — von Ziegesar faisait un appel de fonds en faveur d'une propagande qui se poursuit encore aujourd'hui et qui a pour but d'enlever au français, à l'université de Gand, le rôle de langue « véhiculaire » pour donner ce rôle au flamand. « Pleine d'espoir et de confiance dans l'avenir, écrivait von Ziegesar, la *Germania* s'adresse à ses lecteurs pour les engager à soutenir énergiquement la propagande actuellement organisée pour l'obtention d'une université purement flamande. On combattra sans trêve ni repos. En avant donc, pour une situation meilleure ; qui restera en arrière ? Il s'agit de défendre une cause sainte... La rédaction de la *Germania*, ajoutait von Ziegesar en donnant son adresse, est toute disposée à accepter les dons et à les transmettre au Comité. » Les *Alldeutsche Blætter*, organe de la ligue Pangermanique, reproduisaient cet appel de la *Germania* (n° du 26 août 1900) et, en maintes circonstances, s'intéressaient au progrès du flamingantisme en Belgique comme s'il s'était agi d'étendre les limites mêmes de l'Allemagne ; dans le numéro du 1er mars 1902, par exemple, sous la

rubrique « La lutte nationale en Belgique » elles
dénonçaient l'association gantoise pour la vulgarisation de la langue française comme faisant « les
déclarations les plus inconvenantes à l'égard de la
langue néerlandaise, et recourant aux manœuvres
les plus répugnantes envers les leaders du mouvement flamand. »

Ces liens que nous venons d'entrevoir entre le
germanisme et le flamingantisme se sont montrés
au grand jour dans les circonstances et sous les formes les plus diverses. Lors des funérailles de von
Ziegesar, M. Prayon van Zuylen, membre de l'Académie flamande, prononçait l'éloge du directeur de
la *Germania* et exaltait la « culture germanique dont
l'Allemagne est la plus haute expression ». M. Ull-
mann, au nom du groupe pangermaniste d'Anvers,
demandait « que les Flamands se souvinssent davantage de leur mère la Germanie ». Un poète,
M. Hinderdael, disait encore en vers flamands : « Il
n'est pas mort ; son esprit allumera dans la jeunesse
la lumière de la Renaissance Germanique. Il n'est
pas mort la Germanie le témoignera, quand agrandie
par les épreuves, elle verra le Sud se courber à ses
pieds ; alors, lui aussi sera parmi les vainqueurs ».
Dans son livre « Les Possessions Allemandes
absorbées par les Welches au delà des marches occidentales de l'Empire », M. von Strantz écrit que depuis
la fondation de l'Empire Allemand les Flamands se
souviennent de leur magnifique passé germanique, et
cherchent à briser l'influence des Wallons « fla-

mands francisés ». L'Alldeutscher Verband soutient
le mouvement flamand, ajoute-t-il, mais l'Allemagne
devrait en outre encourager cette propagande ouvertement et officiellement, car elle doit se proposer
comme but de rétablir les frontières de l'Ancien Empire que le Droit, l'Histoire et la Race avaient élevé
(p. 64 à 67). M. Bley, dans son livre « Le Mouvement
Pangermanique et les Pays-Bas », est plus explicite
encore : « c'est avec raison, écrit-il, que notre ami
Pol de Mont, le soldat de l'Allemagne dans les Flandres, a déclaré, dans une réunion de l'Alldeutscher
Verband : « les frontières ne peuvent pas séparer
ceux dont les cœurs battent ensemble ». Les Flamands, en effet, se sont toujours réjouis ou attristés
des mêmes événements qui nous ont rendus joyeux
ou tristes ». Et Bley cite entre autres, des vers écrits
par le flamand Hiel, après la bataille de Sedan, vers
qui, ajoute Bley, devraient être gravés dans tous les
cœurs allemands » (p. 52). Enfin, le Dr Hasse tra-
vaille à un grand ouvrage en 5 volumes intitulé :
« La Politique Allemande » qui sera un curieux document pour l'étude de l'expansion germanique ; il
consacre une partie du premier volume, qui a seul
paru, à l'étude de la « frontière politique de l'Allemagne », et expose, dans cette étude, des idées analogues à toutes celles que nous venons d'analyser.

L'intérêt que les Allemands portent à la lutte des
langues en Belgique se manifeste encore dans les
articles des plus grands journaux : « L'Action Wallonne » est une feuille fondée par les Belges fran-

çais pour combattre le flamingantisme et le germanisme en Belgique, est-il écrit dans le journal berlinois l'*Allemagne du Nord* du 13 décembre 1907. Heureusement les Flamands semblent s'éveiller de leur long rêve et veulent reconquérir leur antique nationalité. Une presse active et bien conduite les défend, et, s'appuyant sur la Constitution belge qui garantit aux Flamands une absolue égalité, ils entreprennent la lutte contre les Wallons. Le germanisme aussi se distingue ; les Belges-Allemands revendiquent leurs droits constitutionnels. Mais le Français ne rend pas facilement ce qu'il a une fois pris, et, malgré les droits assurés par la Constitution, les Allemands doivent reconquérir ces derniers pièce par pièce. Par bonheur, ils ont, dans le combat, des chefs compétents et on peut attendre en paix le résultat, d'autant plus qu'ils ont dans les Flamands un allié contre les Wallons ».

Nous avons ainsi, d'une part, la mesure de la sympathie qu'inspire à l'Allemagne l'agitation flamande. Quelle est, d'autre part, l'attitude des Flamands en présence de l'expansion allemande ? Il est indéniable que les Flamands désireraient avant tout rester Belges. Mais, plusieurs d'entre eux considèrent la Belgique comme un Etat artificiel qui ne saurait subsister longtemps dans la lutte fatale des civilisations, et, ne pouvant opter pour l'indépendance totale, ils se laissent, dès maintenant, entraîner dans le sillage de l'Allemagne, par leur affinité pour l'âme germanique. Les extraits des publications flamingantes que nous avons donnés ci-dessus prouvent cette tendance ; les déclarations des chefs du flamingantisme sont encore plus concluantes.

M. Wattez, professeur à l'Athénée de Tournai, auteur d'odes en l'honneur de Moltke et de Bismark, demandait dans la *Germania* (avril 1901) que l'accord entre Flamands et Wallons fût établi en imposant en Belgique l'allemand comme langue officielle unique. « Des Flamands, disait-il, on n'exigerait pas la connaissance de la langue française, et on n'exigerait pas des Wallons la connaissance du flamand ; mais les uns et les autres, comme cela se pratique chez la plupart des peuples civilisés, auraient une langue commune, l'allemand, langue, qui, vu l'état de l'Europe, ne pourrait que nous valoir du profit dans l'avenir. » « Tous les maux dont le peuple flamand a souffert, au point de vue de la civilisation, disait encore M. Wattez dans le même article, viennent de France. » M. Pol de Mont, dans la *Germania* (janvier et février 1899), exprime ses regrets du temps où Néerlandais et Allemands vivaient sous le sceptre commun des empereurs germains, et son espoir de voir rétablir un jour l'unité de l'ancienne et superbe patrie. Il a été plusieurs fois faire en Allemagne des conférences dont nous avons ci-dessus fait connaître l'esprit en parlant de l'ouvrage de Bley « le Mouvement pangermanique et les Pays-Bas » ; en octobre 1905, notamment, au moment où la Belgique fêtait le 75e annniversaire de son indépendance, M. de Mont parlait à Dresde devant l'Alldeutscher Verband des différends qui séparent flamands et wallons et protestait contre les révolutionnaires de 1830 qu'il accusait d'avoir voulu livrer la Belgique à la France.

Ainsi avivée par l'influence allemande et par la propagande des flamingants, la lutte des langues engendre parfois en Belgique des troubles graves. En mars-avril 1908, par exemple, les étudiants flamands de l'université de Louvain, qui avaient abandonné la coiffure des étudiants wallons pour adopter celle des étudiants allemands et demandaient l'introduction de la langue flamande à l'université, échangeaient des coups de revolver avec les étudiants wallons, partisans de l'emploi exclusif du français. Depuis cette date, étudiants wallons et étudiants flamands de Louvain n'ont de rapports que dans les nombreuses querelles qui surgissent entre eux.

Au lieu de s'apaiser, les rivalités de races et de langues s'exaspèrent donc en Belgique ; à travers les siècles revivent et s'opposent les uns aux autres les Germains et les Gaulois de Tacite et de César. Nous verrons plus loin quelles conséquences favorables pour l'Allemagne, redoutables pour la France, peut engendrer cet état de choses.

Parmi ces conséquences nous en signalerons deux qui sont dès maintenant manifestes. La première est l'impossibilité de l'entente hollando-belge, qui, depuis quelques années, fait l'objet de nombreux efforts à Bruxelles et à Amsterdam. Cette entente, que tous les hommes d'Etat, en Allemagne surtout, considèrent comme un obstacle à l'expansion germanique vers l'ouest (1), ne saurait être réalisée si les Wallons et les Flamands ne restent pas intimement unis. En second lieu, l'aggravation de la querelle entre les deux peuples belges est susceptible d'amener la division de la petite Belgique en deux régions distinctes, dont l'une, le pays flamand, pourrait se rattacher à l'Allemagne par des liens étroits et donner ainsi à l'Empire la possession d'Anvers et par Anvers la suprématie dans l'Atlantique.

Il résulte de tout ce qui précède que le flamingantisme peut être considéré, soit par ses causes, soit par ses conséquences, comme une des formes de l'expansion germanique vers l'Ouest.

L'expansion de l'Allemagne en Belgique et en Hollande se manifeste enfin avec une grande force dans le domaine de la vie économique : les Pays-Bas sont, en effet, de nos jours l'objet d'une véritable invasion de commerçants et d'industriels alle-

---

(1) Voici en quels termes le grand journal officieux *L'Allemagne du Nord* parlait des projets d'entente hollando-belge le 13 décembre 1907 : « Le journal *L'Action Wallonne* a ouvert une enquête sur l'entente hollando-belge. Des Belges éminents et influents se sont prononcés sans détours pour une entente. Il est pourtant douteux que la Belgique, pays neutre, soit en situation de conclure une alliance militaire. Une alliance est toujours dirigée contre quelqu'un Dans ce cas, à être franc, c'est contre l'Allemagne. La situation politique de la France recevrait par cette alliance, qui est toute française d'esprit, un réel renforcement. »

mands qui fait songer à l'invasion dont la Gaule
fut l'objet, avant la venue de César, de la part des
trafiquants romains. « Au lieu de gémir sur la difficulté des affaires et d'incriminer les Allemands,
disait naguère M. Hertogs, bourgmestre d'Anvers, il
faut voir pourquoi et comment vos concurrents
réussissent. D'abord ils se soutiennent ; quand l'un
d'eux arrive, pieds nus, ses compatriotes l'accueil-
lent et le casent. Mon jeune allemand entre donc
en place sans peine et sans façon ; puis, il se contente de peu, il débute au pair, six mois après, il
est indispensable, et l'an suivant il peut s'établir ;
il a fait son trou. » La solidarité et la persévérance
dans l'effort semblent être, en effet, dans les Pays-
Bas comme partout, la cause première des succès
économiques des Allemands.

C'est à Anvers, dont la France a assuré la grandeur en libérant les bouches de l'Escaut (1795), que
ces succès sont le plus caractéristiques. La majeure
partie des 30 mille Allemands qui habitent ce premier (1) port de l'Europe continentale appartien-
nent, maintenant, à l'aristocratie commerciale, industrielle ou financière. Sur les quais de l'Escaut
les compagnies maritimes allemandes occupent la
première place : le Norddeutscher Llyod, la Ham-
burg-América et la Cosmos-Linie se sont établies

---

(1) Avant 1870, le port d'Anvers était moins important que
celui de Marseille ; aujourd'hui, l'activité d'Anvers est plus
que du double de l'activité de Marseille.

côte à côte au Sud du Steen, pour manifester au
grand jour leur solidarité et leur puissance. De
1880 à 1906, le tonnage de la marine allemande à
Anvers est passé de 275 mille tonnes à 3 millions
(celui de la France de 82 mille à 286 mille) et, en
ce moment, le Deutsches Seemansheim, destiné à
loger et à nourrir les marins de la flotte commerciale, est une des plus belles constructions de la
ville.

Anvers possède des banques prospères et des
magasins gigantesques comparables aux plus grands
de ceux qu'on voit à Paris ; tous ces magasins ont
été créés par des Allemands, et les financiers allemands occupent une place prépondérante dans les
plus grandes banques. Cette invasion économique
gagne progressivement tous les Pays-Bas. Le bazar
Tietz d'Anvers a maintenant des succursales à
Bruxelles, Bruges, Liège, Malines, Saint-Nicolas. Le
capital de la « Banque internationale » de Bruxelles
fondée en 1898, a été souscrit en majeure partie
par des financiers allemands, et, dans la capitale
même de la Wallonie, la Banque Liégeoise est
encore en leur pouvoir.

« Pour comprendre la réelle gravité d'une pénétration de cet ordre, a bien voulu nous déclarer
M. Ansiaux, professeur d'Economie politique à l'université de Bruxelles, il faut savoir qu'à la différence de ce qui se passe en Belgique et en France
où les grands établissements de crédit ont des tendances plutôt cosmopolites, la haute banque alle-

mande est avant toute chose, un outil au service de
l'expansion nationale. Non contente de favoriser
l'essor de toutes les entreprises à l'intérieur du
pays, elle se constitue le pionnier de l'exportation
et crée pour cette dernière, un peu partout dans le
monde, des points d'appui financiers comparables
à ces stations de charbon dont l'Angleterre a ja-
lonné la route des Indes. Ces établissements de
crédit teutons visent à jouer dans les pays du dehors
le rôle que remplissent les banques en Allemagne
même. Or, celles-ci ne se contentent pas de faire
l'escompte et d'ouvrir des comptes-courants. Elles
s'intéressent d'une manière directe dans les grandes
affaires industrielles et commerciales. Le plus souvent, elles n'y participent que pour en prendre la
haute direction. On peut donc dire que les banques
allemandes exercent une extrême influence sur les
destinées de l'industrie et du commerce. On s'explique dès lors, pourquoi à l'étranger, notamment en
Belgique, c'est surtout la banque que l'on s'efforce
de gagner. On s'appuiera ensuite sur cette base
puissante pour introduire l'élément germanique
dans les entreprises les plus diverses ». L'Allemagne s'est ainsi implantée dans l'industrie métal-
lurgique, par exemple, dans les aciéries de « Sam-
bre-et-Moselle », les usines de zinc de la « Nouvelle-
Montagne » ; — dans l'industrie électrique ; —
dans l'alimentation, les nombreux weinstube de
Bruxelles en font foi, — enfin, dans les manufactures d'armes ; c'est ainsi que la majorité des

actions de la « Fabrique nationale d'armes de guerre » établie à Herstal appartient aujourd'hui à la maison Loewe de Berlin : la fabrique d'armes de guerre de la Belgique n'est donc plus nationale que de nom.

De ces faits d'expansion allemande, nous devons rapprocher les sollicitations nombreuses dont la Hollande et la Belgique sont l'objet et qui ont pour but de faire entrer ces deux Etats dans l'union économique de l'Europe centrale. Ces sollicitations figurent, nous l'avons vu, dans tous les ouvrages allemands, dont nous avons précédemment montré les tendances ; elles étaient rappelées en pleine Chambre Belge le 27 janvier 1892 et le 17 février 1905 par des députés chez lesquels les difficultés de la concurrence avaient eu raison des scrupules du patriotisme. Elles étaient faites encore en 1904 et renouvelées en 1905 par le Mitteleuropæischer Wirthschaftverein : « ces tentatives, écrit M. Charles-Graux, ministre de Belgique, furent accueillies avec défiance, comme une menace indirecte d'absorption germanique » (1).

De tout ce qui précède il résulte que l'Allémagne veut entraîner les Pays-Bas dans son orbite : elle a déjà donné à la Belgique et à la Hollande des princes allemands pour souverains ; elle veut maintenant les imprégner de ses idées, de sa race, de ses intérêts jusqu'au jour où des circonstances

____

(1) *Revue économique internationale*, 15 février 1906, p. 226.

suffisamment favorables lui permettront de réaliser ses projets ambitieux.

❋

2. *L'expansion de l'Allemagne en Autriche.*

(A) *Le Pangermanisme proprement dit.* — L'expansion germanique en Autriche se manifeste, en premier lieu, par la recherche de la réunion des Allemands d'Autriche à l'empire des Hohenzollern.

Cette première forme d'expansion constitue le Pagermanisme proprement dit ; elle est intéressante à étudier plutôt en raison de son histoire qu'à cause de ses résultats. Bismarck avait peu encouragé ce mouvement ; les Allemands d'Autriche sont en majorité catholiques, et le souvenir du Kulturkampf faisait considérer comme dangereux, au Chancelier de fer, d'en englober un trop grand nombre dans l'empire. Toutefois, vers 1880, un parti national allemand se formait en Autriche même, et, en 1882, M. Schœnerer, député au Reichsrath, rédigeait le « programme de Linz » ébauche du programme pangermanique actuel. De 1885 à 1900 un groupe de députés peu nombreux mais actif représentait au Reichsrath ce programme que développaient en dehors du Parlement des sociétés politiques nombreuses. Parmi ces sociétés, l'Odin Verein, l'Evangelischer Bund et le Gustav-Adolph Verein, organisaient un mouvement de propagation du luthérianisme en Autriche, dans le but d'atténuer

les conséquences fâcheuses que pourrait avoir
l'introduction dans l'empire de 8 millions 1/2 de
catholiques. Ce mouvement qu'on a appelé le Los
von Rom (Rompons avec Rome) se poursuit encore
aujourd'hui, mais il n'a pas donné de bien grands
résultats ; dans les dernières années le chiffre
des conversions a été en diminuant ; il était de
3620 en 1899, de 3299 en 1908. Il est juste d'ajouter
que les événements n'ont pas été favorables à l'essor
du Los von Rom ; la lutte entre protestants et
catholiques, qui avait engendré le Kulturkampf,
s'est progressivement apaisée sous le règne de
Guillaume II ; celui-ci est même devenu l'allié du
pape, l'ami de Monseigneur Kopp, prince-évêque
de Breslau et le soutien des catholiques d'Allemagne. Tant que cet état de choses persistera, la propagande luthérienne en Autriche ne présentera,
évidemment, qu'un très faible intérêt.

Le Los von Rom a été, depuis 1892 environ, et
est encore aujourd'hui accompagné d'une propagande parallèle dirigée par l'Alldeutscher Verband,
ligue dont l'esprit et les tendances nous sont déjà
connus. Le rôle de l'Alldeutscher Verband a été,
d'une part, de créer un mouvement en faveur de la
réunion des Allemands d'Autriche à l'empire germanique, et d'autre part, de soutenir la lutte de ces
Allemands contre les autres races de l'Autriche,
notamment contre les Tchèques. On put croire, un
instant, que cette forme purement politique du
pangermanisme allait prendre des proportions

redoutables. De 1897 à 1899, les pangermanistes
d'Autriche, vigoureusement soutenus par l'Alldeutscher Verband, menaient une campagne formidable
contre les ordonnances Badeni qui mettaient le
Tchèque et les autres idiomes slaves sur le pied
d'égalité avec la langue allemande, et obtenaient, le
17 octobre 1899, l'abrogation des fameuses ordonnances. De plus, la campagne électorale de 1900-
1901 amenait 21 députés au Reichsrath et 25 à
la Diète de Bohème, qui affichaient tous des
théories ultra-pangermanistes. Le 25 octobre 1899
le député Türk avait déjà osé dire au Reichsrath :
« Les pays héréditaires allemands doivent s'adosser
à l'Empire Allemand d'une façon quelconque, à
peu près comme cela existait avant 1866. Une union
économique avec l'Allemagne est la première étape
dans cette voie.... Nous autres, Allemands, nous
sommes prêts à tout. Faites éclater une guerre
civile entre les Allemands et les Tchèques et les
armées de la Prusse viendront vous donner une
danse. » Le 31 janvier 1901 à l'ouverture de la
session du parlement de Vienne, les 21 députés
pangermanistes quittaient la salle des séances,
quand le président eut proposé trois vivats en l'honneur de François-Joseph. Enfin le 18 mai 1906, le
député Stein disait encore en plein Reichsrath :
« Notre idéal, à nous, n'a rien de commun avec la
pensée nationale de l'Autriche. La dynastie et l'Etat
autrichiens nous laissent complètement froids. Nous
n'avons qu'un seul espoir et qu'un seul désir, c'est

de voir luire enfin le jour inéluctable où, en Autriche, nous serons placés sous la glorieuse égide des
Hohenzollern ». Toutefois, à la suite de querelles
intestines, et peut-être surtout à cause de l'exagé-
ration de ses théories, le parti pangermaniste s'est
considérablement affaibli au Parlement, pendant le
cours de la dernière législature. En outre, à sa première consultation, le suffrage universel (1) n'a
amené que 3 députés pangermanistes dans le parlement élu en 1907. Mais on ne saurait conclure de
cette situation à un affaiblissement proportionnel du
pangermanisme proprement dit en Autriche. Les
pangermanistes ne constituent pas un parti politique distinct au Reichstag de Berlin, ils jouent
cependant un grand rôle en Allemagne ; de même,
ils poursuivent leur propagande en Autriche, avec
l'énergie persévérante qui caractérise les Allemands
et indépendamment de la constitution de tout parti
politique au sein des assemblées. Cette propagande se fait par des conférences, des journaux,
des revues et des livres, suivant une méthode toute
pareille à celle que nous avons vu employer dans
les Pays-Bas. C'est ainsi qu'un des derniers numéros de la *Deutsche Arbeit* (Travail allemand) qui
est la revue mensuelle de la « Société pour l'Encouragement de la science, de la littérature et de
l'art allemands en Bohême » — et est en même
temps une des nombreuses publications consacrées

(1) Etabli en Autriche par la loi du 26 janvier 1907.

à l'action germanique dans le monde, — avait pour objet de montrer que Prague, capitale des Tchèques, était une ville essentiellement germanique. La vitalité du pangermanisme proprement dit s'est d'ailleurs maintes fois affirmée avec force dans ces dernières années ; à la suite, par exemple, des troubles très graves des 29 et 30 septembre 1908 qui firent mettre Prague en état de siège, les étudiants et les sujets allemands portaient leurs réclamations contre les Tchèques au Consulat d'Allemagne, tandis que tous les Allemands de l'empire soutenaient avec énergie leurs frères d'Autriche : les étudiants envoyaient des délégations à Prague défendre leurs camarades, les journaux publiaient des articles violents contre les Tchèques et le gouvernement de Vienne : « Il est indispensable, écrivait le *Tœglische Rundschau* du 30 septembre, que le gouvernement allemand parle sérieusement à Vienne et exige — il aurait déjà dû le faire — une garantie pour la sécurité des sujets de l'empire. La presse allemande doit insister sur ce point car l'altitude des autorités autrichiennes est honteuse ». Le *Berliner Neueste Nachrichten* du lendemain « insistait » : « La pitié pour nos compatriotes victimes des slaves lâches et sauvages, écrivait-il, est presque effacée par la colère que ressent le peuple allemand tout entier contre le gouvernement autrichien oublieux de ses plus élémentaires devoirs ». Ces manifestations donnent la mesure de la grande solidarité qui unit les Allemands du Nord et ceux du Sud. Il y a lieu d'ajouter que depuis 1907 le nombre des députés pangermanistes grandit au Reichsrath ; en novembre 1911 ils étaient assez puissants pour organiser, au sein du Parlement, de violentes manifestations contre le projet de création d'une Université Italienne à Vienne.

Toutefois, si aucun événement exceptionnellement favorable ne vient à son aide, — telle pourrait être l'aggravation de la lutte des nationalités en Autriche, — il est probable que le pangermanisme proprement dit n'atteindra pas directement son but qui est, nous le savons, de réunir à l'empire des Hohenzollern les Allemands de l'empire des Habsbourg. Mais par l'éveil du sentiment national qu'il provoque dans tous les pays autrichiens de langue allemande, ce mouvement favorise dans une grande mesure l'expansion de l'Allemagne sous la forme d'une union économique avec l'Autriche, forme d'expansion que nous allons maintenant étudier et qui est, nous le verrons, un acheminement indirect, mais sûr, vers la réalisation de l'idéal pangermanique.

(B) *Le Pagermanisme économique.* — L'union économique de l'Allemagne et de l'Autriche, que List avait déjà préconisée, était réclamée de nouveau par Paul Dehn il y a vingt ans : « Grâce à la sagesse de sa politique, écrivait-il, la Prusse est devenue organisatrice du Zollverein et puissance prépondérante en Allemagne. Les mêmes procédés promettent à l'empire allemand des succès plus grands encore. Assurément un but aussi élevé ne peut être atteint d'un seul coup, ni même par l'effort d'une seule génération ; mais il faut l'avoir sans cesse présent à l'esprit aussi bien dans nos luttes intérieures que dans le maniement de notre politique extérieure » (1). Cette idée de List et de Dehn était reprise en 1897 par le Dr Hasse, député de Leipzig et président de l'Alldeutscher Verband, dans son livre « la Politique Allemande universelle » : « Le Zollverein, écrivait-il, a supprimé les obstacles qui gênaient le commerce et l'industrie ; il est la cause première du succès des dernières années. L'expérience a établi que la voie était bonne ; il faut donc poursuivre l'idée de List, c'est-à-dire étendre le Zollverein à toute l'Europe centrale ». Les *Alldeutsche Blætter* du 29 juin 1898 disaient encore : « L'idée d'une association économique des Etats continentaux est d'ailleurs une conception française. Mais, comme les Français dégénérés de nos jours ne sont pas capables de l'exécuter, cette tâche incombera à l'Allemagne et aux autres Etats de même race : la Belgique, la Hollande, la Suisse et l'Autriche ». Enfin, en 1899, le congrès de Cassel proposait d'établir l'union douanière austro-allemande et d'instituer un parlement commun qui connaîtrait de toutes les questions de tarifs et siègerait alternativement à Berlin et à Vienne.

---

(1) *Relations économiques de l'Allemagne et de l'Orient.*

L'union économique de l'Allemagne et de l'Autriche est donc désirée et étudiée depuis longtemps en Allemagne. Elle est d'ailleurs favorablement accueillie en Autriche. M. Philippovitch, professeur à l'Université de Vienne, appréciait en ces termes, dès 1899, le simple projet de Zollverein : « L'Allemagne est le marché naturel de nos produits. L'union douanière aurait pour résultat de tenir ouvertes nos fenêtres sur le Nord. Nous avons bien aussi des fenêtres sur la Pologne et la Hongrie, mais elles donnent sur des cours ; seules les fenêtres sur l'Allemagne laissent passer la lumière ».

Depuis quelques années, ces projets d'union économique sont entrés dans leur stade de réalisation ; à partir de 1891 on les voit inspirer, de plus en plus, tous les traités de commerce austro-allemands ; et aujourd'hui, en Autriche aussi bien qu'en Allemagne, on s'efforce d'unifier progressivement les tarifs des postes, des télégraphes, des chemins de fer, de former mille liens économiques entre les deux pays, et de supprimer entre eux les lignes de douanes qui forment, selon l'image de List, « à peu près le même effet qui si l'on s'avisait de ligaturer chaque membre du corps humain, pour empêcher le sang de s'écouler de l'un dans l'autre ». Ainsi se prépare l'union économique austro-allemande.

Or, si cette union devenait complète et définitive, tous les rêves d'expansion allemande vers l'est seraient, du même coup, indirectement réalisés. L'histoire montre, en effet, que les *simples unions*

douanières ont toujours eu pour résultat l'unification politique des Etats contractants au profit du
plus puissant d'entre eux ; c'est ainsi que le Zollverein a fait l'unité de l'Allemagne au profit de la
Prusse. L'union *économique totale* de l'Allemagne
et de l'Autriche aurait, à plus forte raison, des
résultats analogues. Il est manifeste que si, par
exemple, le Parlement commun proposé au congrès de Cassel était formé, cette assemblée se trouverait fatalement conduite à intervenir dans les lois
financières, commerciales, sociales, et deviendrait
rapidement le parlement suprême de la Grande-
Allemagne. Ainsi liées l'une à l'autre par leurs
intérêts économiques, l'Allemagne et l'Autriche
allemande, qu'unissent déjà la communauté de
langue et de civilisation, ne formeraient en réalité
qu'un même Etat, et, sans bourse délier, sans tirer
l'épée, malgré l'Europe, les Allemands auraient
réalisé leurs plus chères ambitions ; ils auraient,
en effet, obtenu la maîtrise du plateau de Bohême,
la quasi-possession de Trieste, et par Trieste un
moyen nouveau pour assurer leur prééminence dans
la Méditerranée et dans le monde.

Toutefois, bien des événements peuvent entraver
l'évolution qui entraîne l'Autriche et l'Allemagne
vers une entente économique ; cette entrave pourrait
résulter, par exemple, de la résistance des Tchèques et des Hongrois (1). Mais, l'échec de l'union

(1) Il importe de remarquer que, depuis septembre 1910, la
Hongrie s'est considérablement rapprochée de l'Allemagne.

économique austro-allemande ne saurait diminuer l'expansion germanique qui se produit dans l'univers entier sous la forme et par le moyen de

Les circonstances qui ont accompagné ce rapprochement méritent d'être méditées :

La Hongrie, étant dans la nécessité de contracter un emprunt, fut amenée, en 1910, par les habiles manœuvres germaniques, à essayer de contracter cet emprunt en France. Si le gouvernement français avait consenti à laisser coter cet emprunt à la Bourse de Paris, notre or eût servi à augmenter la puissance économique de la Triplice et aussi sa puissance militaire, une partie de l'emprunt devant servir à la construction de 3 dreadnoughts (à des « travaux publics », disaient les notes officielles, afin de dissimuler le véritable objet de l'emprunt). Si, au contraire, le gouvernement français opposait un refus, l'Allemagne se tenait prête à couvrir l'emprunt hongrois, à proclamer à cette occasion son amitié pour la Hongrie et à mettre bruyamment en évidence l'hostilité française. Ainsi, quelle que fût l'attitude de la France, l'Allemagne devait tirer un grand profit de la tentative, suggérée par elle, de lancer en France l'emprunt hongrois. En fait, la France a refusé son argent à la Hongrie et l'Allemagne lui a donné le sien; le profit qui en est résulté pour cette dernière a été défini par son ministre des Affaires étrangères lui-même (Kinderlen-Waechter) dans les termes suivants : « Cet enseignement ne doit pas être perdu de vue. La conclusion de l'emprunt resserrera encore, si cela est possible, les liens qui unissent l'Allemagne à l'Autriche et il marque un succès des pays que le marché français voulait mettre dans l'embarras. » De son côté, le *Pester-Lloyd*, de Buda-Pesth, appréciait comme il suit les conséquences de l'attitude prise par la France en présence de la situation machiavélique où l'avait mise la duplicité allemande : « Les efforts tentés en vue de nous humilier peuvent seulement engendrer une contre-pression. Nous ne pouvons continuer à voir des amis dans ce pays où une si franche hostilité nous est témoignée. Si les Parisiens entendent risquer aujourd'hui tous les arrangements intervenus depuis plusieurs années pour la cause d'une *diversion désespérée* (la *Pester* prétendait que le refus l'alliance de l'empire des Hohenzollern et de l'empire des Habsbourg.

(c) *L'Alliance Germanique.* — Cette alliance, qui remonte à 1879, a pour résultat d'augmenter la puissance mondiale du germanisme. Elle se fonde sur l'intérêt, mais aussi, et, c'est ce qui la rend particulièrement redoutable, sur l'affinité naturelle qui résulte de la communauté d'origines, de langues et de civilisations. Les Habsbourg ont été, pendant de longs siècles, empereurs d'Allemagne et ont toujours considéré l'Autriche comme un pays allemand. Les Germains du Nord, de leur côté, ont de tout temps regardé l'Autriche comme une province de la Germanie, et les Viennois comme des frères. Cet état d'esprit que Rückert avait symbolisé dès le début du XIXᵉ siècle, dans sa célèbre poésie: « Les Trois Camarades » (1), n'a été nullement troublé

de la France lui avait été imposé par la Russie), ils verront, quand ils auront recouvré leur sang-froid, qu'ils auront de la peine à reconstruire *les ponts qu'ils détruisent maintenant d'un cœur si léger.* »

Il est intéressant de remarquer que l'attitude de l'Allemagne à l'égard de la France a été exactement la même dans la question de l'emprunt turc de 1910 ; cet emprunt fut d'abord offert à la France et aussitôt que les pourparlers furent rompus, le 25 octobre 1910, l'Allemagne fit à la Turquie des ouvertures de propositions.

(1) « Ils étaient trois camarades qui s'arrangeaient toujours pour être, à chaque combat, réunis; le premier était Autrichien, le second Prussien, le troisième était simplement Allemand. Tous trois tombent frappés du même coup; l'un crie : vive l'Autriche ; l'autre : vive la Prusse ; le troisième :

par le dernier conflit austro-allemand. La guerre
de 1866 apparaît, aux Allemands et aux Autrichiens,
comme une querelle de famille dont les résultats
ont été heureux puisqu'elle a établi la paix entre
deux cohéritiers que la liquidation d'un patrimoine
commun aurait pu diviser pour toujours. Ce sentiment de la fraternité austro-allemande était profondément enraciné dans le cœur même des deux
grands Allemands qui provoquèrent et dirigèrent la
guerre de 1866. « J'ai cru devoir tout à l'heure, parlant de l'Autriche, employer le terme de nation étrangère, disait Bismarck, le 3 décembre 1850, au
Landtag. Mais je vous le demande, de quel droit
soutiendrez-vous que la Hesse et le Holstein ne sont
pas pour vous des pays étrangers, si vous appli-
quez ce terme à l'Autriche ? Car l'Autriche est au
même titre un pays allemand... C'est une singulière
modestie de ne pouvoir se résoudre à tenir l'Autriche pour une puissance allemande. Je n'en puis
découvrir qu'un motif, le bonheur qu'a l'Autriche
de régner sur des peuples qui furent autrefois soumis par les armes allemandes... Non, je reconnais
en l'Autriche le représentant et l'héritier d'une
vieille puissance allemande qui a souvent, et avec
gloire, tenu en main l'épée germanique ». Ainsi,

vive l'Allemagne. Alors, les deux premiers, en tombant, se
rapprochèrent plus près du troisième et quand, dans le
tumulte de la bataille, passa l'ange de la mort, porteur d'une
palme, tous trois, appuyés l'un à l'autre, criaient encore :
vive l'Allemagne. »

pour Bismarck, qui fut cependant toute sa vie partisan de la Petite-Allemagne, l'Autriche était un pays allemand au même titre que la Hesse. De Moltke partageait les mêmes idées : « Nous espérons, écrivait-il en 1844, que l'Autriche maintiendra les droits et sauvegardera l'avenir du pays du Danube, et que l'Allemagne parviendra finalement à libérer l'embouchure de ses grands fleuves » (1). Les Allemands de Vienne et ceux de Berlin se considèrent donc réciproquement comme membres d'une même famille et c'est pour ce motif qu'ils ont, depuis trente ans, uni leurs destinées de la façon la plus étroite. L'alliance de l'Allemagne et de l'Autriche est donc une manifestation de la Puissance Germanique et un aspect nouveau de l'expansion allemande en Europe et dans le monde.

3. *L'expansion germanique dans l'Empire turc.*

L'expansion germanique dans les Balkans et en Turquie d'Asie s'est produite jusqu'au moment de la guerre des alliés balkaniques contre la Turquie, sous deux formes intimement liées l'une à l'autre, — l'expansion autrichienne et l'expansion allemande — et d'après deux méthodes complémentaires dont Bismarck avait fait l'épreuve dans sa politique avec la France, — la « manière douce » et la « manière forte ». La manière douce est celle qu'a employée le

(1) *Schriften*, de Moltke, t. II, p. 313.

germanisme à Constantinople sous le masque de l'Allemagne, la manière forte est celle qu'il a employée en Bosnie-Herzégovine sous le masque de l'Autriche. Les résultats obtenus, jusqu'au moment de la guerre de 1912, avaient été admirables ; en moins de trente ans, l'influence germanique avait pris dans les Balkans la place des influences française, russe, anglaise, et elle y jouait un si grand rôle qu'on pouvait considérer la Turquie comme un satellite de la brillante constellation austro-allemande.

En effet, la Bosnie et l'Herzégovine étaient devenues autrichiennes (1908), grâce au puissant appui que l'Allemagne avait donné (1) à l'Autriche et le germanisme remportait ainsi un succès depuis longtemps prévu et préparé : Bismarck avait obtenu l'occupation *temporaire* de ces deux provinces par l'Autriche au Congrès de Berlin (1878), il détournait ainsi vers le sud les forces des Allemands de Vienne, s'assurait pour toujours la fidélité de l'Autriche, et, sous les apparences d'une mesure provisoire, il recueillait le bénéfice des victoires russes au profit de la plus grande Germanie ; l'annexion de 1908 fut le couronnement de cette politique prévoyante et méthodique.

En outre, depuis 30 ans, des missions allemandes réorganisaient l'armée turque ; des colonies agricoles allemandes, secondées par le Deutscher Schulverein, se multipliaient dans la péninsule et ren-

______

(1) Voir ci-dessus, p. 26, le discours du chancelier de Bülow.

daient à ses terres leur fécondité d'autrefois ; des
banques allemandes prenaient de plus en plus la
direction de son commerce et de son industrie.
L'Allemagne, enfin, fournissait à la Turquie armes,
équipements militaires, marchandises et voies ferrées.

La révolution de 1909 n'avait pas diminué l'influence allemande à Constantinople ; le général
Von der Goltz avait été appelé pour la deuxième
fois à perfectionner cette armée turque dont de
Moltke avait été un des premiers organisateurs, et
à l'occasion de l'audience que le nouveau sultan
donnait le 12 juillet 1909 au réorganisateur de son
armée, tous les journaux d'Outre-Rhin reproduisaient triomphalement les articles par lesquels les
périodiques turcs manifestaient leur vive reconnaissance pour Guillaume II qui avait bien voulu
leur envoyer « le Freiherr von der Goltz ».

Le triomphe de la coalition des Serbes, des
Grecs, des Monténégrins et des Bulgares et
la défaite des Turcs, au cours de la guerre
de 1912-1913, a arrêté net cette absorption
insensiblement progressive de la Turquie par
l'Allemagne ; celle-ci sous prétexte de réorganisation et de progrès allait s'installer au cœur même
de la Turquie et en régler le mouvement, elle allait
faire la conquête de l'empire Turc suivant ce procédé nouveau de l'expansion économique dont nous
avons fait l'analyse au chapitre III ; sous prétexte
d'augmenter la force de la Turquie, elle paralysait

progressivement sa vitalité. Mais elle a été arrêtée brusquement dans son œuvre par le réveil inattendu des nationalités Balkaniques qui se sont substituées aux puissances germaniques dans le partage de la Turquie d'Europe.

Cet arrêt de l'expansion germanique dans les Balkans est-il définitif ? Quel que soit l'avenir de la Turquie d'Europe, il reste encore à l'Allemagne comme champ d'action toute la Turquie d'Asie, vers laquelle les convoitises allemandes sont obstinément tournées depuis longtemps.

Jusque vers 1880, trois états seulement s'efforçaient de développer leur influence en Asie Mineure : l'Angleterre (île de Chypre, Golfe Persique) ; la Russie (Arménie) et la France (Syrie) ; de 1880 à 1888, mettant à profit la rivalité franco-anglo-russe, l'Allemagne intervint à son tour dans les affaires d'Asie Mineure, et elle allait en moins de vingt ans, y éclipser ses trois rivales.

Son premier succès remonte à 1888, date à laquelle la Deutsche Bank obtenait la concession de la construction du chemin de fer de Scutari à Angora, chemin de fer dont les Turcs avaient, depuis 1871, construit à peine 91 kilomètres.

Dans tous les pays neufs, les maîtres des voies ferrées, surtout des premières établies, sont les maîtres de toutes les richesses économiques et les détenteurs réels de la souveraineté ; c'est là ce qui explique l'importance primordiale donnée par tous les Etats civilisés à l'établissement des chemins de fer, par exemple par les Français aux projets de Transaharien, par les Anglais au projet de Transafricain le Caire-le Cap, par les Allemands aux projets de Transafricains Kameroun-Afrique Orientale allemande. De même, à la question des chemins de fer, se ramènent toutes les autres questions politiques et économiques qui divisent les nations en Asie-Mineure ; les diplomates affirment même, que ces questions, en particulier celle de la voie ferrée Constantinople-Bagdad-Golfe Persique, sont les plus graves problèmes de la politique contemporaine.

L'Angleterre fut d'abord favorable à l'intervention allemande, en Asie Mineure, parce qu'elle vit dans cette intervention un moyen d'entraver les succès de la Russie et de la France ; elle fut également favorable à la concession de chemin de fer faite en 1888 à l'Allemagne ; la voie projetée devait, en effet, contourner au Nord le désert d'Anatolie, puis se diriger vers Erzeroum et la Perse et elle devenait ainsi une double menace pour la Russie : elle facilitait la mobilisation turque vers le Caucase, et la pénétration allemande dans la zone d'influence russe en Perse. La Russie manifesta au contraire son vif mécontentement et à la suite de très intéressantes luttes diplomatiques dont M. Victor Berard a fait un exposé lumineux (1), les Allemands établirent un projet défi-

____

(1) *Le Sultan, l'Islam et les Puissances*, pp. 199 à 443.

nitif de voie ferrée, qui devait contourner par le
sud le désert d'Anatolie et qui devait ultérieurement être prolongée vers le Golfe Persique par
Bagdad. Ce tracé menaçait peu les intérêts russes,
mais il menaçait au plus haut degré les intérêts
français en Syrie, et surtout les intérêts anglais de
Chypre au Golfe Persique.

En 1893, la voie ferrée allemande atteignait
Konia où elle était arrêtée pendant quatre ans par
l'opposition de l'Angleterre ; mais, en 1899, Guillaume II, mettant à profit les embarras de l'Angleterre (guerre Anglo-Boer), enlevait à Londres le
consentement des Anglais et obtenait à Constantinople la promesse de la ligne Konia-Bagdad.
L'étude de ce prolongement fut faite de 1900 à
1901, par une commission allemande, dont le rapport fut intitulé die Deutsche Bagdad-Bahn « le
chemin de fer allemand de Bagdad », titre qui se
passe de tout commentaire, et en mars 1903, la
Porte accordait définitivement à la Société allemande des chemins de fer d'Anatolie l'extension
des lignes d'Asie Mineure jusqu'au golfe Persique.

Depuis cette date le « Bagdad-Bahn » a donné
lieu à des luttes diplomatiques incessantes, provoquées par la résistance de la Russie, de la France
et surtout de l'Angleterre à l'expansion germanique
en Asie Mineure. La Triple Entente ne pouvant
empêcher la construction de la voie ferrée s'est
efforcée de substituer à la Société allemande une
Société internationale où l'élément russe aurait le

droit d'entrer et où les éléments franco-anglais seraient prépondérants ; en outre, l'Angleterre a
manifesté la volonté formelle de garder pour elle
seule le tronçon Bagdad-Golfe Persique.

Les pourparlers diplomatiques qui se sont pour-
suivis, en vue de résoudre ce conflit d'intérêts, ont
abouti à une transaction : des conventions de 1908
et 1911 ont « internationalisé » la construction et
l'exploitation du Bagdad-Bahn, mais l'influence de
l'Allemagne dans la Société est restée prépondérante ; par contre, l'Angleterre a obtenu un plein
succès en 1913 relativement à sa dernière reven-
dication.

En conséquence, l'Angleterre a enfin reconnu
une œuvre à laquelle elle manifestait, depuis 1895,
une irréductible hostilité, et l'Allemagne est aujour-
d'hui virtuellement maîtresse du triangle Constantinople, Alexandrette, Bagdad ; des voies ferrées,
perpendiculaires à la voie principale, sont déjà
projetées ; des sociétés allemandes ont déjà entrepris de considérables travaux d'irrigation autour
de Konia et d'Adana, en vue notamment d'y faire
pousser le coton que l'Allemagne paye aujourd'hui
très cher aux Etats-Unis et aux Indes Anglaises, et
Alexandrette est à la veille de devenir, en fait, le
grand port de l'Allemagne sur la Méditerranée.

Quelque brillant qu'il soit, le succès de l'expansion de l'Allemagne est, dans l'Asie Mineure,
comme au Chantoung, au-dessous des espérances
conçues. D'une part, le rêve d'une voie ferrée con-

tinue en territoire allemand ou soumis à l'influence
allemande reliant Berlin à Bagdad, a été compromis par le réveil des nations Balkaniques, et la
voie de la mer, que les Anglais commandent, est
seule ouverte entre l'Allemagne et sa « colonie » ;
d'autre part, le Bagdad Bahn qu'on espérait conduire jusqu'au Golfe Persique se trouve barré
vers l'Est par une muraille britannique.

Tels sont les caractères généraux de la poussée
germanique vers l'Orient et vers les Pays-Bas.

III. — Conséquences de ces diverses formes d'expansion de l'Allemagne.

Quelles peuvent être, les conséquences de cette
expansion allemande dont nous avons jusqu'ici, dans
le présent chapitre, étudié les *causes* particulières et
les *formes* diverses ?

Il est d'abord manifeste que la réalisation, même
partielle, des ambitions germaniques que nous venons d'exposer entraînerait la rupture de l'équilibre
européen. Or, l'indépendance et la paix des peuples ne sont possibles que par la neutralisation réciproque des puissances ; quand l'équilibre des
forces est rompu, il n'y a plus pour les Etats faibles
ni sécurité, ni liberté, et les nations qui ne veulent
pas se résigner à l'écrasement et à la servitude sont

dans la nécessité impérieuse d'engager, en temps
opportun, la lutte contre celles dont le développement
les menace. La réalisation des projets allemands apparaît donc comme susceptible d'engendrer de
grands conflits qui ne pourront se résoudre que par
la guerre.

La simple union économique de l'Allemagne avec
l'Autriche et les Pays-Bas serait pour la France un
grave danger par ses seules conséquences commerciales, industrielles et agricoles. L'agriculture
française trouve un important débouché Outre-
Rhin, parce que les terres allemandes sont aujourd'hui tout à fait insuffisantes pour nourrir leurs
prolifiques habitants. Un Etat, quel qu'il soit, ayant
un intérêt majeur à s'affranchir de toute dépendance économique, il est certain que la Grande-
Allemagne favoriserait l'agriculture dans ses nouvelles terres très fertiles. Les importants marchés
de l'Allemagne se fermeraient donc aux produits
français le jour où les riches plaines du Danube,
de la Theiss et de l'Escaut seraient comprises dans
l'union économique de l'Europe centrale. D'autre
part, si cette union se réalise, elle augmentera
dans des proportions considérables la puissance de
l'industrie et du commerce allemands ; elle limitera, en effet, la concurrence intérieure, augmentera
la production des richesses, facilitera leur circulation et permettra de concentrer toutes les forces
des états unis dans une guerre terrible de trusts
ou de cartels contre un autre état quel qu'il soit.

Or, les ouvriers, les commerçants et les industriels français luttent déjà avec beaucoup de difficultés contre le travail, l'industrie et le commerce allemands ; ces difficultés seront, on le voit, considérablement accrues par la réalisation du simple pangermanisme économique, et les rigueurs de la lutte pour la vie s'accroîtront en France dans les mêmes proportions.

Pour échapper à ces conséquences redoutables, la France accepterait-elle d'entrer dans l'Union économique de l'Europe Centrale que l'Allemagne tend autour d'elle comme un filet ? Ce serait là un suicide national, l'asservissement économique étant, nous l'avons vu, au chapitre III, le prélude de la servitude politique.

La réalisation de la Grande-Allemagne aurait, enfin, des conséquences d'autant plus graves que cet État, qui pourrait un jour s'étendre de la mer du Nord à l'Océan Indien, serait avant tout un empire militaire ayant pour idéal le culte de la force et la recherche de la domination.

Les conséquences funestes que peut avoir pour la France l'expansion germanique vers les Balkans et vers les Pays-Bas ne sont pas toutes de simples probabilités enfermées dans un lointain avenir ; quelques-unes sont déjà des réalités tangibles.

A chaque progrès de l'influence allemande dans les Balkans et en Asie Mineure a correspondu un recul de l'influence française. Notre langue était restée sans rivale, jusqu'à ces dernières années, en Turquie et surtout en Roumanie, dont les habitants s'appelaient eux-mêmes, les « Français de l'Est ». Or, en 1906, la langue allemande prenait dans l'enseignement turc la place de la langue française, et, dans la saison 1908-1909, plusieurs pièces allemandes se substituaient en Roumanie a celles de notre répertoire que l'on jouait jusqu'alors en français. Le 19 juillet 1870 le ministre des affaires étrangères de Roumanie disait à la Chambre : « Là où flotte le drapeau de la France, là aussi, sont nos intérêts et nos sympathies ». Or, en mars 1909, lors du cinquantenaire de l'union des provinces roumaines, nul ne rappelait que sans l'intervention de la France auprès du sultan, cette union ne se serait pas accomplie, et en avril 1909, les Roumains faisaient à Buckarest un accueil enthousiaste au Kronprinz d'Allemagne (1). La Turquie, les Echelles du Levant, la Syrie, qui étaient autrefois un fief du commerce marseillais, ont aujourd'hui, nous l'avons vu, une préférence marquée pour les produits allemands. Il n'est pas jusqu'au champagne — le sultan a déclaré que ce produit n'était pas le fruit de la vigne et pouvait être permis aux fidèles de Mahomet — il n'est pas jusqu'au champagne bu par les Turcs, écrit l'économiste Lair, qui ne provienne des fabriques allemandes. Le jour où le Bagdad-Bahn sera en pleine activité, la France aura subi en Asie Mineure, spécialement en

---

(1) *Le Temps*, Bulletin politique du 25 avril 1909.

Syrie, une défaite économique dont Marseille sera la principale victime.

De même, les rapports intellectuels et économiques de la Hollande et de la Belgique avec la France diminuent ; avec l'Allemagne ils augmentent. La langue française qui jouissait en Hollande d'un véritable prestige, y décline avec rapidité ; la littérature française y est de plus en plus considérée comme étant trop souvent « un véhicule » d'œuvres pornographiques méprisables, et la littérature allemande comme étant le flambeau de la philosophie, de la science et des études morales. Les Allemands, les libraires surtout, qui tirent un grand profit de ces fausses appréciations, s'appliquent avec un soin inlassable à les propager et à les justifier ; c'est ainsi que les œuvres françaises qu'ils étalent avec le plus de complaisance à leurs devantures sont celles de nos mauvais romanciers. Le français est la langue exclusivement employée en Belgique par les Wallons mais nous avons vu avec quel acharnement son emploi est combattu dans les Flandres par les Flamingants et les Allemands.

En 1890, la France occupait le premier rang dans les relations économiques de la Belgique et l'Allemagne le troisième ; depuis 1903, la France est passée au troisième rang et l'Allemagne au premier. La France occupe encore la première place dans le commerce des tissus de soie et surtout dans celui des vins ; mais, même dans ces branches, l'Allemagne devient sa plus dangereuse concurrente ; en 1906, la France n'importait en Belgique que 6 mille kilos de passementerie et de rubanerie de soie, l'Allemagne en importait 18.000 kilos, elle trouvait encore le moyen d'y écouler 522 hectolitres de champagnes et de vins mousseux (1).

Ces conséquences, purement économiques, de l'expansion allemande dans les Pays-Bas n'ont qu'une importance secondaire à côté des modifications, chaque jour plus sérieuses, que cette expansion apporte dans les situations militaires respectives de l'Allemagne et de la France.

Il est évident que la neutralité de la Belgique ne sera qu'une fiction si les Belges n'ont pas la volonté ferme, ou la force de la faire respecter, ainsi que les traités internationaux leur en créent l'obligation. Or, si la communauté des intérêts entre la Belgique et l'Allemagne s'accroît, si la race et la civilisation germaniques se développent dans les Flandres et dans le pays Wallon, il est manifeste que la volonté et la force de résister aux armées allemandes qui voudraient traverser le territoire belge diminueront dans des proportions identiques. Le Grand-Duché de Luxembourg, par exemple, fait partie du Zollverein allemand ; aussi, bien qu'il ait une constitution particulière, il est devenu un pays si fortement attaché à l'Allemagne que, eût-il une armée puissante, la neutralité de son territoire ne donnerait à la France aucune sécurité. Si l'expansion

____

(1) Rapport du vice-consul de France en Belgique pour 1908.

allemande se poursuit en Belgique, il faut craindre que la neutralité de ce pays ne devienne aussi illusoire pour la France que l'est celle du Luxembourg.

D'autre part, la supériorité numérique des Allemands, — qui resterait sans emploi sur l'étroite frontière franco-allemande hérissée de forts — la rapidité de leur mobilisation, leur doctrine de l'enveloppement paraissent leur avoir fait adopter comme plan, dans un conflit avec la France, de maintenir nos forces face à l'est par une attaque de front sur la ligne de Verdun-Belfort, et d'accabler une de nos ailes par une attaque conduite à travers les territoires neutres soit de la Belgique soit de la Suisse.

L'attaque de flanc par la Suisse paraît peu probable : cette attaque serait trop excentrique par rapport à Paris, centre de la défense française, elle se produirait dans un pays facile à défendre et serait, de plus, séparée de l'attaque de front par la région fortifiée du Jura et des Monts Faucilles (1).

---

(1) La Suisse sera cependant un théâtre d'opérations pour les Allemands, mais ces opérations seront secondaires et limi ées à l'essai d'enveloppement de Belfort ; depuis 1910, les Allemands préparent ces opérations par la construction et l'amélioration de lignes stratégiques et l'aménagement en vue des transports militaires de la gare allemande de Bâle. L'armée suisse ne sera pas encore mobilisée quand ce mouvement des troupes allemandes sera exécuté (ce mouvement sera peut-être même effectué avant toute déclaration de guerre à la France) et la seule façon pour la Suisse de retarder la marche de l'armée allemande serait de fortifier solidement la position des Rangiers et des mamelons voisins.

L'attaque de flanc par la Belgique et le Luxembourg ne présente aucun de ces inconvénients, et l'Allemagne a été ainsi conduite à considérer qu'elle avait un grand intérêt à attaquer la France par la trouée Verdun-Maubeuge.

Cet intérêt est manifeste : les masses du Nord ne trouveraient pas immédiatement devant elles des organisations défensives permanentes, elles prendraient à revers la digue Verdun-Toul et faciliteraient ainsi la mission des masses d'attaque de front ; la simple progression en avant des deux masses les pousserait à la concentration, en cas d'échec de l'une d'elles, l'autre agissant sur le flanc de nos armées les gênerait dans la poursuite et enfin les lignes de la zone arrière des armées allemandes seraient plus nombreuses, plus espacées, plus indépendantes et plus sûres.

Ce plan, sur lequel le général Brialmont, et, après lui en 1900, le général Ducarne ont déjà appelé l'attention de la Chambre belge, paraît être particulièrement en faveur en Allemagne, depuis que les sièges de Port-Arthur et Andrinople ont montré la grande force de résistance des forteresses modernes. Les douze quais de débarquement que l'Allemagne a construits entre Trèves et Aix-la-Chapelle, le bon réseau de routes et de voies ferrées qui relie Mayence et Cologne avec la frontière belge, semblent donner la mesure de la faveur accordée par les Allemands à la violation de la neutralité belge. La valeur de ce réseau de voies de communication sera encore accrue par des travaux actuellement en cours ; pendant longtemps, la Belgique avait résisté aux démarches pressantes que faisait l'Allemagne pour obtenir la construction d'une voie ferrée entre Malmédy et Stavelot. « Cette ligne, disait en 1906 le député belge Delvaux dans un rapport relatif à ce projet, complète un réseau de chemins de fer stratégiques dont l'Allemagne poursuit l'exécution depuis 1870, serait hors des périmètres d'action des forts de la Meuse (1), et accroîtrait l'importance stratégique du camp d'Elsenborn ». Mais la Belgique a fini par céder aux considérations d'ordre économique habilement invoquées par les Allemands, et le camp de Malmédy (ou camp d'Elsenborn) que l'Allemagne développe sans cesse depuis 20 ans, est maintenant relié par une voie ferrée à la grande ligne stratégique Verviers-Libramont ; il est desservi en Allemagne par les deux gares de Soutbrodt et Weywertz (2) et par la gare de Stavelot en Belgique.

(1) Le général Brialmont, auteur du système de fortifications de la Belgique, croyait que la violation du territoire belge (soit par la France, soit par l'Allemagne) se ferait par la rive gauche de la Meuse, le plateau qui s'étend sur sa rive droite jusqu'à la frontière allemande lui ayant paru impraticable ; aussi, a-t-il seulement fortifié la vallée de la Meuse et celle de l'Escaut (Liège, Namur, Anvers).

(2) La gare de Weywertz est située au milieu des bois du plateau désert d'Elsenborn ; édifiée en 1910, en moins de six mois, elle est susceptible de garer 7 ou 800 wagons ; par Soutbrodt et Weywertz, 100,000 hommes peuvent être embarqués en un jour.

De tout ce qui précède, il résulte que le mouvement tournant politique et économique que l'Allemagne fait en pleine paix vers notre frontière du
nord pourrait être le prélude et la préparation savante du mouvement tournant stratégique qu'elle
pourrait exécuter contre la France dans les guerres
de l'avenir.

Telles sont les conséquences générales que l'expansion de l'Allemagne dans les Pays-Bas et vers
les Balkans peut engendrer, et engendre déjà aujour-
d'hui à l'égard de la France et de l'Europe.

CHAPITRE VI

L'Expansion Germanique en France

Nous avons été amené, dans les chapitres III et IV, à étudier l'expansion économique de l'Allemagne et l'immigration allemande en France.

A côté de ces deux formes d'expansion qui se produisent et évoluent sous nos yeux, nous devons étudier, en premier lieu, les faits définitifs d'expansion germanique en France qui ont caractérisé l'histoire franco-allemande depuis 1870-71, ainsi que les causes et les conséquences de ces faits. Cette étude complètera le tableau de l'expansion germanique dans la France des XIXe et XXe siècles ; elle nous permettra, en second lieu, de prévoir les formes redoutables que cette expansion est susceptible de présenter dans l'avenir si la France ne prend pas, en temps opportun, des mesures énergiques de défense nationale. Les causes qui ont engendré ces faits d'expansion désormais entrés dans l'histoire continuent, en effet, nous allons le montrer, à agir au sein de la nation allemande ; elles y créent, en puissance, des formes d'expansion identiques à celles qu'elles ont déjà engendrées et il est du plus haut intérêt de mettre en relief ces formes latentes d'expansion qui deviendraient une réalité si la France laissait diminuer sa vitalité et sa force.

Nous allons donc, les formes actuelles de l'Expansion de l'Allemagne en France nous étant connues, étudier dans le présent chapitre les formes passées et les formes latentes de cette expansion.

Les causes de ces formes passées et de ces formes latentes de l'expansion germanique sont, d'une part, la haine de la France et le désir de son abaissement, et, d'autre part, les concepts d'unité et de suprématie germanique.

Nous prouverons la permanence de ces sentiments et de ces concepts dans l'âme allemande, depuis plus d'un demi-siècle, ainsi que la persistance dans les esprits français, pendant ce même temps, de grandes illusions sur l'Allemagne, et nous étudierons en suivant l'ordre chronologique de leur manifestation, les conséquences de ces sentiments, de ces concepts et de ces illusions.

I. — L'hostilité de l'Allemagne pour la France avant 1870.

Dès 1834, Henri Heine — le « prussien libéré » — conseillait aux Français de ne point croire « à l'Allemagne des tilleuls et des petites fleurs bleues » ; elle n'existe pas, disait-il, elle cache contre vous une haine profonde et a des ambitions que vous ignorez. « On ne vous aime pas en Allemagne. Ce qu'on vous reproche, je n'ai jamais pu le savoir au juste. Cependant, un jour, dans une brasserie à Gœttingen, un jeune Vieille-Allemagne dit qu'il fallait venger dans le sang des Français celui de Conradin de Hohenstaufen que vous avez décapité à Naples (1). Vous avez certainement oublié cela depuis longtemps, mais nous n'oublions rien, nous ; vous le voyez, quand il nous plaira de vous chercher querelle, les motifs ne nous feront pas défaut. En tous cas, je vous conseille de vous tenir sur vos gardes. Qu'il arrive ce qu'il voudra en Allemagne, tenez-vous toujours armés. Je n'ai pour vous que de bonnes intentions, et j'ai presque été effrayé quand j'ai entendu dire dernièrement que vos ministres avaient le projet de désarmer la France. Comme vous êtes nés classiques, vous con-

(1) Prince allemand décapité à Naples, le 29 octobre 1268. La représentation du « Supplice de Conrad de Hohenstaufen » est restée longtemps populaire dans les campagnes allemandes.

naissez votre Olympe. Parmi les joyeuses divinités
qui s'y régalent de nectar et d'ambroisie vous voyez
une déesse qui, au milieu de ses doux loisirs, conserve néanmoins toujours une cuirasse, le casque en
tête et la lance à la main. C'est la déesse de la sagesse ».

C'est, sans doute, par ironie que le grand ironiste
Heine prétend ignorer ce que les Allemands « re-
prochent » aux Français ; c'est par ironie qu'il
parle de Conrad de Hohenstaufen. La cause première de l'hostilité de l'Allemagne pour la France
est, en effet, bien connue : la haine des Français a été
la première forme du patriotisme de l'Allemagne ;
ce patriotisme et cette hostilité profonde sont nés des
mêmes faits, les conquêtes de Louis XIV, les victoires d'Iéna, d'Auerstadt et la domination napoléonienne sur l'Allemagne qui en fut la conséquence de
1806 à 1813.

Les avertissements de H. Heine, que déjà l'histoire de 1814-1815 justifiait, furent confirmés plusieurs fois, même avant 1870, par des événements
graves. En 1840, la question d'Orient provoquait
en Allemagne un mouvement analogue à celui de
1813 ; journalistes et poètes, écrivains et soldats
réclamaient une guerre sans merci contre la France
et revendiquaient l'Alsace et la Lorraine : Becker
écrivait « l'Hymne du Rhin » (1); Schneckenburger,

____

(1) Auquel Musset répondit par sa poésie célèbre : « Le
Rhin allemand »

composait *die Wacht am Rhein* (la Garde au Rhin)
devenue, depuis, l'hymne national de l'Allemagne.
Von Ense rapporte dans ses mémoires, à la date du
3 octobre 1840, les propos suivants tenus par le
général Scharnhorst, fils de l'organisateur de l'armée prussienne après Iéna : « Scharnhorst affirme
que nous aurons la guerre et sur-le-champ, que la
France succombera et qu'on se la partagera : « Les
Français, a-t-il dit, représentent le principe de l'im-
moralité dans ce monde ; depuis deux cents ans la
France est le foyer du mal, il faut qu'il soit anéanti
et si cela ne se faisait pas il n'y aurait pas de Dieu
au ciel. Les Français ne valent rien, donc ils doivent disparaître ». Henri Léo, un des plus célèbres
historiens de l'époque, écrivait de son côté : « Les
Français ne sont qu'un peuple de singes, la race
celtique, telle qu'elle s'est montrée en France et en
Irlande a toujours **été** mue par un instinct bestial ;
sous le masque Gaulois perce toujours la pétulance
unie à la vanité et à l'arrogance..... Paris est l'antique demeure de Satan ».

Plus tard en 1859, le lendemain de la victoire de
Magenta, la Prusse avait mobilisé ses troupes ; elle
prenait ses dispositions pour concentrer, à partir
du 15 juillet 250 mille hommes à la frontière française, lorsque Napoléon III, qui ne voulait pas courir la redoutable aventure d'une double guerre,
signa avec l'Autriche l'armistice de Villafranca.

Tous ces événements prouvaient déjà l'hostilité
de la Prusse pour la France ; la guerre de 1866 con-

lre l'Autriche révéla les ambitions politiques de la
Prusse et l'opposition des intérêts de la France et
de l'Allemagne ; aussi, après la foudroyante victoire
de Sadowa, « coup de tonnerre dans un
ciel serein », la guerre entre la France et l'Allemagne parut inévitable à tous les esprits clairvoyants
de l'Europe.

Au traité de Prague, en effet, la Prusse obtenait
la réalisation *partielle* de ses rêves d'unité et de
prépondérance. Mais l'Allemagne était entraînée
vers l'unification *totale*, vers la réalisation *complète*
de ses ambitions, par un mouvement trop profond,
pour que l'on pût considérer la Confédération du
Nord, née sur le champ de bataille de Sadowa,
comme étant la forme définitive de la Germanie.

D'autre part, la formation dans l'Europe centrale d'un immense Etat qui, sous l'hégémonie de
la Prusse, se serait étendu du Rhin à la Vistule,
devait constituer le changement politique le plus
redoutable qu'eût vu le monde depuis la formation
de l'Empire de Charles-Quint. Bien que Napoléon III fût devenu le champion du principe des nationalités (1), il était manifeste que la France ne
pourrait admettre un tel bouleversement de l'équi-

______

(1) Il semble que les conséquences désastreuses pour la
France de ce principe se soient entièrement produites (formation des unités allemande et italienne) et que son application ne doive plus nous réserver que de durables et heureuses
compensations, la recherche de l'indépendance politique de
tous les peuples ne peut être désormais que favorable à la
France.

libre européen. A la haine de l'Allemagne pour la France venait donc s'ajouter l'opposition des intérêts pour rendre le conflit entre les deux nations inévitable. Ce conflit était d'autant plus fatal que les ministres de la Prusse ne croyaient l'unification de l'Allemagne possible que par le fer et par le sang. « Les Allemands, avait dit Bismarck, ne sont bons que lorsqu'ils sont unis par la haine ou par la force ». Il les avait partiellement unis par la force grâce aux victoires prussiennes de 1866, il devait achever cette union en exploitant leur haine de la France dans des circonstances qu'il devait créer de toutes pièces, nous allons le voir, au moment opportun.

Ainsi, se préparait, dès 1866, la réalisation de ce que les Allemands « passaient leur vie à espérer, le rétablissement de la prépondérance allemande et la revanche des forfaits commis depuis deux cents ans par les Gallo-Francs » (1).

II. — Les illusions de la France sur l'Allemagne et les théories pacifistes en France avant 1870.

Malheureusement, les grands faits, qui avaient rempli l'histoire de l'Europe pendant un demi-siè-

---

(1) Ce sont les propres termes employés par Blackenberg dans une lettre qu'il écrivait à son oncle le général de Roon, ministre de la Guerre, le 28 juillet 1870.

cle, ne suffirent pas à éclairer la France, et de 1815
à 1870, elle vit uniquement l'Allemagne dans le mi-
rage que lui en présentaient ses écrivains, en particulier madame de Staël, Gobineau, Renan. Aussi,
tandis que les Allemands inauguraient en grande
pompe, à Bonn, sur les bords du Rhin une statue
de Arndt où était gravé ce titre d'un des ouvrages
les plus célèbres du poète : « Le Rhin, fleuve allemand, mais non frontière de l'Allemagne » (juin
1865) ; tandis que Bismarck et de Moltke prépa-
raient secrètement leur guerre contre nous, une active propagande était faite dans notre malheureux
pays en faveur du désarmement, de la fraternité
universelle et de toutes les théories pacifistes. En
septembre 1866, dans son journal *La Liberté*, Emile
de Girardin qualifiait de « péril imaginaire » un
prochain conflit avec l'Allemagne ; il exhortait la
France à « renoncer systématiquement à la guerre,
à devenir exclusivement la grande nation de la
paix ». Vers cette même date plusieurs ligues
étaient créées dans le but d'assurer le règne de la
fraternité des peuples : telles la Ligue Internatio-
cale et Permanente de la Paix fondée le 3 mai 1867
par M. Frédéric Passy, et qui existe encore ; l'U-
nion Havraise de la Paix fondée en février 1867
par le journaliste Santallier ; la Ligue internationale de la Paix et de la Liberté dont le journaliste
Mangin posait le principe, dans le *Phare de la Loire*,
le 5 mai 1867.

L'élite intellectuelle de la France, les Sully-Prudhomme, les Gambetta, les Jules Ferry, les Renan, les Taine, devenait de plus en plus pacifiste, de plus en plus sympathique à l'Allemagne, et entraînait à sa suite toute la jeunesse des écoles. En 1867, à propos des incidents du Luxembourg, les étudiants de Strasbourg et ceux de Paris adressaient séparément, aux étudiants d'Allemagne, des manifestes en faveur de la paix ; dans un de ces manifestes qui fut affiché dans toutes les universités allemandes, les Français disaient notamment : « De guerre nous n'en voulons pas, de haine nationale, nous n'en connaissons pas ; proclamons bien haut tout ce que la raison nous crie : que la guerre est le recul de la civilisation, la source des misères des peuples, que le champ de bataille est le terrain où grandit le despotisme ». La réponse ironique que la jeunesse d'Outre-Rhin fit à ces avances ne mit personne en éveil dans notre pays (1). et les théories pacifistes continuèrent à se propager rapidement jusque dans

(1) *La Nouvelle Revue* du 1er juillet 1898 publie la réponse faite par une Burschenschaft aux étudiants de Strasbourg. Cette très intéressante lettre se termine ainsi : « Croyez-nous, il nous en a coûté de ne pouvoir répondre à votre salut fraternel. Nous vous crions : rendez-vous-en dignes. Soyez des entiers, vous qui n'êtes que des moitiés; étudiez votre histoire, étudiants d'Alsace et de Lorraine, quittez votre état de bâtards, revenez préalablement dans vos cœurs de vrais enfants de la patrie allemande, comme l'ont été vos aïeux qui, aujourd'hui, seraient obligés de vous renier. Alors, nous aussi, quand nous serons victorieux dans la prochaine guerre, ce qui est hors de doute, nous vous presserons fraternellement contre notre poitrine. Mais avant, jamais. »

le monde politique. Malgré les révélations et les avertissements prophétiques sur les intentions de la Prusse que donnaient à la France le général Ducrot et le colonel Stoffel, Gambetta inscrivait dans sa profession de foi aux électeurs de Belleville (1) « la suppression des armées permanentes, cause de ruine pour les finances et les affaires de la nation, source de haine entre les peuples et de défiance à l'intérieur ». Jules Simon défendait ces mêmes idées dans son livre *La Politique radicale*, et même, en plein Corps Législatif, dans ses discours. « Quand je dis que l'armée que nous voulons faire serait une armée de citoyens et qu'elle n'aurait à aucun degré l'esprit militaire, ce n'est pas une concession que je fais, disait-il à la séance du 23 décembre 1867, c'est une déclaration et une déclaration dont je suis heureux, car c'est pour qu'il n'y ait pas en France d'esprit militaire que nous voulons avoir une armée de citoyens qui soit invincible chez elle et hors d'état de porter la guerre au dehors ». — M. le baron de Vast-Vimeux : « Il n'y a pas d'armée sans esprit militaire ». M. Jules Simon : « Je comprends votre interruption et je l'accepte. S'il n'y a pas d'armée sans esprit militaire je demande que nous ayons une armée qui n'en soit pas une ». Dans cette même séance, en réponse au maré-

(1) En vue des élections du 23 mai 1869. Gambetta fut d'ailleurs élu par 21,734 voix contre 9,142 à Hippolyte Carnot, père du Président Carnot.

chal Niel qui venait de défendre le principe des armées permanentes et de condamner la théorie funeste
de la levée en masse, Jules Favre disait encore : « Je
suis convaincu que la nation la plus puissante est
celle qui irait le plus près du désarmement » (1).
Bismarck encourageait la propagation en France de
ces doctrines funestes pour nous, mais favorables
à ses desseins secrets, en affichant en toutes circonstances et par tous les moyens (2) les sentiments
les plus pacifiques. « Jamais, disait-il à l'ambassadeur de France à Berlin, nous ne vous ferons la
guerre, à moins que vous ne veniez nous tirer des
coups de fusil à bout portant chez nous ».

Ainsi égaré par ses illusions et par les habiles
manœuvres de Bismarck, le Corps Législatif rendait impossible l'application intégrale du projet Niel
qui aurait réorganisé l'armée française ; en 1870 il
réduisait à 32 millions le crédit de 110 millions demandé pour l'achèvement des fortifications de l'Est,
il faisait diminuer de 10 mille hommes l'effectif des

(1) *Journal officiel de l'Empire*, n° du 24 décembre 1867,
p. 1609.

(2) Après la guerre, Bismarck déclara au Reichstag, rapporte M. Fouillée dans deux de ses ouvrages, que tous ses
efforts avaient visé à faire le silence en France sur les armements de la Prusse et à nous inspirer une fausse sécurité.
« Une fois le moment venu, ajouta-t-il, je n'ai eu qu'à supprimer les subventions aux journaux français et ils sont
redevenus du coup patriotes ; en prêchant la guerre, ils m'ont
aidé à la faire éclater. » (*La France au point de vue moral*,
p. 100 ; *Esquisse psychologique des peuples européens*, p. 290.)

recrues (1) et demandait au ministre de la guerre de
faire rentrer dans les magasins les canons des cita-
delles afin d'éviter leur détérioration par la pluie et
le soleil. Le 30 juin 1870, Garnier-Pagès discutait
encore, au Corps Législatif, la question du désarmement. « Les puissances étrangères ont compris,
disait-il, qu'il ne fallait pas se ruiner et qu'il fallait
tout d'abord, quoi que fissent les voisins et malgré
ce qu'ils feraient, opérer le désarmement ». L'ora-
teur montrait d'ailleurs l'Angleterre, l'Autriche,
l'Italie entrer résolument dans cette voie. « Que se
passe-t-il en Allemagne en ce moment ? ajoutait
Garnier-Pagès. Vous le savez, il y a une lutte générale ardente dont le but est la diminution de l'armée. On veut amener M. de Bismarck à une réduction des forces de la Confédération du Nord, on
désire le désarmement, on le demande partout, en
Bavière, en Wurtemberg, dans tous les Etats du
Sud de l'Allemagne comme on le demande même en
Prusse. C'est un exemple à imiter... Dans une telle
situation des Etats de l'Europe, lorsque vous voyez
qu'on désarme partout, vous déciderez-vous enfin à
faire des économies ; allez-vous réduire notre armée, transformer votre système ; allez-vous en un
mot grandir notre patrie (2) ».

(1) L'effectif budgétaire des recrues, en 1870, fut fixé à
90.000.

(2) Le général Von Meisendorf assistait en 1867 et 1870 à
plusieurs séances du Corps Législatif : le 23 décembre 1867,
en entendant le discours de Jules Simon, il avait cru rêver,

Le surlendemain de cette mémorable séance était
dévoilée la candidature du cousin du roi de Prusse
au trône d'Espagne, incident longuement préparé

écrit-il dans *La France sous les armes* (p 338) : « Non, nous
ne dormions pas et notre joie ne connut plus de bornes à
l'audition du bruyant concert d'assentiments exécuté par les
amis du fougueux abolitionniste des forces françaises..... A
toutes ces puérilités prétentieuses, le maréchal Niel répondait
avec fermeté..... Un instant nous eûmes peur. Il nous sembla
que ses paroles si sages étaient sur le point de renverser
l'opinion de la Chambre. Mais non, malgré d'héroïques efforts, le maréchal ne réussit pas à faire passer son très
humble projet de loi sur la garde mobile. ... Nous respirâmes
tandis que, à côté de nous, les auditeurs se laissaient aller à
rire bruyamment de cette énorme plaisanterie. » Le profond
mépris avec lequel von Meisendorf traite tous les pacifistes
français du Corps Législatif était parfaitement justifié ; il
suffit pour s'en convaincre de lire les comptes rendus des
séances de cette assemblée de 1866 à 1870. Ces comptes rendus
ne renferment même pas toute la vérité. Le 2 janvier 1868, à
5 heures du soir, les députés discutaient la loi militaire ; le
maréchal Niel était à la tribune déjà mortellement atteint,
soutenant malgré tout son projet contre l'opposition aveugle
et la majorité défaillante. Jules Favre lui cria de sa place :
« Vous voulez donc faire de la France une caserne ? » —
« Et vous, prenez garde d'en faire un cimetière », lui répondit le maréchal. La parole terrible ne figure pas sur le compte
rendu officiel. Le chef des rédacteurs vi t dans la soirée
demander au commandant d'Ornant, aide de camp du ministre, la permission de supprimer ces mots ; le maréchal y
consentit. mais l'histoire les a gravées en lettres de sang. —
Le maréchal Le Bœuf lui même, qui fit cependant preuve de
tant de faiblesse et d'incapacité, ne se faisait pas d'illusion
sur l'armée prussienne : « Ce que je redoute terriblement,
disait-il en décembre 1867 au général Castagny, c'est le « saut
de la panthère ». Il ne faut pas croire que les Prussiens nous
laisseront le temps de nous reconnaître. Ils ne feront qu'un
bond de la frontière sous les murs de Paris. » A cette date,
on discutait vivement en France la question de la réorgani-

par Bismarck et d'où, quinze jours plus tard, allait
sortir la « Guerre terrible ». La France, nous venons
de le voir, ne s'était ni matériellement, ni, surtout,
moralement préparée à cette lutte gigantesque que
les Allemands, au contraire, prévoyaient et désiraient
depuis longtemps ; aussi, cette guerre a-t-elle été
la plus grand désastre qui ait frappé notre patrie
depuis la guerre de Cent Ans. Les pacifistes français furent la cause première du démembrement de
la France et leur horreur du sang fit couler le sang
à flot en des batailles dont toutes les conséquences,
funestes pour nous, ne se sont pas encore produites.

III. — Révélation de la haine de l'Allemagne pour la France en 1870-71.

La haine de l'Allemagne pour la France se mon-
tra au grand jour en 1870. Elle se manifesta d'abord
par la façon dont le gouvernement du roi de Prusse
rendit le conflit inévitable. Bismarck savait que la
candidature de Léopold de Hohenzollern au trône
d'Espagne amènerait Napoléon III à déclarer la

sation de l'armée; au Corps Législatif, le 31 décembre 1867,
M. Thiers déclarait que notre armée était bien suffisante
pour arrêter l'ennemi et que, dans tous les cas, nous aurions
toujours deux ou trois mois devant nous pour organiser la
mobile.

guerre (1). Cette candidature, offerte par l'Espagne
en mars 1869, puis en mai 1870, fut cette fois acceptée par le prince Léopold, à la suite des manœuvres
habiles de Bismarck. L'acceptation était seulement
divulguée le 2 juillet, et, le 13, sur l'intervention de
l'Angleterre, de la Russie et de l'Autriche, les propositions espagnoles étaient une deuxième fois dé-
clinées. Mais Bismarck ne voulait pas que « l'affaire
se perdît ainsi dans les sables ». Après avoir ouvert
la crise il avait donné pour instructions « que le
ton des feuilles officielles et semi-officielles restât
très réservé, mais que tous les autres journaux non
connus pour être sous son influence tinssent le langage le plus insolent et le plus offensant contre la
France et son gouvernement ». Dans la soirée du
13 juillet, il dînait à Berlin avec Moltke et le général
Roon, ministre de la guerre, lorsqu'un long télégramme envoyé d'Ems par le roi Guillaume lui fut
remis. « Je le lus à haute voix, a raconté Bismarck,
et la physionomie de de Moltke changea brusquement, son corps se voûta, il eut l'air vieux, cassé,
infirme. Il ressortait clairement du télégramme que
sa Majesté cédait aux prétentions de la France. Je
me tournai vers de Moltke et lui demandai si en tout
état de cause nous pouvions espérer être victo-

(1) En mars 1869, Napoléon III avait commis la faute im-
pardonnable de dévoiler ses intentions et de déclarer à
Guillaume Ier que la candidature de Léopold de Hohenzollern
au trône d'Espagne serait considérée comme périlleuse pour
les intérêts de la France.

rieux ; « oui » me répondit-il. Eh bien, lui dis-je,
attendez une minute » (1). Sur-le-champ, Bismarck
arrangea le télégramme en vue de faire croire aux
Allemands que la France avait humilié leur roi, aux
Français que le roi de Prusse avait outragé leur
ambassadeur, et il le tendit, ainsi modifié, aux deux
généraux. « Comme cela, comment ça va-t-il ? Ah
comme cela, s'écrièrent-ils, ça va dans la perfection.»
Et de Moltke parut ressusciter ; sa taille se re-
dressa et il redevint jeune et frais ; il avait sa
guerre, il allait pouvoir enfin vaquer à ses affaires » (2). Voilà dans quels termes Bismarck, lui-
même, a fait le récit de ce grand drame. La dépêche modifiée, le repas s'était poursuivi dans la joie.
« De Moltke et de Roon avaient retrouvé tout à coup
le boire et le manger, écrit encore Bismarck, ils
causaient d'un ton joyeux. Roon disait : « Le Dieu
des anciens jours vit encore, il ne nous laissera pas
succomber honteusement ». Moltke sortit de sa pas-
sivité froide, oublia sa circonspection habituelle de
langage jusqu'à dire en regardant gaiement le pla-
fond et se frappant la poitrine de la main : « S'il
m'est donné de vivre assez pour conduire nos armées
dans une pareille guerre, que le diable emporte aussitôt après cette vieille carcasse ». Il paraissait alors
plus délabré de santé que dans la suite et il doutait

____

(1) *Les mémoires de Bismarck*, Busch, p. 234.
(2) *Ibid.*

s'il survivrait aux fatigues de la campagne » (1).
« Non seulement par ce que renferme le télégramme,
disait Bismarck de son côté, mais aussi par la façon
dont il aura été répandu, il produira là-bas, sur le
taureau gaulois, l'effet du manteau rouge... Il est
essentiel que nous soyons les attaqués, la présomp-
tion et la susceptibilité gauloises nous donneront ce
rôle, si nous annonçons publiquement à l'Europe que
nous acceptons sans craintes les menaces publiques
de la France » (2). Tels étaient les sentiments des
trois premiers collaborateurs du roi de Prusse à
la veille de la guerre que la France, tombant dans
le piège, allait déclarer. Le général de Roon, qui
avait été le 13 juillet un des complices de Bismarck,
osait encore écrire le 30 en parlant des Français :
« ces canailles qui puent le mensonge et crèvent de
vanité... Nous sommes entourés d'espions français,
écrivait-il dans la même lettre. A chaque instant
nous en avons la preuve et notre principale occupation est, pour le présent, de découvrir ces poux
d'importation étrangère pour les écraser » (3).

Les épreuves terribles des batailles déchaînent toutes les passions des hommes ; aussi ne tirerons-nous
aucun argument des faits purement militaires et con-
sidérerons-nous seulement la population civile de

(1-2) *Pensées et souvenirs*, par le Prince de Bismarck,
pp. 108-109.

(3) Correspondance de Roon publiée par la *Deutsche Rundschau* et analysée dans le *Temps* (supplément du 3 juin 1891).

l'Allemagne pour montrer la fureur sauvage avec
laquelle la haine de la France fut manifestée par
la race germanique pendant la guerre de 1870-71.

« Sodome, la ville des insolentes railleries, va
trembler sous l'épée flamboyante de l'Allemagne,
écrivait, après Sedan, le poète Geibel. Maintenant
nous sommes délivrés du Welche : nous avons extirpé
de nos cœurs la sombre semence du mensonge....
Je te salue, sainte pluie de feu, tempête de la colère
qui éclate après tant d'heures d'angoisse. Nous
guérissons dans tes flammes et mon cœur te répond par des battements de joie. Aigles au puissant essor en avant ! » Au cours du siège de Strasbourg on vit les populations germaniques organiser des trains de plaisir pour « amateurs de feux
d'artifice », et accourir aux bords du Rhin en vue
de se repaître au spectacle d'une grande cité française en flammes. « On vint de loin voir brûler die
Wurderschœne Stadt (la ville merveilleuse) l'Allemagne exultait. Des épîtres enthousiastes de Ber-
thold Auerbach célébrèrent sur place la grandeur
de ces destructions sauvages, la rouge auréole dont
se nimbaient princes et généraux. Un autre déclarait que sans doute la France était pleine de char-
mes, de finesse, de beauté, mais qu'il fallait une
bonne fois serrer ses doigts délicats jusqu'à
ce que le sang jaillisse de ses petits ongles ro-
ses ».

Cette hostilité féroce fut encore exprimée par
des savants et des femmes que leur rang aurait

empêchés d'agir comme ils l'ont fait s'ils n'y
avaient été poussés par la force invincible de leurs
sentiments héréditaires. « Je crains, écrivait pendant la guerre la comtesse de Bismarck à son mari,
que vous ne trouviez pas de Bible en France ; je
t'enverrai donc un livre de psaumes afin que tu
y puisses lire la prédiction contre les Français :
Je te le dis, les impies seront exterminés » (1). Les
lettres dans lesquelles la comtesse parlait de sa
haine de la France comblaient le Chancelier de
joie et il en communiquait complaisamment le con-
tenu à son entourage. Le soir du 29 octobre 1870
le prince Albert de Prusse demandait à Bismarck
des nouvelles de sa femme : « Elle va beaucoup
mieux depuis que son fils va mieux (2), répondit
celui-ci ; la comtesse ne souffre plus que de sa
haine contre les Gaulois qu'elle voudrait voir tous
brûlés ou passés par les armes, tous même les plus
petits enfants qui ne sont pourtant pas coupables
d'avoir de si horribles parents ». Ce désir d'extermination était partagé par l'Allemagne savante. Le
grand historien Mommsen, dès le début de la
guerre, avait rédigé un manifeste dans lequel il
prophétisait la ruine « de la Babylone moderne »
et la déchéance de cette littérature française « aussi

(1) *Le comte de Bismarck et sa suite*, Busch, p. 216.
(2) Le fils aîné de Bismarck avait été blessé à Mars-la-Tour.
Le premier médecin qui le soigna fut un médecin français.
(*Mémoires de Bismarck*, Busch, p. 50.)

sale que les eaux de la Seine ». Napoléon III y
était traité de « chevalier d'industrie dont la cour
n'était qu'un ramassis d'aventuriers qui avaient
voulu abaisser le monde au niveau du demi-
monde ». Au cours de la guerre, il se mit à la tête
des Berlinois pour réclamer avec insistance, dans
une pétition, le bombardement de Paris « capitale
de la corruption universelle ». Le 16 septembre
1870, dans une lettre adressée à David Strauss,
Renan réprouvait l'attitude de Mommsen et faisait
appel à l'Allemagne sentimentale et mystique de
son rêve pour arrêter la lutte ; Strauss fit impri-
mer la lettre de Renan avec la dédaigneuse réponse
qu'il y faisait et la fit vendre au profit d'une maison
d'invalides allemands (1). « Cette guerre, écrivait-
il encore, est une œuvre de salubrité publique
accomplie par l'Allemagne, la France étant pourrie
jusqu'aux moelles ». Enfin, le 3 août 1870, Du Bois
Raymond, recteur de l'Université de Berlin, disait
en séance solennelle : « La plainte que je vais porter contre la nation française. ce n'est pas sans y
avoir mûrement réfléchi que je la porte. Cette
plainte je vais la formuler clairement, pour que la
France apprenne de quelle façon la jugent aujour-
d'hui, non pas nos journalistes en leurs improvisa-

____

(1) Renan a protesté contre cette attitude de Strauss dans
une deuxième lettre du 15 septembre 1871. Ces deux lettres
à D. Strauss ont été publiées par Renan dans la *Réforme
intellectuelle et morale*.

tions légères, non pas nos étudiants en leurs empor-
tements juvéniles, mais des hommes les plus sérieux, les plus érudits, les plus honorables, les plus
impartiaux de l'Allemagne, les savants et les maîtres des Universités ». Du Bois Raymond montrait
ensuite que la France avait toujours été la pertur-
batrice de la paix de l'Europe et qu'il était nécessaire de la « corriger à jamais de son insolence,
de ses instincts rapaces, en un mot de son chauvinisme... « Si le chauvinisme est incurable, si les
Français se dérobent à la guérison, alors l'Europe
entière leur posera un jour la question décisive
que pose de l'autre côté de l'Atlantique la race
Anglo-Saxonne aux Peaux-Rouges.... L'Europe ne
peut pas exterminer la France comme l'Amérique
pourrait exterminer les Peaux-Rouges ; mais il
pourrait arriver que les Français, semblables à des
malfaiteurs, bannis de toute société, tournassent
dans leur désespoir leurs armes les uns contre les
autres et qu'au sortir de ces luttes homicides, la
famille gallo-romaine asservie par la ruse de ses
prêtres suivît, dans l'abîme où elle s'est effondrée,
l'Espagne sa sœur ». Du Bois Raymond terminait
son discours par ces mots : « Nous triompherons
parce que, si la nation avec laquelle nous sommes
aux prises a les apparences de la santé, elle n'en
a que le dehors ; elle souffre d'un cancer qui la
ruine et l'épuise ; l'activité qu'elle paraît déployer
en ce moment est maladive, c'est un transport de
fièvre, ce transport fera place bientôt à un affaisse-

ment profond auquel nous opposerons l'élan juvé-
nile d'une nation enthousiaste » (1).

Bismarck craignait pendant la guerre que son
attitude à l'égard de la France ne fût jugée trop
clémente par ses compatriotes. La violence des sentiments des Mommsen, des Strauss et des Du Bois
Raymond nous explique cette crainte. Aussi Bismarck ne voulut-il pas assister au règlement définitif de la capitulation de Sedan. « Je tenais, dit-
il, à ce que les militaires seuls, qui sont d'une étoffe
plus raide, réglassent cette affaire » (2). Plus tard
son historiographe Busch nous le montre allant à
plusieurs reprises « supplier le roi de hâter le
bombardement de Paris ». Le bombardement est
enfin commencé, « on aperçoit à l'horizon de lar-
ges colonnes de fumée qui s'élèvent au-dessus de
la capitale. — Ça ne suffit pas, dit le Chancelier,
il faut que nous sentions le roussi d'ici. Quand
Hambourg a brûlé, ça sentait à plus de cinq lieues
à la ronde ! » (3).

De tout ce qui précède il résulte que la France
avait rêvé et que Henri Heine avait dit vrai : la
Germanie n'était pas le pays des tilleuls et des petites fleurs bleues.

(1) *La Revue des Cours littéraires* du 17 septembre 1870
(n° 42) reproduit in-extenso le discours de Du Bois Raymond.
(2) *Mémoires de Bismarck*, Busch, p. 108.
(3) *Mémoires de Bismarck*, Busch, pp. 108, 211, 244, 248.

IV. — Caractère superficiel de la réaction provoquée en France par la révélation de la haine allemande.

A la suite des manifestations dont l'Allemagne avait été le théâtre, on put croire, un instant, que les Français allaient abandonner leurs dangereuses illusions sur le pacifisme et la fraternité universelle. Dans le journal même où il avait exhorté la France, en 1866, « à renoncer systématiquement à la guerre », de Girardin demandait, dès les premiers jours de juillet 1870, que « à coups de crosse on contraignit les Allemands à repasser le Rhin ». Le 20 juillet, à l'Opéra, en l'honneur des soldats qui partaient pour la guerre, Marie Sass chantait la *Marseillaise* devant des milliers de spectateurs en délire, et c'est encore à la voix d'Emile de Girardin que la salle entière se levait pour entendre et acclamer le chant national. Ces manifestations du journaliste Girardin font songer « au transport de fièvre » dont Du Bois Raymond parle dans son discours ; elles étaient trop tardives et même inopportunes. Sully-Prudhomme, comme tous les jeunes gens de sa génération, s'était laissé séduire par les utopies humanitaires et avait écrit avant 1870 : « Je n'ai point de patrie autre part qu'en mon rêve ». La guerre déclarée, il s'engageait, donnait à

son pays tout ce qu'une âme forte et contrite peut
obtenir d'un corps débile, puis, en 1872, il publiait
ses « Impressions de la guerre » où figurent entre
autres les beaux vers du « Repentir ». En décembre 1870, Michelet faisait paraître à Florence sa
brochure « la France devant l'Europe » ; il y
confessait ses sympathies aveugles pour l'Allemagne avant 1870, sa tendresse pour le pays de Bade
où l'on voyait « le jardin commun de l'Europe ».
Mais, disait-il, la réalité avait souffleté les humanitaires, « fous de croire que les murs, les haies,
les barrières qui étaient entre les nations se sont
abaissées » et elle avait prouvé que « la personnalité croissante sépare au contraire de plus en
plus, sous certains rapports, et les nations et les
individus ». Taine, qui le 25 janvier 1870 prenait
avec Renan l'initiative d'une souscription pour la
statue de Hegel et proclamait ce théoricien de la
Force, de la conquête et de la supériorité fatale
des édiles « le premier penseur du XIX\ siècle »,
Taine effaçait de sa pensée les premiers linéa-
ments du livre qu'il rêvait de publier sur l'Allemagne (1).

La douloureuse leçon des faits amenait dans le
monde politique une réaction aussi profonde que
dans le monde littéraire. Garnier-Pagès, Jules
Simon, Jules Favre expièrent leurs erreurs et leurs

(1) *Essai sur Taine*, Victor Giraud, pp. 61, 68, 249.

fautes d'avant 1870, dans la faible mesure où l'expiation était possible, en résistant de leur mieux à l'invasion allemande. Ame de la défense nationale pendant la guerre, Gambetta fondait ensuite, pendant la paix, la « religion de la patrie » et, reniant son programme de 1869, il restaurait le culte de l'armée. Le 30 août 1885 à Bordeaux, Jules Ferry disait : « Quand on vit sous la servitude, on se laisse aller aisément à rêver d'un gouvernement idéal ; on se console dans la recherche de l'absolu. En est-il une preuve plus manifeste que les idées qui avaient cours jadis sur la guerre et sur l'armée ? Vous souvient-il que, sous l'Empire, nous ne disions pas beaucoup de bien du militarisme ? Vous rappelez-vous ces vagues aspirations vers le désarmement général, le détachement manifeste du véritable esprit militaire, cette tendance à la création d'une sorte de garde nationale universelle qui caractérisait la démocratie d'alors ? Ces idées-là eurent leurs partisans, plusieurs d'entre nous les ont professées, y ont incliné, s'y sont laissé prendre. Mais je vous le demande, en est-il un seul aujourd'hui qui n'ait pas été converti par les événements ? Ce pays a vu la guerre de 1870, il a tourné le dos pour jamais à ces utopies périlleuses et décevantes ». Au Sénat, le 23 novembre 1891, il disait encore : « C'était le temps où mon cher et respecté maître, Jules Simon, inscrivait dans le programme du parti radical l'abolition des armées permanentes... J'ai abandonné au contact des faits bien des utopies de ma jeunesse, celle-là notamment » (1). Jules Simon, de son côté, « confessait son erreur » dans son livre « Dieu — Patrie — Liberté » ; « le malheur, écrivait-il, a fait notre éducation ».

Ainsi les leçons de l'expérience furent un instant profitables aux vaincus. Malheureusement, ces souvenirs d'hier s'effacent, les illusions de la France sur l'Allemagne renaissent, et avec ces illusions sont revenues, plus vivaces que jamais, les théories du désarmement, de la paix et de la fraternité universelle. « Ce pays qui vu la guerre de 1870 » n'a pas « tourné le dos pour jamais à ces utopies périlleuses et décevantes ». Aujourd'hui ainsi qu'à la veille de la « guerre terrible » elles sont ardemment développées, dans les livres, dans les journaux, dans les réunions publiques, jusque dans le sein des assemblées législatives.

V. — Attitude de l'Allemagne à l'égard de la France depuis 1871.

Et cependant l'hostilité de l'Allemagne pour la France ne s'est ni démentie, ni affaiblie un instant depuis 1871.

(1) *Discours et opinions*, J. Ferry, t. III, pp. 55, 256.

(A) Théorie de la dégénérescence de la race française.

Aussitôt après la guerre, l'Allemagne savante, pro-
longeant les hostilités, déclarait que, vaincue par
l'Angleterre dans la lutte coloniale, vaincue par l'Allemagne dans la lutte continentale, la France était
irrémédiablement engagée dans la voie de la décadence. En 1871, le Dr Karl Starck publiait à Stuttgard une brochure ayant pour titre : « De la dégénérescence physique de la nation française, son caractère pathologique, ses symptômes et ses causes ».
Cette étude fut le signal d'une abondante production
d'œuvres scientifiques et littéraires sur la « décadence » et le « crépuscule » de la France. « Parlant
de la dégénérescence physique de la nation française, écrivait Virchow, M. Karl Strack a essayé
de montrer *par une analyse exacte* des phénomènes
isolés que l'état mental de la nation française se
rapproche en grand de l'idiotie paralytique et de la
folie raisonnante ». Mommsen disait, à propos de la
déclaration de la guerre : « il faut pardonner aux
Français, ils ne savaient pas ce qu'ils faisaient, c'est
un peuple de crétins ». A côté de ces savants illustres nous citerons encore Karl Hillebrand, ancien
professeur de l'école de Saint-Cyr, naturalisé français, mais qui, au moment de la guerre, reprit la nationalité allemande, et en 1873, fit paraître un livre
où il dénonçait « la stérilité intellectuelle de la

France » (1). Wagner lui-même écrivait pendant la
guerre et faisait publier en 1873, dans une édition de
ses *œuvres choisies*, un pamphlet (2) dans lequel il
ridiculisait nos héros de la Défense Nationale et pré-
sentait Gambetta, Victor-Hugo, par exemple, comme
des esprits frivoles et dégénérés. L'Allemagne espérait, en outre, que la ruine économique et la désorganisation politique de la France étaient aussi ir-
rémédiables que sa défaite militaire et sa décadence
ntellectuelle ; elle croyait avoir « saigné à blanc »
les vaincus en se faisant payer l'énorme indemnité de
guerre de cinq milliards, et elle espérait que la
guerre civile de la Commune ne serait que le prélude
de convulsions plus graves.

Or, quelques années après la guerre, il était déjà
manifeste que la France se relevait de ses désastres
et qu'elle marchait à grands pas, non vers le « crépuscule », mais vers l'aurore d'une vie nouvelle. Bismarck avait cru anéantir la France, mais il l'avait
seulement arrachée à sa léthargie, et les « Gaulois »
poursuivaient leur chemin sans saluer Gessler.

(B) Recrudescence de l'hostilité de l'Allemagne pour la France.
Ses causes.

Ce réveil a ranimé, puis accru l'hostilité et les
haines héréditaires de l'Allemagne. Depuis le traité

(1) *Histoire de la France contemporaine*, Hanotaux, t. III,
p. 617.
(2) *Une Capitulation*, comédie à la manière antique.

de Francfort, et aujourd'hui plus que jamais, l'aristocratie féodale, tout le monde officiel de l'Empire maudissent la France républicaine, foyer de la démocratie, apôtre de la liberté et de la souveraineté des peuples, berceau de toutes les révolutions qui depuis plus de cent ans ont agité l'Europe. Les peuples germaniques conservent, nous l'avons vu au chapitre II, un souvenir très précis des campagnes de Turenne, de Hoche, et surtout de Napoléon ; ils ressentent une antipathie profonde pour l' « insolente nation » qui « vingt-trois fois depuis Louis XIV a attaqué l'Allemagne » et qui, deux fois, — en 1815 et en 1870 —, a échappé à l'expiation nécessaire. La nation toute entière, enfin, considère que la puissance de la France est pour l'Allemagne une menace perpétuelle de « revanche » et qu'elle est, en outre, le principal obstacle à la réalisation de ses rêves ambitieux. Pour tous ces motifs, la France est considérée Outre-Rhin comme étant toujours l'Erbfeind — l'ennemi héréditaire — avec lequel il faudra tôt ou tard engager une lutte définitive, et l'Allemagne est toute disposée à mettre nos moindres défaillances à profit pour nous mettre à jamais hors d'état de barrer son chemin.

Ces sentiments se sont manifestés à plusieurs reprises, avec une grande force, depuis la dernière guerre franco-allemande.

(C) Les alertes de 1874 et 1875.

En janvier 1874, en plein Kulturkampf, prenant prétexte de ce que les évêques français soutenaient les catholiques allemands dans leur résistance aux lois nouvelles, Bismarck déclarait à M. de Gontaut-Biron, notre ambassadeur à Berlin, qu'il était prêt à nous déclarer la guerre. Dans un discours public, il parlait d'un conflit prochain avec les « voisins de l'Ouest » et il déclarait dans une circulaire à ses agents diplomatiques que si ce conflit devait s'ouvrir, il n'attendrait pas que la France choisît le moment qui lui conviendrait le mieux (1). Devant le prince Orloff, ambassadeur de Russie à Paris, le chancelier d'Allemagne justifiait ces intentions belliqueuses par ce fait que les vaincus réorganisaient trop vite leur armée : « Si la France ne cesse pas ses armements, lui disait-il, l'Allemagne sera amenée à occuper Nancy comme gage de paix » (2). Pour entraîner les masses dans un mouvement irrésistible vers la guerre, les ministres de l'Empire dépeignaient les Gaulois « batailleurs et frivoles » comme prêts à envahir l'Allemagne. « Ce qui nous arrive de l'autre côté des Vosges, disait de Moltke au Reichstag le 16 février 1874, c'est un cri sauvage de revanche

(1-2) *Histoire de la France contemporaine*, Hanotaux, t. II, pp. 397-399.

pour la défaite qu'on s'est attirée soi-même ». Toutefois, cette agitation belliqueuse ne devait pas se prolonger. Vers le mois de mars, le bruit se répandait en Europe que l'Allemagne voulait conquérir la Belgique, le Nord de la France et s'ouvrir la voie jusqu'à l'Atlantique. La menace de cette nouvelle expansion de la force allemande provoquait d'une part un rapprochement entre la France et la Russie, premier germe de l'alliance actuelle, d'autre part, une intervention personnelle de la reine d'Angleterre en faveur de la paix, et les bruits de guerre s'apaisèrent un instant (1).

Puis, brusquement, les 5, 9 et 10 avril 1875, trois grands journaux officieux de l'Allemagne, la *Gazette de Cologne*, la *Post* et la *Gazette de l'Allemagne du Nord*, affirmaient l'imminence d'un nouveau conflit franco-allemand. Le prétexte de cette campagne était le vote par l'Assemblée nationale dans la séance du 13 mars d'une loi militaire relative aux cadres et aux effectifs. Bismarck et de Moltke faisaient, à l'occasion de ce vote, les déclarations les plus graves : » Je ne vois que le fait, disait de Moltke, et la création d'un quatrième bataillon par régiment, augmentant de 144 mille hommes l'armée française, est un fait annonçant péremptoirement une préparation à la guerre : en ce cas nous ne devons pas attendre que la France soit prête, et notre de-

(1) *Histoire de la France contemporaine*, Hanotaux, t. II, pp. 405, 408.

voir est de la prévenir » (1). Or, le maérchal de
Moltke, « sage qui se taisait en sept langues », ne
parlait jamais vainement.

D'autre part, vers la même date, plusieurs avertissements relatifs à l'imminence de la guerre arri-
vaient à Paris. Le 2 avril, à l'Elysée, le général Le
Flô, ambassadeur à Saint-Pétersbourg, rendait
compte au Président Mac-Mahon que l'Empereur de
Russie et son Chancelier ne croyaient pas à l'attaque
de la France par l'Allemagne. « Tenez, lisez cela »
lui répondit le Président. Le général Le Flô par-
courut avec stupéfaction un lot de documents secrets
prévoyant la guerre « à brève échéance » ; notamment des lettres de deux grands personnages de
l'Europe dont l'une disait : « Vous serez attaqués
au printemps » et l'autre « Les dispositions sont
changées, la guerre est remise au mois de septembre ».

Le général Le Flô, rentré en toute hâte à Saint-
Pétersbourg, faisait connaître le 10 avril au Chancelier de Gortschakoff le résultat de son entrevue avec
le Président de la République. Le 3 mai, il lui communiquait le compte rendu d'une conversation de
M. de Gontaut-Biron avec M. de Radowitz — un des
hommes les plus distingués du Corps diplomatique
allemand — et dans laquelle celui-ci avait déclaré,
le 2 avril, que « politiquement, philosophiquement,

(1) *Histoire de la France contemporaine*, Hanotaux, t. III,
p. 263.

chrétiennement même » il fallait que l'Allemagne attaquât la France avant que celle-ci n'eût « repris ses forces et contracté des alliances » (1).

Enfin, le 6 mai, le *Times* publiait un article resté célèbre dans lequel son correspondant à Paris, M. de Blowitz, confirmait, en les aggravant, toutes les déclarations qui se faisaient un peu partout, dans le monde, relativement aux projets belliqueux de l'Allemagne (2).

« Nous avons signé un mauvais traité, disaient, selon M. de Blowitz, les Allemands ; les 5 milliards qui nous ont été versés n'ont pas appauvri la France et nous n'avons pas vu un kreutzer ; Belfort reste une épine dans la chair de l'Allemagne. Il faut en finir avec la France. En finir avec la France n'est pas seulement une occasion à saisir, c'est un devoir envers l'Allemagne et envers l'humanité ; l'Europe ne sera jamais tranquille tant que la lutte sera possible, et la lutte sera possible aussi longtemps que la bévue du traité de Francfort ne sera pas réparée, car elle laisse la France en position de survivre et de rentrer dans la lutte. L'Allemagne est troublée par la conscience de n'avoir qu'à moitié écrasé son ennemie et de ne pouvoir se défendre qu'à condition de dormir un œil ouvert... La guerre doit être promptement entreprise et terminée pour réduire la France à une condition permettant à l'Allemagne de se li-

(1-2) *Histoire de la France contemporaine*, Hanotaux, t. III, pp. 242, 248, 268.

vrer, dans un repos nécessaire, au développement de sa grandeur ».

D'après M. de Blowitz, l'Allemagne désirait seulement prendre le Territoire de Belfort à la France, mais elle voulait limiter le chiffre de son armée active et lui faire payer une contribution de guerre de 5 milliards payables en 20 ans avec intérêts à 5 % et sans anticipation de paiement du capital. « S'il arrive quelque chose chez vous, disait M. de Blowitz aux Français, ne criez pas au voleur ! on dirait que c'est votre affaire et personne ne viendrait, mais criez au feu ! parce que le feu risque de s'étendre à tout le village ».

Cet article du *Times* produisit un effet considérable : la presse anglaise, les bourses européennes, les chancelleries s'émurent ; « il y eut une immense clameur avec un mélange de stupéfaction, d'indignation, de terreur » (1), et les Etats le plus directement intéressés au maintien de l'équilibre politique résolurent d'intervenir.

Par lord Russel, ambassadeur d'Angleterre à Berlin, la reine Victoria fit remettre à Guillaume Ier une lettre qu'elle terminait par ces mots : « Je ne souffrirai pas que la paix soit troublée ». De son côté, le 10 mai, le tzar Alexandre II faisait en Allemagne un voyage, depuis longtemps projeté, et le 14 son chancelier, le prince de Gortschakoff,

____

(1) *Histoire de la France contemporaine*, Hanotaux, t. III, p. 269.

adressait à tous les agents russes près des puissances européennnes un télégramme en clair où il
disait que la paix était désormais assurée. L'Angleterre et surtout la Russie s'étaient donc opposées
deux fois en moins de deux ans à l'agression de
l'Allemagne contre la France.

Le maréchal de Mac-Mahon adressa au tsar
Alexandre II l'hommage « de l'éternelle gratitude de
la nation française ». — « Sire, lui écrivit-il, le témoignage de bienveillante confiance dont Votre
Majesté a honoré mes ambassadeurs à Pétersbourg
et à Berlin m'encourage à lui adresser mes vives
félicitations pour la noble et haute influence qu'elle
vient d'exercer dans les affaires de l'Europe. Si
toutes les puissances ont le droit de se réjouir du
succès de vos généreux efforts, la France vous doit,
Sire, une particulière reconnaissance parce que,
plus qu'aucun autre Etat, elle a besoin de cette
paix que votre intervention vient d'assurer au monde..... »

Cependant, personne n'était au fond pleinement
rassuré. Bismarck, très mécontent de l'intervention
du tzar, avait dit, en effet, que « ce serait par les
canons prussiens en Champagne que l'Europe
apprendrait désormais ses desseins » ; l'ombre de
la guerre planait donc toujours sur la France.

Toutefois, les difficultés intérieures et extérieures
de l'Empire, en particulier le Kulturkampf et la
question d'Orient, allaient, durant plusieurs années,

écarter toute crise aiguë dans les relations franco-
allemandes.

(D) L'alerte de 1887.

Mais les menaces de l'Allemagne recommencè-
rent en 1886 au moment où, la Triple Alliance étant
dans toute sa force, les premières clauses de l'Alliance
franco-russe étaient discutées. Le journal *la Post*,
qui déjà en 1875 avait donné le signal de l'agitation
francophobe, publiait dans son numéro du 7 décembre 1886 les lignes suivantes : « On voit la
France augmenter sans cesse ses armements ; à
chaque occasion se manifeste l'idée de la revanche
et de la reprise des anciennes provinces, y compris
tout le pays qui s'étend jusqu'au Rhin ; un ministère renversé est poursuivi de la haine la plus achar-
née pour ce motif que plusieurs fois on l'a vu aux
côtés de l'Allemagne et parce qu'on pouvait le sup-
poser capable d'opérer une réconciliation durable
avec l'Allemagne ; or, ce sont là autant de faits qui
démontrent l'existence d'un danger de guerre du
caractère le plus grave ».

Vers la même date paraissaient des livres injurieux et menaçants pour la France ; tels la « Prochaine Guerre franco-allemande », du lieutenant-
colonel Kœttschau, et « la France sous les armes »,
du général Von Meisendorf où l'on retrouve des
idées identiques exprimées souvent sous des formes
identiques. Nous avons déjà eu l'occasion de montrer

les tendances et le degré d'exaltation du dernier de ces ouvrages. Dans la « Prochaine Guerre franco-allemande » paru en octobre 1886, le lieutenant-colonel Kœttschau écrivait : « Quand nous appelons les Français nos ennemis héréditaires, nous ne cédons pas à une répulsion instinctive, nous ressentons au contraire une vive sympathie pour eux ; nous leur donnons ce nom parce que l'histoire des derniers siècles nous a prouvé qu'ils se jettent sur nous et nous spolient toutes les fois que l'occasion s'en présente ». (P. 198). L'auteur montrait ensuite que la France, en 1886, cherchait à faire la guerre à l'Allemagne : « Nous pouvons fort bien aller au devant de ce désir, ajoutait-il, car nous aussi nous avons intérêt à ce qu'une grande guerre éclate prochainement ». (P. 199). Parmi les nombreux avantages que l'Allemagne devait retirer de cette guerre, le lieutenant-colonel Kœttschau citait le retour de la race germanique à la vie simple et vertueuse, la disparition de la « rage de jouir » et du culte du « veau d'or ». « Ces mœurs nouvelles sont un cadeau qu'on nous a fait en France, écrivait-il. On les fera le plus facilement disparaître en faisant couler le sang à flots ». (P. 211). D'ailleurs dans cette guerre la France devait être abandonnée de toutes les nations et l'Allemagne devait avoir toutes les sympahies de l'Europe : « La République française, qui semble de plus en plus vouloir remplacer les trois couleurs par le drapeau rouge de l'Internationale, est une menace sérieuse pour toutes les dynasties, tandis que dans tous les pays on considère l'armée allemande comme le rempart puissant qui s'oppose aux tentatives des anarchistes..... » (P. 229). Cette lutte franco-allemande devait être terrible : « Il n'est pas impossible selon moi que nous marchions ayant pour mot d'ordre : pas de quartier ! Les Allemands sont, comme chacun sait, fort bons enfants, mais ils finissent par devenir désagréables et ils le deviennent d'autant plus qu'on les a plus longtemps agacés. Et une fois lancés leurs chefs ne peuvent plus répondre d'eux. S'il est des hommes, ce qui nous paraît fort douteux, qui conservent, jusqu'au moment où les fers se croiseront, leurs rêves d'humanité entretenus dans leur cabinet et autour du tapis vert, eh bien ! qu'ils le sachent, ils seront impuissants, leur autorité ne s'étendra pas au delà de leur chancellerie (p. 143).... la future guerre sera une lutte à la vie, à la mort : les deux nations se porteront des coups allant droit au cœur, « Etre ou n'être pas : telle sera la devise » (1).

Aussitôt après le livre du lieutenant-colonel Kœttschau paraissait celui du major von Pfister. « Les Frontières de l'Empire allemand après la prochaine guerre avec la France ». L'auteur y exprimait le regret « qu'en 1870-71 les méchants drôles n'eussent point reçu le châtiment qu'ils méritaient...

---

(1) *La Prochaine Guerre Franco-Allemande*, traduction Jaéglé, professeur à l'Ecole de Saint-Cyr.

nous y pourvoirons » ajoutait-il. Le major von Pfister enlevait à la France les départements du Nord et des Ardennes pour les donner à la Belgique, réunissait nos départements de l'Est à l'Allemagne et donnait à l'Italie les Alpes françaises. Le *Neckar Zeitung* applaudissait à ces projets : « Après ce partage, y était-il écrit, les Français conserveront toujours Paris, « Paris la ville sainte, le cœur du monde ». Ils pourront se réchauffer auprès de ce cœur quand le feu de la guerre sera éteint et qu'ils contempleront les plaies qui couvriront leur corps. L'Europe, elle, aura trouvé la paix et le repos, surtout si on a soin de laisser pendant quelques années les armées allemandes en France, si on a la précaution de diriger sur les provinces conquises le flot de *l'émigration allemande...* »

Bismarck affichait en plein Reichstag des sentiments du même ordre. Dans son grand discours du 11 janvier 1887 il déclarait que l'Allemagne n'attaquerait pas la France et qu'il avait « confiance dans les dispositions pacifiques d'une grande partie de la population française ». Pourtant, ajoutait-il, dans sa conviction l'Allemagne avait à craindre une attaque de la France et la France victorieuse ne se montrerait pas aussi modérée que l'avait été en 1870 « l'Allemand chrétien ». « Si maintenant nous étions de nouveau attaqués par la France, et si nous devions encore avoir la conviction que nous n'aurons de repos jamais et en aucun état de cause, nous procéderions d'une façon toute semblable le jour où nous rentrerions vainqueurs à Paris. Nous nous efforcerions de mettre pendant 30 ans la France hors d'état de nous attaquer. La guerre de 1870 ne serait qu'un jeu d'enfants en regard de celle de 18... — je ne sais pas la date — au point de vue de ses effets relativement à la France. Ainsi, d'un côté comme de l'autre, ce serait le même désir, chacun essayerait de saigner à blanc ». Le prince de Hohenlohe, gouverneur de l'Alsace-Lorraine, disait de son côté le 10 février 1887 : « Le danger existe, et il existera aussi longtemps que nos voisins de l'Ouest ne s'habitueront pas à l'idée que l'état de choses légal amené par le traité de paix doit être perpétuel ».

Du mois de janvier au mois d'avril 1887, les perquisitions, les visites domiciliaires, les arrestations de citoyens paisibles auxquels on reprochait soit d'avoir chanté la *Marseillaise*, soit de s'être affiliés à la Ligue des Patriotes, étaient multipliées en Alsace-Lorraine, les garnisons y étaient augmentées, les approvisionnements étaient accumulés sur notre frontière. Avec la roburite qu'ils venaient d'inventer, les Allemands prétendaient pouvoir raser sans difficultés nos forts d'arrêt (1).

---

(1) « Point n'est besoin de faire emploi du matériel de nos équipages de siège ou de siège et campagne (Feldbelagerungspark), écrivait le général Meisendorf ; il nous suffit de puiser dans nos parcs de campagne. Nous pouvons procéder à l'attaque avec notre canon lourd de 9 centimètres et même avec notre canon léger de 8. Le tir à fulminate de ces pièces

C'est dans ces circonstances si favorables à un coup de force que fut provoquée par l'Allemagne l'affaire Schnœbelé. Le 20 avril, M. Schnœbelé, commissaire spécial français à Pagny-sur-Moselle, était appelé à la frontière par un commissaire allemand sous prétexte d'affaire de service. A peine était-il entré en territoire lorrain que deux agents allemands se jetaient sur lui ; repoussant le premier agresseur, Schnœbelé rentra en territoire français où il fut poursuivi et terrassé ; on lui mit des menottes et l'emmena prisonnier à Metz sous l'inculpation d'espionnage pour le compte de la France. Cette arrestation, qui était faite par ordre de la Cour suprême de Leipzig, constituait une provocation des plus graves à l'adresse de la France : il y avait guet-apens sur la personne d'un fonctionnaire français, violation de frontière, prétention de la justice allemande à exercer une juridiction en territoire français, sur un fonctionnaire français. La guerre de 1870 était sortie d'un incident beaucoup moins grave ; une nouvelle guerre n'allait-elle pas surgir de l'incident Schnœbelé ?

C'était l'espoir secret du Chancelier de Fer. Ses combinaisons de 1887 étaient identiques à celles qu'il avait faites en 1870 ; ainsi qu'il l'avait dit dans son discours du 11 janvier. Bismarck ne voulait pas dé-

---

aura vite raison d'un ouvrage permanent quelconque. Ainsi battu durant 10 ou 12 heures, un fort ne serait plus qu'un monceau de décombres. » (*La France sous les armes*, p. 257.)

clarer la guerre ; mais il avait créé machiavélique-
ment, en Allemagne et en France, une mentalité qui
rendait possible un coup pareil à la dépêche d'Ems,
et l'incident Schnœbelé avait pour but de jouer le
rôle de cette dépêche. A force d'injures Bismarck
pensait exaspérer la France et se donner, comme
en 1870, l'apparence et le bénéfice de l'état de légitime défense ; il voulait se faire attaquer par elle,
d'une part, afin d'entraîner plus impétueusement l'o-
pinion publique allemande, déjà savamment préve-
nue contre nous depuis six mois, d'autre part, afin
de justifier aux yeux de l'Europe la rigueur avec laquelle, une fois vainqueur, il eût traité les vaincus.
Le 23 avril, il aggravait encore sa provocation en
disant au Landtag prussien : « Si lors de la paix de
Francfort nous avions été tenus de donner au monde
l'assurance qu'elle serait éternelle, nous n'aurions
certes pas pu la signer et nous serions encore aujourd'hui campés à Versailles, attendu qu'il n'est
pas possible de vivre en paix avec une nation aussi
belliqueuse que le peuple français qui, dans le cours
des siècles, nous a déjà attaqués d'innombrables
fois ».

Mais l'expérience avait instruit la France et l'Europe, et la guerre fut encore évitée. Le calme inattendu des « Gaulois batailleurs et frivoles », la fermeté de M. Goblet, Président du Conseil, l'indignation des grandes puissances et l'attitude de la Russie, forcèrent Bismarck à donner satisfaction à la
France en mettant Schnœbelé en liberté. L'agitation

progressive habilement fomentée en Allemagne aboutissait à un échec ; elle tomba brusquement. L'alerte de 1887 était close (1).

(E) Les théories relatives à la décadence du peuple français et aux droits de l'Allemagne sur le Nord-Est de la France depuis 1890 jusqu'à nos jours.

Depuis 1890 — date à laquelle Bismarck se démit de ses fonctions de chancelier — l'attitude de l'Allemagne à l'égard de la France est restée soit inamicale soit menaçante.

(1) Plusieurs historiens ont prétendu que Bismarck avait provoqué l'affaire Schnœbelé dans le but de créer en Allemagne un courant de chauvinisme à la veille du vote de la loi sur le septennat militaire et de faciliter ainsi le vote de cette loi. (Ils donnent d'ailleurs une explication analogue du conflit de 1874 et ils voient surtout, dans celui de 1875, une manœuvre d'intimidation conçue par Bismarck pour amener la France à renoncer d'elle-même à la réorganisation de son armée). Il est possible que Bismarck ait, en créant de toutes pièces l'incident Schnœbelé, poursuivi plusieurs buts à la fois, ainsi que le fit la diplomatie allemande, nous le verrons plus loin, dans les crises marocaines de 1905 à 1911 ; mais il est manifeste que la guerre pouvait surgir de l'incident Schnœbelé, avec d'autant plus de promptitude que la France, dont l'armée venait d'être complètement réorganisée et munie des armements les plus perfectionnés de l'Europe (fusil à répétition, canon Bange) traversait elle-même une crise aiguë de chauvinisme (le Boulangisme) ; il est manifeste que Bismarck avait accepté l'éventualité de cette guerre, qu'il avait pris ses dispositions pour que la France en eût, comme en 1870, la responsabilité apparente, et qu'il eût été heureux de liquider, avant la formation de l'alliance franco-russe, à ce moment imminente, un conflit que la guerre de 1870-71 n'avait fait qu'aviver.

La théorie de la dégénérescence de la race française a acquis une force nouvelle avec MM. Woltmann, Chamberlain, Reimer, dont nous connaissons déjà les travaux, et un parti militaire puissant se base aujourd'hui sur cette dégénérescence pour prétendre que l'Allemagne a intérêt à retarder l'heure du conflit avec l'Erbfeind. Ce parti estime que la puissance militaire de l'Empire va augmenter du fait de l'accroissement de sa population, et d'autre part, que la France va s'affaiblir progressivement par la propagation de l'internationalisme, du collectivisme, des théories pacifistes et antimilitaristes et aussi par la diminution graduelle de sa natalité.

« La France ne constitue qu'un mélange de races, écrivait Reimer en 1905 dans « Une Allemagne pangermanique » (p. 104), aussi est-elle une proie pour la démagogie, la bureaucratie, l'absolutisme ; elle ne procrée plus d'enfants et son avenir est aux mains de l'Allemagne ». Ces idées étaient encore exposées par le général Von Pelet-Narbonne dans un article de la *Neue-Revue* du 1er novembre 1908 qui avait pour titre « De la décadence de la puissance française ».

Aujourd'hui, plus encore qu'au lendemain de la guerre de 1870-71, tous les historiens, tous les hommes de science, tous les maîtres de la jeunesse s'efforcent de donner en Allemagne un enseignement méthodique de dédain et de mépris pour la France. Ils rabaissent et déforment avec une mauvaise foi sans pareille tout ce qui peut paraître élevé, noble et fécond dans sa vie intellectuelle ; ils s'efforcent plus que jamais de la dépeindre comme étant une « nation de tolérance » qui ne peut engendrer que de la débauche, de la littérature dissolue, de l'art malsain, de la science sans valeur. Les Allemands discréditent la production française, scientifique, littéraire, artistique par tous les moyens, non seulement chez eux mais dans le monde entier ; ils ne font état dans leurs livres, dans leurs journaux, dans leurs revues que de nos écrivains et caricaturistes pornographes, de nos vaudevilles ou opérettes dissolues, de nos insipides chansons de café-concerts, de tout ce qui semble prouver notre légèreté ou notre corruption.

Les déclamations pacifistes dont la France est le théâtre sont considérablement grossies en Allemagne et interprétées comme le signe de notre décadence irrémédiable : dans l'amour de la paix que trop de Français affichent avec une ridicule ostentation, les Allemands ne voient que notre peur de la guerre, et ils enflamment leur courage, excitent leurs convoîtises au spectacle de cette peur.

A la faveur de cette croyance à notre affaiblissement, à notre amour « de la paix à tout prix », et sous la poussée du mouvement pangermanique, la théorie des droits de l'Allemagne sur le nord-est de la France — droits que les érudits d'Outre-Rhin fondent sur la Géographie et sur l'Histoire, — a été propagée dans toute la nation. « Nous avons le droit de nous assurer la tranquilité, est-il écrit dans une Re-

vue allemande, le *Neue-Kurs* du mois d'octobre 1893.
Il faut remettre les choses en l'état où elles étaient
avant François 1er. Entre nous et les Français il n'y
a qu'une frontière légitime au point de vue du droit
international, c'est celle qui a séparé l'Austrasie de
la Neustrie, sans parler de la Flandre. En un mot,
il faut rétablir la frontière de l'Empire allemand telle
qu'elle était sous l'Empereur Charles-Quint. Après
une nouvelle guerre victorieuse nous prendrons sept
départements à la France : le **Nord, la Meuse, la
Meurthe, les Vosges, la Haute-Saône, le Doubs et le
Jura**. La population de ces territoires est de sang
allemand bien qu'elle ait adopté depuis le Moyen-
Age les mœurs welches ». On retrouve ces prétentions de réduire la France aux frontières que lui donnait le Traité de Verdun (843), exprimées sous une
forme identique dans toutes les revues pangermanistes actuelles, notamment dans plusieurs numéros du
Heindall et de la *Deutsche Erde*. On les retrouve
encore dans la brochure de von Strantz. « Les possessions allemandes absorbées par les Welches au-
delà des marches occidentales de l'Empire ».

Ces « possessions absorbées par les Welches », ce
sont la Franche-Comté, la Lorraine, et les Pays-Bas
français (Belgique, Flandre française, Artois). Von
Strantz entreprend de démontrer qu'au XVIe siècle
encore, tous les Pays-Bas, y compris Arras et l'évê-
ché de Cambrai, étaient allemands, non seulement au
point de vue politique mais encore au point de vue
de la langue et des mœurs (p. 12). « Nous ne vou-

lons pas, écrit l'auteur, nous contenter de notre petit Etat allemand ; c'est à ce domaine que s'étendent nos revendications ; à l'ouest l'ancienne marche
de l'Empire nous revient pour des raisons ethnolo-
giques et politiques. L'Allemagne doit se proposer
comme but de rétablir les frontières de l'ancien Empire que le Droit, l'Histoire et la Race ont élevé »
(p. 64-66). La première édition de ce livre faisait
partie de la pléiade d'ouvrages hostiles à la France
dont l'apparition précéda l'affaire Schnœbelé ; la
deuxième édition était faite en 1903 à la veille du
conflit franco-allemand relatif au Maroc. L'accord
Congo-Marocain du 4 novembre 1911 fut précédé et
suivi de plusieurs publications du même ordre,
parmi lesquelles nous citerons celle de M. Kurd von
Strauss paru sous la manchette « Sensationnel »,
avec ce titre : « Vous voulez l'Alsace et la Lorraine.
Nous prendrons toute la Lorraine et même davantage. Réponse au cri de revanche français », et dans
laquelle il est écrit notamment : « C'est seulement
en réduisant la France à ses territoires véritablement
français qu'on peut garantir pour l'avenir la tran-
quillité nécessaire ». Selon le dit auteur, la France
devrait avoir pour limites la Saône, la Seine et
l'Oise.

Ces théories sont enseignées aux enfants dans tou-
tre les écoles. « Les limites naturelles de l'Empire
allemand, est-il écrit dans le Leitfaden de Daniel,
qui nous est déjà connu, sont la Baltique, la Mer du
Nord, la ligne de partage des eaux entre les bassins

du Rhin et de la Seine courant de Boulogne à Langres, les Monts Faucilles, le Jura qui, semblable à une muraille sépare la France de l'Allemagne, le Rhône, les Alpes... Les limites politiques de l'Empire allemand sont de beaucoup en arrière de ses limites naturelles, et nous avons le regret d'avouer que le tiers environ de la patrie allemande est encore détenu par nos voisins ». L'atlas de Hermann Habenicht renferme une carte, qui enlève à la France la Bourgogne, la Franche-Comté et tous les départements limitrophes de la Belgique ; cette carte porte comme exergue : « l'Allemagne n'a encore repris qu'une partie des provinces perdues ». La Bourgogne, l'Artois, la Franche-Comté, est-il enseigné dans les livres de Daniel et de Hummel (1) par exemple, sont des provinces allemandes comme l'Alsace et la Lorraine ; « primitivement petit royaume issu du démembrement de l'Empire de Charlemagne et borné par le Rhône et la Saône, la France ne s'est formée qu'aux dépens de l'Allemagne... Lyon et Marseille ont été villes allemandes pendant le Moyen-Age » (2). La brochure populaire « la Grande Allemagne et

---

(1) « Seule l'Ile de France est française, a écrit Hummel dans son *Handbuch* de géographie, c'est la farce gauloise du pâté français. Ce milieu de la France, comme un ferment de pourriture, fut assez puissant pour faire aigrir et lever toute la pâte. — Dans ce centre gaulois vit aussi l'homme français le plus mal venu et le plus rabougri, si court qu'il n'atteint pas la minime hauteur du soldat français. » (*Correspondant* du 10 novembre 1905, p. 830.)

(2) *Leitfaden* de Daniel, p. 116.

l'Europe centrale » renferme une carte assignant comme frontière à l'Allemagne en 1950 un quadrilatère formé au Nord par la mer et à l'Ouest par une ligne qui, partant de Dunkerque, se dirige vers Aoste en englobant plusieurs portions du territoire de la France (1). Cette carte est elle-même la reproduction de la planche n° 12 de l'atlas de Debes (Edition 1899) : Carte linguistique et ethnographique de l'Europe.

Il importe de remarquer que ces visées ambitieuses de l'Allemagne sur le Nord-Est de la France sont une aspiration profonde et non un désir éphémère de l'âme germanique. Elles sont la manifestation actuelle d'un conflit qui remplit à lui seul presque toute l'histoire politique de l'Europe occidentale. Ce conflit a son dernier point de départ dans l'héritage du duché de Bourgogne. A l'aurore des temps modernes ce vaste duché s'était formé entre la France et l'Allemagne dans les vallées de la Meuse et du Rhin. Par son mariage avec Maximilien d'Autriche, la fille de Charles le Téméraire donnait aux Germains sur ces régions géographiquement mixtes, mais ethnographiquement françaises, l'apparence de droits historiques qui venaient s'ajouter à l'apparence des anciens droits issus de la succession de Charlemagne. Puis à ces prétextes de rivalités se sont joints le besoin d'expansion des peuples, l'am-

____

(1) Au sud par la ligne Aoste-Belgrade, à l'est par la ligne Belgrade-Mœmel.

bition des souverains, et depuis quatre siècles la France et l'Allemagne combattent pour la possession du Rhin, de la Moselle et de la Meuse. Dans cette lutte, du Xe au XIIe siècles, la Germanie fut d'abord victorieuse ; puis, jusqu'au XIXe siècle, c'est la France qui l'emporte ; nous la voyons successivement annexer les Trois-Evêchés, l'Alsace, la Lorraine ; avec la Révolution atteindre le Rhin ; avec Napoléon dépasser le fleuve et dominer l'Allemagne entière. Depuis 1813 la puissance française a constamment reculé.

La Géographie et l'Histoire ont donc imposé, depuis longtemps et pour toujours, la lutte sur le Rhin et sur les Vosges au peuple français et au peuple allemand ; la rivalité entre les deux peuples ne se limite donc pas à la question de l'Alsace et de la Lorraine telle que l'a posée le traité de Francfort : l'ancienneté et l'importance des causes du conflit sont le témoignage de sa perpétuelle actualité.

Ce sont là des considérations fondamentales dont il importe de garder le souvenir. Ainsi, l'ambition de la race germanique que nous voyons se manifester aujourd'hui dans les ouvrages des Daniel, des Habenicht, des Strantz, est une ambition séculaire et cette ambition pourrait engendrer les événements les plus graves, si la France oubliait les luttes du passé que l'Allemagne n'oublie pas.

(F) La rivalité coloniale.

Aux formes anciennes de la rivalité franco-allemande est venue s'ajouter, à la fin du XIXe siècle, la rivalité coloniale, qui est également susceptible d'engendrer dans l'avenir les plus graves conséquences.

Nous avons vu que l'expansion coloniale est pour l'Allemagne une nécessité économique, et aussi, étant donné sa recherche de la suprématie mondiale et l'accroissement de sa population, une nécessité politique et ethnologique. Or, quand l'Allemagne a voulu se créer un empire colonial, il n'existait plus sur le globe de bonnes terres sans maîtres. Il a donc fallu qu'elle se contente d'établir sa domination sur des pays qui lui coûteront toujours plus qu'ils ne pourront lui rapporter. Aussi, doit-on tenir pour certain qu'elle prend dès maintenant ses dispositions en vue de se créer par la force cet empire colonial qui lui est nécessaire.

Si l'Allemagne conserve ses mauvaises colonies actuelles, c'est d'abord dans l'espoir de les réunir, et de les rendre ainsi utilisables, par quelques « coups d'Agadir » heureux ; c'est aussi parce qu'elles pourront servir un jour comme bases d'opérations contre les colonies des autres peuples, et, surtout, parce que, en raison de leur contiguïté avec les colonies françaises et anglaises, elles sont comme des entrepôts de difficultés qu'il sera facile de mettre en valeur au moment opportun, comme des poudrières qu'il sera facile de faire sauter en temps voulu.

Les possessions françaises excitent tout particulièrement les convoitises germaniques. « On s'inquiète beaucoup en Allemagne de la question des colonies, écrivait déjà le Dr Rommel en 1886. Patience !... C'est en Europe que se tient le grand marché des colonies, c'est là qu'on se les procure toutes faites. Ne nous pressons pas, gardons notre argent et nos soldats en Allemagne. C'est sur les champs de bataille du vieux continent que va se liquider cet empire colonial qui aura doublement coûté à nos voisins. Restons en Europe, la décadence française a besoin de nous pour remplir les vides » (1).

Le général von Bernhardi écrivait à son tour dans un de ses derniers ouvrages « De la Guerre d'aujourd'hui » : « Sur un territoire sensiblement égal au territoire de la France, l'Allemagne nourrit 65 millions d'habitants, alors que la population française n'est que de 40 millions. Nous nous accroissons chaque année environ de un million. Il n'est pas possible que notre agriculture et notre industrie continuent indéfiniment d'assurer à cette masse humaine croissante une occupation et des salaires suffisants. Nous avons besoin d'agrandir notre empire colonial pour assurer à notre excédent de population un établis-

____

(1) *Au Pays de la Revanche*, p. 269.

sement et un travail. Dans l'état de partage actuel des terres du globe, nous ne pouvons réaliser cette acquisition de territoires, qu'aux dépens d'autres États ou d'accord avec eux et cela n'est possible que si tout d'abord nous réussissons à consolider, mieux qu'elle ne l'a été jusqu'à ce jour, notre puissance au cœur de l'Europe. »

Les visées allemandes sur nos colonies se sont manifestées hautement par des actes au cours des trente dernières années. Depuis 1895, les pays musulmans de l'Afrique du Nord sont parcourus par des émissaires de l'Allemagne qui excitent contre nous le fanatisme des arabes, étudient à fond nos faiblesses et en font part à la Chancellerie et à l'État-Major compétents.

En 1898, à Damas, Guillaume II, lui-même, disait : « Puisse sa Majesté le Sultan, ainsi que les 300 millions de fidèles qui vénèrent en lui leur Kalife, être assurés que l'Empereur allemand est leur ami pour toujours ». Et depuis cette époque, Berlin s'efforce de conserver la prééminence à Constantinople et le maximum de prestige sur tout le monde musulman.

L'Allemagne se propose ainsi, d'une part, de tenir l'Islam suspendu aux flancs de notre Algérie comme une menace continuelle et, d'autre part, de préparer sa domination sur les peuples d'Afrique qu'elle espère arracher à la France.

La rivalité coloniale franco-allemande n'est pas restée à l'état latent dans les livres ; elle ne s'est pas manifestée seulement dans les discours des émissaires que l'Allemagne envoie en pays musulman prêcher la « guerre sainte » contre les Français. Pendant ces dernières années cette rivalité a, de plus, engendré les Crises Marocaines dont les péripéties sont encore dans tous les souvenirs.

Du 9 au 17 octobre 1904, aux batailles de Liao-Yang, puis du 28 février au 10 mars 1905 aux batailles de Moukden, la Russie, alliée de la France, avait dévoilé sa faiblesse. Le moment était exceptionnellement favorable pour « agiter le manteau rouge devant le taureau gaulois ». Le 31 mars, Guillaume II débarquait à Tanger, y prononçait trois discours dans lesquels il proclamait comme un dogme intangible l'intégrité territoriale du Maroc, l'indépendance souveraine du sultan, et affichait, sans motifs, des dispositions hostiles à notre politique marocaine.

L'Allemagne avait très peu d'intérêts engagés au Maroc ; mais ce pays, déjà secrètement travaillé, pouvait être, au moment du désastre russe, une abondante source de discussions et de profits, et, dans cet espoir, Guillaume II et la diplomatie allemande sont accourus au secours du Sultan de Fez que personne ne menaçait à un si haut degré, nous allons le voir, que l'Allemagne elle-même. La diplomatie allemande, de l'ouverture de la question marocaine, en 1905, à son règlement provisoire, en 1911, semble avoir poursuivi des buts différents.

Elle a d'abord essayé, de 1905 à 1910, de mettre

à profit l'affaiblissement momentané de la double alliance pour nous entraîner dans une guerre qui eût pu être particulièrement impopulaire, en raison de son apparence coloniale, et elle a essayé de donner à la France la responsabilité apparente du conflit, d'une part, afin de lancer les peuples germaniques dans la lutte avec tout leur élan, d'autre part, afin de justifier le traité désastreux que, vainqueurs, les Allemands eussent imposé aux vaincus. L'Allemagne reprenait donc la tactique qu'elle avait adoptée dans les alertes de 1874, 1875 et 1887.

Pour atteindre cette première fin, l'Allemagne a multiplié les provocations indirectes faites à la France et suscité, en des circonstances habilement choisies, des périodes de tension, durant lesquelles elle espérait obtenir de notre nervosité adroitement surexcitée l'accomplissement de fautes irréparables. Les faits principaux, conséquence de cette attitude machiavélique de l'Allemagne, ont été, après les discours retentissants et imprévus du Kaiser à Tanger, l'alternative imposée à la France d'accepter la conférence d'Algésiras ou la guerre, les interminables controverses et les innombrables difficultés soulevées par l'Allemagne durant cette conférence (1906-1907) ; puis, en 1908 l'incident dit « des déserteurs de Casablanca » à l'occasion duquel l'Allemagne demandait des excuses au gouvernement français bien qu'un consul allemand eût été pris en flagrant délit d'excitation de nos soldats de

la légion étrangère à la désertion ; en 1910, l'envoi à
Agadir de navires de guerre pour protester contre
l'entrée des troupes françaises à Fez, où la vie de
nos compatriotes était menacée ; et, enfin, dans le
courant des mois de juillet, août, septembre et octobre 1911, les interminables pourparlers relatifs aux
« compensations congolaises » qu'a exigées l'Allemagne en échange de son « désintéressement » dans
ce Maroc où finalement elle a gardé tous ses « intérêts », en obtenant, de plus, qu'ils seraient garantis
contre toute atteinte par la France, c'est-à-dire par
un sacrifice quotidien de notre argent et du sang de
nos soldats.

L'Allemagne, dans les crises marocaines qu'elle
a provoquées, s'est proposé comme deuxième but
de prendre pied au Maroc et de faire une colonie
allemande de ce même pays dont, en 1905, elle
prétendait vouloir défendre l'intégrité. La campagne formidable menée par les pangermanistes pour
atteindre ce but, campagne dont nous avons donné
un aperçu en étudiant l'Alldeutscher Verband, a
été la première manifestation de ce désir de l'Allemagne. Puis cette fin poursuivie est apparue au
grand jour et l'Allemagne a manifesté publiquement
sa duplicité, d'abord en 1906-1907 à la conférence
d'Algésiras, puis ensuite en 1911, au cours des pourparlers Congo-Marocains :

Si la France n'avait pas consenti à se rendre à la
conférence d'Algésiras, l'Allemagne avait « sa
guerre » ; après le consentement donné par la

France, l'Allemagne eut à cette conférence une attitude si embarrassée et si embarrassante que ses amis
l'abandonnèrent un à un, pour donner finalement un
succès relatif à cette France qu'on montrait au
début comme étant venue « capituler « à Algésiras.
L'Allemagne s'efforça, en effet, à Algésiras de
faire procéder au partage du Maroc et de se faire
attribuer une « zône de protection », de cet état
que Guillaume II avait bruyamment proclamé intangible en 1905 ; sur ce point l'échec de l'Allemagne
fut aussi complet que sa désinvolture avait été
grande ; la conférence d'Algésiras donna, en effet,
au dogme formulé par Guillaume II sur l'intégrité
marocaine la garantie et la sanction d'un accord international. L'Allemagne, il est vrai, ne s'est pas
tenue pour battue ; mettant à profit des troubles
provoqués par elle au Maroc, elle s'est efforcée, de
1907 à 1911, de faire poser de nouveau la question
du partage du Maroc en vue de la faire résoudre
à son profit. En 1907, en effet, l'Allemagne entre-
tenait dans tout le Maroc et auprès du Sultan Abdul-
Azzis des agents militaires et civils qui encoura-
geaient l'hostilité des Marocains contre les Français ;
en 1908, elle abandonnait ce même Abdul-Azzis,
dont la France, fidèle aux conventions d'Algésiras défendait les droits légitimes, et elle fomentait contre
lui la révolte de son frère Moulay-Hafid que cette
révolte devait conduire au pouvoir. Enfin, en 1911,
prenant pour prétexte une nouvelle révolte des
Marocains contre Moulay-Hafid et l'expédition des

troupes françaises contre Fez qui en fut la conséquence, l'Allemagne envoyait des navires de guerre
à Agadir et cette fois réussissait à ouvrir de nouveau la question Marocaine.

Le but de l'Allemagne durant cette dernière phase
des affaires marocaines fut, en premier lieu, d'obtenir au Maroc une zone d'influence et une base
navale (Agadir). Puis, en outre, d'obtenir « des
compensations », pour les droits que l'Allemagne
reconnaîtrait à la France, au Maroc, en dehors de
la zone allemande. Ces prétentions, en particulier
l'obtention d'Agadir comme base navale, se heur-
tèrent à l'opposition formelle de l'Angleterre, ainsi
que cela résulte du discours prononcé par Sir
Edward Grey, le 27 novembre 1911, à la Chambre
des Communes.

L'Allemagne, en présence de l'attitude de l'Angleterre, renonça à son rêve de prendre pied au
Maroc, mais elle s'efforça, à partir de ce moment,
d'obtenir à défaut d'une guerre de liquidation avec
la France (1), et à la faveur des craintes suscitées
par la menace de cette guerre, le maximum de
« compensations ». C'est ainsi que la France fut
amenée par la convention du 4 novembre 1911 à
céder à l'Allemagne la majeure partie de la colonie

____

(1) Le *Times* du 19 novembre 1911, dans un article reproduit
par tous les grands journaux et non contredit, déclarait que
par trois fois la guerre avait été sur le point d'éclater savoir
du 20 au 27 juillet. du 18 au 23 août et du 11 au 20 septembre
1911.

du Congo. En résumé, dans cet accord, l'Allemagne nous donnait le droit de pénétrer au Maroc, mais conservait ce même droit également pour elle, car la France s'engageait à garantir le régime de l'égalité économique et du paisible développement des intérêts de l'Allemagne dans ce pays où les Allemands n'avaient jamais pu pénétrer et où la prospérité qui devait résulter de la paix française et des sacrifices de la France allait être pour l'Allemagne le gage d'un succès inespéré et jusqu'ici impossible. En outre, l'Allemagne recevait en pleine propriété la majeure partie du Congo Français ; elle avait cependant, c'est juste de le reconnaître, l'amabilité d'appeler cette acquisition nouvelle « une compensation ».

Enfin, parallèlement aux deux buts principaux que nous venons d'analyser, le gouvernement allemand a poursuivi dans le développement de la question marocaine deux buts secondaires. Il a d'abord fait de cette question un moyen de renforcer la majorité gouvernementale aux élections des députés au Reichstag : c'est, en effet, à la veille des élections de 1907 et de 1912 qu'on a vu les crises prendre leur maximum de gravité. Enfin, l'Allemagne a voulu, à l'occasion des faits positifs du conflit marocain, mesurer la valeur de l'Entente cordiale et aussi celle de la Triplice.

VI. — Les conflits de l'avenir.

Depuis l'accord du 4 novembre 1911, la querelle
franco-allemande à propos du Maroc s'est apaisée,
mais cet apaisement dans les relations de la France
et de l'Allemagne ne saurait être définitif (1) ; aux
nombreuses causes directes de conflit entre la
France et l'Allemagne que nous avons mises en relief dans notre étude et pour lesquelles l'arène reste
ouverte, s'ajoutent les causes indirectes. C'est ainsi,
par exemple, que l'accord de 1911 était à peine signé
quand la France et l'Allemagne ont dû reprendre
leur veillée d'armes, pendant les guerres de l'Italie
et des Etats Balkaniques contre la Turquie, puis des
Etats Balkaniques entre eux. Une guerre de l'Allemagne contre la France pourrait aussi être le résultat du progrès Outre-Rhin des théories socialistes ; bien des guerres, en effet, ont servi de déri-
vatif aux embarras intérieurs des gouvernements,

---

(1) Cet apaisement ne saurait être définitif, même en ce qui
concerne le Maroc. Le général von Liebert écrivait dans les
Leipziger Neueste Nachrichten du 21 août 1911 : « Il importe
de nous assurer au Maroc une bonne part des richesses du
sol et ces prétentions légitimes du peuple allemand ne peuvent être satisfaites par quelque compensation que ce soit.
Ce ne sera toujours qu'un arrangement provisoire et non un
règlement définitif des relations entre l'Empire et la République. »

de planche de salut aux souverains en détresse.

Enfin, la guerre entre la France et l'Allemagne pourrait encore résulter de l'opposition irréductible qui existe entre l'idéal politique et social de l'Allemagne et l'idéal français de l'Egalité des hommes et de la Fraternité des peuples — l'idéal de la Médiocratie, disent les Allemands. La France et l'Allemagne donnent, en effet, au monde, le spectacle de deux nations voisines qui ont des manières diamétralement opposées de concevoir la vie sociale et les rapports des nations. L'idéal français et l'idéal allemand sont comme deux pôles opposés de l'esprit humain ; à l'opposition des intérêts, au mouvement d'expansion germanique vient s'ajouter, pour séparer la France et l'Allemagne, l'opposition des idées fondamentales sur l'organisation de la vie sociale ; au conflit matériel, s'ajoute un conflit moral et c'est là une situation sur la gravité de laquelle on ne saurait trop méditer. Les guerres dont la cause première était dans un conflit de civilisations ou de concepts moraux ont toujours été les guerres les plus inévitables et les plus impitoyables : telles les invasions Arabes, les Croisades, les invasions turques, les guerres de Religion, les premières guerres de la Révolution. Ainsi, les sources de conflit entre la France et l'Allemagne accumulent souterrainement leurs ondes.

Dans ces inévitables conflits, l'Allemagne persévérera-t-elle à vouloir donner aux Français le rôle d'agresseurs qu'elle a voulu leur imposer jusqu'à ce jour ? Il est probable qu'elle devra renoncer à ce dessein car le souvenir de la dépêche d'Ems suffira à protéger la France contre tout entraînement irréfléchi. Mais, de cette probabilité il ne faut pas tirer cette croyance que tout danger de guerre se trouve ainsi considérablement retardé. Cette conclusion serait fausse et dangereuse.

En premier lieu, l'Allemagne, suivant le conseil donné par le général Von Bernhardi, pourrait découvrir et engager une action politique qui, sans assaillir la France, aboutisse à blesser gravement ses intérêts, et à la contraindre soit à déclarer la guerre, soit à subir un état de choses plus préjudiciable qu'une guerre malheureuse « Les données d'une semblable action, ajoute le général, peuvent se trouver en France même et aussi en Afrique ». L'Allemagne a une tendance si marquée à voir son droit partout où elle voit son profit, et à confondre les raisons avec les baïonnettes que la tactique recommandée par le général Von Bernhardi peut parfaitement réussir.

Nous connaissons, en second lieu, les motifs de l'hostilité profonde de l'Allemagne pour la France, et nous devons tenir pour certain que, à défaut de l'action politique dont parle Von Bernhardi, le jour où l'Allemagne croira se trouver en présence d'une nécessité assez impérieuse ou d'une situation suffisamment favorable, elle nous fera la guerre sous un prétexte quelconque, et même sans l'avoir préalablement déclarée. La soudaineté de son offensive lui donnera, en effet, des avantages stratégiques et tactiques considérables, et ces avantages compenseront en grande partie, les inconvénients qui résulteront pour elle d'une agression sans motif.

Cette hypothèse d'une guerre soudaine et sans déclaration préalable est considérée comme très admissible par les écrivains les plus compétents, tels les généraux Langlois, Bonnal et Maitrot (1). Elle est d'ailleurs en parfaite harmonie avec les doctrines stratégique et tactique de l'armée allemande que nous avons déjà exposées. Bismarck lui-même n'avait-il pas dit en 1875 que les canons prussiens en Champagne apprendraient désormais à l'Europe les desseins de l'Allemagne ? Cet avertissement salutaire, que nous rappelons pour la deuxième fois, nul Français ne devrait l'oublier. Il faut craindre que, dans l'avenir, l'Allemagne ne change son système d'agression. Les alertes de 1875 et de 1887, puis en moins de dix ans, les coups de Tanger, celui d'Algésiras, celui des déserteurs de Casablanca et celui d'Agadir sont venus, providentiellement, nous rappeler la nécessité de « tenir notre poudre sèche ». Au lieu de provoquer la France, et de la mettre ainsi comme dans les alertes passées, en éveil, il pourrait arriver qu'elle l'endorme par des protestations pacifiques et qu'elle lui porte ensuite un coup fatal.

(1) Voir, par exemple : *Revue des Deux-Mondes* du 15 octobre 1907, p. 1780, et discours du 25 juin 1907 au Sénat (général Langlois) ; *La Prochaine Guerre* (général Bonnal), et *Nos Frontières de l'Est et du Nord* (général Maitrot), p. 103.

Cette manière d'agir ne serait pas nouvelle dans
l'histoire ; elle fut employée, nous l'avons vu, par
Frédéric II et par Bismarck. « C'est une attention
nécessaire de cacher autant qu'il est possible ses desseins d'ambition, a écrit Frédéric II dans son Exposé
du Gouvernement Prussien, et, si l'on peut, de réveil-
ler l'envie de l'Europe contre d'autres puissances,
à la faveur de quoi l'on frappe son coup ». Il pourrait arriver que l'Allemagne fît encore des applica-
tions nombreuses de ce principe : la lutte des races,
la nécessité de vivre sont impitoyables : la France
ne saurait trop se tenir sur ses gardes.

Nous nous étions proposé d'établir, dans le présent chapitre, que parmi les sentiments de l'Allemagne contemporaine à l'égard de notre pays prédomi-
nent des sentiments d'inimitié et dans sa politique le
désir d'augmenter la puissance de l'Empire aux dépens de la France. Notre tâche nous paraît terminée.
Un article du général von Schlieffen, paru en janvier 1909 dans la *Deutsche Revue* et auquel l'approbation de Guillaume II a donné une publicité retentissante, confirme et résume tout ce qui précède :
« Un duel est engagé entre la France et l'Allemagne,
dit en substance l'ancien chef d'Etat-major Général
de l'armée allemande, le traité de Francfort n'a terminé la lutte qu'en apparence ; en dépit de la trêve
des armes la guerre s'est toujours poursuivie à l'état
latent ». Inexacte en ce qui concerne la France,
grande prêtresse du Pacifisme dans le temps présent, cette déclaration est entièrement vraie en ce

qui concerne l'Allemagne ; les faits que nous avons analysés le prouvent, et à défaut des leçons de l'Histoire nul n'était plus qualifié pour affirmer les dispositions hostiles et belliqueuses de l'Allemagne que l'ancien chef d'Etat-Major Général de son armée.

Il importe de remarquer qu'un changement quelconque dans son gouvernement ne changera rien à l'attitude de l'Allemagne vis-à-vis de la France, car la forme des gouvernements ne peut ni changer les aspirations profondes des peuples, ni les nécessités contre lesquelles ils doivent se débattre. Dans ces conditions, quelle que puisse être l'évolution politique de l'Allemagne, la propagation des doctrines du désarmement et de la fraternité universelle dans notre pays apparaît comme plus dangereuse encore qu'elle ne le fut à la veille de 1870. Cette propagation est d'autant plus dangereuse que la France d'aujourd'hui est pacifique par conviction, mais aussi, par intérêt ; elle est riche, elle n'est pas surpeuplée, la vie y est plus facile qu'en tout autre pays du monde, elle possède un empire colonial immense, et, par suite, non seulement elle ne recherche pas la guerre, mais elle court le risque de ne pas s'y préparer suffisamment, ce qui pourrait être, pour les nations moins bien partagées qu'elle, une tentation de la lui imposer. Par conséquent, si les apôtres de la fraternité universelle sont logiques ou sincères, au lieu de fonder des Ecoles de Paix, de publier des Cours d'Enseignement pacifiste, de multiplier les conférences sur l'antimilitarisme et le désarmement en France,

ils travailleront à y conserver l'esprit et les vertus
militaires. Ils iront au contraire, sous peine
d'être des « pangermanistes français », propager leurs doctrines, prêcher leur évangile dans
les nations qui menacent ouvertement de troubler la
paix du monde. L'attitude actuelle des pacifistes
français fait songer à des criminels ou à des fous
qui, sous la menace d'un incendie formidable, emploieraient toute leur énergie à tarir l'unique source
capable d'arrêter le feu.

Toute propagande, toute discussion tendant à affaiblir en France soit l'esprit militaire soit l'idée de
patrie devrait être considérée comme un crime.

Ainsi discutaient les savants de Constantinople
pendant que les premières armées turques se présentaient devant leur ville. Si, méprisant les vains
discours, ils avaient employé leur énergie à préparer la lutte contre les soldats de Mahomet, Constantinople n'eût pas été prise, les chrétiens d'Orient
n'auraient pas vécu pendant cinq siècles dans la servitude et les malheureux Grecs et Arméniens ne se
seraient pas vu massacrer en bloc jusqu'à nos jours
quand ils ne se résignaient pas à voir leurs vieillards
et leurs enfants écorchés vifs ou sciés entre deux
planches pour distraire les pachas turcs.

CHAPITRE VII

Considérations d'ensemble sur les causes
d'expansion de l'Allemagne et sur les
effets de cette expansion : 1. Prépondérance des forces morales d'expansion ; 2. Valeur pratique de l'idéal
allemand ; puissance totale d'expansion
de l'Allemagne contemporaine ; 3. Valeur morale et valeur absolue de l'idéal
allemand ; conséquences morales du
triomphe de la force.

I. Prépondérance des forces morales d'expan-
sion.

Dans les chapitres précédents, nous avons fait
d'abord le dénombrement et l'étude des causes ou
forces d'expansion de l'Allemagne (chapitres I et II) ;
nous avons ensuite étudié les effets de ces causes,
c'est-à-dire les formes actives et les formes latentes,

d'expansion engendrées par ces forces (chapitres III, IV, V et VI).

Il reste à examiner, pour que notre étude de l'expansion de l'Allemagne forme un tout complet, un certain nombre de questions de la plus haute importance.

La première d'entre elles est de savoir quelle est la valeur respective de ces causes d'expansion de l'Allemagne dont nous connaissons maintenant les effets, quelles sont les causes prépondérantes et quelles sont les causes secondaires.

On se plaît à prétendre en France que l'expansion de l'Allemagne contemporaine est le résultat de forces matérielles indépendantes du mérite des hommes et l'on affirme que cette expansion est surtout la conséquence de l'accroissement de la population germanique.

Nous n'avons même pas, pour réfuter cette affirmation, à examiner si l'accroissement de la population dans un Etat est réellement un fait brutal, un phénomène social sans aucun lien avec la mentalité, avec l'idéal des citoyens de cet Etat. Il est, en effet, manifeste que l'accroissement de la population n'est pas la cause essentielle de l'expansion de l'Allemagne et que cet accroissement de la population est même plutôt une condition favorable à l'expansion de l'Allemagne qu'une cause d'expansion. S'il n'est accompagné d'aucun autre fait social, l'accroissement de la population tend seulement à produire des foules humaines de plus en plus innombrables, mais ces foules sont sans cohésion, sans âme, sans idéal et incapables de tout mouvement solidaire, de tout acte collectif coordonné, de tout fait d'expansion nationale. La grande densité de la population et le grand nombre d'habitants ne sont qu'une condition, et ils ne sont même ni une condition nécessaire ni une condition suffisante de l'expansion d'un pays quel qu'il soit. La France, par exemple, jouit d'une force d'expansion nationale qui la fait classer dans les quatre premières nations de la terre ; or, elle n'est pas surpeuplée, et elle occupe seulement le septième rang dans le monde au point de vue du chiffre de la population. Inversement, nul pays n'est aussi peuplé que la Chine, en nul pays la densité de la population n'est aussi élevée et cependant la force d'expansion et la vie nationale y sont restées si faibles jusqu'à ces dernières années que l'Europe avait pu entreprendre, à la fin du XIXe siècle, le partage du Céleste Empire. Ainsi, l'accroissement de la population germanique doit être considéré seulement comme une condition favorable à l'expansion de l'Allemagne ou, si l'on veut, comme une cause tout à fait secondaire de cette expansion, une cause occasionnelle.

L'organisation méthodique de l'Allemagne en vue de l'expansion nationale est une cause des plus efficaces de l'expansion germanique ; cela résulte d'une façon manifeste de l'étude que nous avons faite de cette organisation et des formes d'expansion de l'Allemagne ; mais ce n'est là qu'une cause seconde ; elle présuppose l'existence d'une volonté d'organisation et d'une volonté d'expansion, c'est-à-dire l'existence d'un idéal social. Et nous sommes ainsi conduits à conclure que la cause première de l'expansion germanique est l'idéal qui inspire l'attitude de l'Allemagne en matière de relations internationales, idéal dont nous avons analysé, dans le chapitre premier, les éléments constitutifs. Ainsi ce n'est pas le nombre des batteries et des bataillons allemands qui doit inspirer le plus d'inquiétude aux Français, c'est l'idéal qui anime l'Allemagne et aussi son armée, des soldats jusqu'aux chefs.

II. Valeur pratique de l'idéal allemand.

Nous avons fait une étude de tous les éléments constitutifs de l'idéal allemand, ainsi que de tous les faits actuels et de toutes les formes latentes d'expansion dont cet idéal est la cause première ; mais de nouvelles questions d'une importance capitale se posent maintenant devant nous.

L'idéal de l'Allemagne, en matière de relations internationales, a-t-il produit toutes ses conséquences ; en plus des faits actuels et des formes latentes d'expansion qui nous sont maintenant connus, n'est-il pas susceptible de produire des faits nouveaux ou des formes latentes nouvelles, c'est-à-dire la puissance d'expansion qui résulte de cet idéal n'est-elle pas supérieure à l'expansion produite jusqu'à nos jours ? Toutes ces questions se ramènent à cette autre qui les contient toutes, quelle est la valeur pratique de l'idéal qui inspire la politique internationale de l'Allemagne contemporaine, quelle est la Puissance Totale d'Expansion que cet idéal est susceptible d'engendrer ?

La puissance totale d'expansion que l'idéal de l'Allemagne contemporaine est susceptible d'engendrer est formée de deux éléments distincts : 1° de la puissance d'action commune à tout idéal ; 2° de la puissance d'action et de réalisation particulière à l'idéal de l'Allemagne contemporaine.

1° *Puissance d'action de tout idéal.*

Un idéal, quel qu'il soit, agit sur la limaille humaine comme un aimant ; il l'attire, la groupe dans sa sphère d'action, et, quand cet idéal demeure longtemps commun à un nombre déterminé d'individus, quand l'action de l'aimant se prolonge, ces individus finissent par acquérir une manière de penser commune, des sentiments communs, une volonté commune.

Penser, sentir, vouloir en commun, c'est pouvoir agir en commun, c'est avoir une même âme. Les hommes qu'inspire un même idéal peuvent donc réunir en un seul faisceau toutes leurs forces particulières, et ils deviennent, ainsi, capables de produire leurs plus grands efforts collectifs.

La réalité, c'est-à-dire l'histoire des civilisations,
confirme ce raisonnement théorique. Chaque fois
que tout un peuple a eu un même idéal et que cet
idéal l'a porté à l'action, ce peuple a accompli des
prodiges. Tous les beaux mouvements des foules,
toutes les grandes phases de la vie des collectivités,
et même, toutes leurs folies ont été la conséquence
d'un idéal commun.

L'héroïque Révolution de 1789 est née d'un rêve
de Liberté, d'Egalité et de Fraternité commun à des
millions de Français. Les invasions arabes d'une
part, les Croisades d'autre part, qui ont été comme
le flux et le reflux gigantesques de l'Orient et de
l'Occident, sont nées d'un idéal religieux commun
à des millions de Mahométans, à des millions de
Chrétiens. Un idéal religieux avait dressé les Pyramides d'Egypte qui, depuis quarante siècles, regardent passer les hommes ; un idéal religieux a encore
édifié les poétiques chapelles de nos campagnes, les
magnifiques cathédrales de nos villes : c'est la
grande âme de la France, toujours à l'étroit, qui en
a soulevé si haut les voûtes et les clochers.

La puissance d'action d'un idéal sur un peuple est
d'ailleurs indépendante de sa valeur rationnelle.
L'histoire démontre même, nous venons de le voir,
que, en fait, ce sont les rêves les plus fous, les
idées les plus chimériques, les espoirs les plus in-
sensés qui ont fait sur les hommes l'impression la
plus profonde, et donné aux peuples leurs élans les
plus fougueux.

N'est-ce pas un idéal insensé qui a jeté sur les chrétiens d'Occident les hordes fanatiques des cavaliers arabes soldats de Mahomet ? N'est-ce pas une chimère qui pendant cinq mille ans a hérissé l'Egypte de ses colosses de pierre ? En vain, les pharaons attendent sous leurs Pyramides la réalisation de leurs espoirs religieux ; ni Osiris, ni Orus ne viendront les éveiller de leur éternel sommeil.

Ainsi, bien des illusions ont été soit la cause, soit le but des agitations humaines ; mais, — l'histoire le prouve, — quand ces illusions ont été longtemps communes à un grand nombre d'hommes, elles ont provoqué, en eux, la vie la plus intense et engendré, dans l'univers, les bouleversements les plus profonds.

La foi dans la supériorité de la race germanique, la mission providentielle que l'Allemagne prétend avoir reçue ne sont certainement, elles-mêmes, que des chimères ; le culte de la force, la volonté de puissance, une religion insensée. Mais cette religion, ces chimères sont profondément enracinées dans l'âme d'un peuple, et ce peuple est plus puissant par le nombre, par l'intelligence, par la Volonté, que ne l'étaient les Arabes, les Croisés et, peut-être même, les soldats de la Révolution.

Il est donc possible que l'idéal de l'Allemagne engendre un mouvement social plus gigantesque que la Révolution, les Croisades et les Invasions arabes. Nous inspirant d'une image de Nietzsche, nous pouvons dire que cet idéal tend à créer en Allemagne une merveilleuse tension d'esprit, telle qu'il n'y en eut jamais sur terre, et, *avec un arc si fortement tendu, il est possible de tirer sur les cibles les plus lointaines.*

2° *Puissance d'action et de réalisation particulière à l'idéal de l'Allemagne contemporaine.*

L'idéal germanique doit aux caractères spéciaux que nous allons analyser dans les deux Sections suivantes une puissance de réalisation toute particulière.

Section I. — La possibilité de réalisation d'un idéal est proportionnelle à l'accord qui existe entre cet idéal et les lois supérieures de la vie universelle.

L'état de liberté, d'égalité et de fraternité rêvé par les Français de 1789 était en opposition avec la loi naturelle du progrès par la concurrence vitale ; de plus, il n'était pas en harmonie avec l'état politique, social et intellectuel de l'Europe du XVIIIe siècle. Aussi cet idéal ne fut-il jamais réalisé : Quand la France eut conquis la liberté, son premier acte fut de se donner un maître ; la proclamation des principes humanitaires de 1789, et celle des Droits de l'Homme furent immédiatement suivies du régime de la Terreur, et la Révolution, faite pour assurer le règne de la Liberté et de la Fraternité,

aboutit à l'Empire et à l'ère des luttes les plus san-
glantes de l'histoire..

Par contre, la recherche de la domination et le
culte de la force mettent l'idéal germanique en parfaite harmonie avec les lois naturelles qui ont jusqu'à ce jour gouverné les hommes.

L'histoire nous montre que la vie des peuples a
été une lutte continuelle, et que, dans la suite des
siècles, les plus forts seuls ont survécu. De Babylone, de Ninive, de Thèbes et de Carthage, il ne
reste plus que des ruines parce que ces villes, jadis
somptueuses et puissantes, devinrent, un jour, plus
faibles que les peuples hostiles qui vivaient autour
d'elles. Les grands peuples dominateurs des temps
anciens, les Grecs et les Romains, après être restés
pendant de longs siècles des guerriers valeureux,
méconnurent à leur tour la loi douloureuse de l'effort, ne se préparèrent plus avec assez d'ardeur
à résister aux Barbares, perdirent progressivement
leur esprit militaire et peu de temps après leur
liberté et leur vie.

L'Histoire Moderne prouve, comme l'Histoire Ancienne, que la lutte a été le sort inévitable de tous
les peuples, et la force, la condition nécessaire de
leur existence. La Pologne a été déchirée par la
Prusse, la Russie, l'Autriche, parce qu'elle était
trop faible pour se défendre et les Polonais vivent
encore aujourd'hui dans la servitude. L'Italie, l'Allemagne ont réalisé leur unité après des guerres qui
ont duré plusieurs siècles, et le jour, seulement,

où elles ont été assez fortes pour vaincre l'Autriche et la France.

Ainsi, la lutte a été la condition de la vie de tous nos ancêtres, et elle est encore la condition de notre vie ; dans la suite des âges, toutes les créations des hommes ont changé : les États, les Sciences, les Philosophies, les Religions ; seules les lois de l'univers, entre autres la loi de la lutte pour l'existence, sont restées invariables ; les vieilles paroles d'Héraclite sont aussi vraies que jamais : le combat est le père de toutes choses.

Cette loi de la sélection naturelle par la lutte, cette loi du triomphe du plus fort qui régit les rapports actuels des peuples et a régi tous leurs rapports passés, régira probablement tous leurs rapports futurs, parce qu'elle semble constituer une des lois fondamentales de la vie universelle. La vie est un conflit de forces ; dans la nature entière, tout ce qui est faible est condamné à périr. La démonstration de cette loi capitale résulte de la simple observation des phénomènes de l'univers.

A l'intérieur de notre propre corps, les macrophages attaquent les cellules de l'organisme dont la force vitale a faibli ; les microphages attaquent les microbes dangereux qui entrent dans notre sang, ceux-ci se défendent, et de la lutte de ces infiniment petits résulte soit notre vie, soit notre mort. Notre être moral, lui-même, est un champ de bataille où luttent continuellement les besoins et les passions les plus contradictoires.

En dehors de nous, partout où il y a vie il y a
conflit de forces et combat. L'agneau, emblème de la
douceur, mange les plantes ; le rossignol, chantre
de l'amour, dévore les insectes ; les arbres, eux-
mêmes, ne connaissent point l'existence paisible à
laquelle, nous versant la douceur de leur ombre,
ils semblent nous convier : ils doivent, par un conti-
nuel effort, arracher leur sève à la terre, croître
dans la violence des vents et se raidir dans les ora-
ges. L'homme, dans ses rapports avec le monde extérieur, n'échappe pas à la loi de la lutte universelle.
Il détruit tous les êtres qui sont dangereux pour lui
ou impropres à la satisfaction de ses besoins ; il
conserve et défend les autres pour les sacrifier à ses
intérêts au moment opportun.

Au sein de l'humanité la lutte n'est pas moins
vive qu'en dehors d'elle. A l'hostilité et à la guerre
des peuples qui remplissent toute l'histoire passée,
sont venues se joindre aujourd'hui l'hostilité et la
guerre des classes ; la lutte pour l'existence apparaît même comme devant être de plus en plus la loi
de l'humanité. Les hommes, par exemple, tirent de
la terre la majeure partie des richesses dont ils vivent ; or, le nombre des hommes grandit, le nombre
de leurs besoins augmente, et, comme la terre n'est
pas extensible, la seule possession du sol engen-
drera des luttes de plus en plus implacables, car la
nécessité de vivre est une nécessité terrible qu'aucun
raisonnement ne saurait contenir. Ainsi, la place,
le travail, le pain, appartiendront de plus en plus aux

forts. Le progrès des sciences réaliserait en vain le miracle de la multiplication des richesses et de la satisfaction totale des besoins matériels ; il ne saurait donner la paix aux hommes. En effet, le nombre des autres besoins à satisfaire est infini, le cœur humain étant fait pour désirer toujours, et aucune force n'empêchera jamais les hommes de rechercher la satisfaction de ce nombre infini de besoins parce que cette satisfaction est la cause finale de toutes les manifestations de la vie. Aucune force n'empêchera jamais les hommes d'aimer certains biens plus que l'existence et ne les empêchera de verser leur sang pour conquérir, par exemple, la puissance ou l'amour. Aucune force n'empêchera jamais les peuples et les hommes vaillants de lutter sans merci pour défendre leurs grands intérêts, acquérir leur entier développement, réaliser tout leur idéal. Aucune force ne supprimera jamais la concurrence des individus, des nations et des races, n'empêchera qu'il y ait sur terre des forts et des faibles, et, par suite, des vainqueurs et des vaincus : la mort seule a ces pouvoirs. La production des phénomènes sociaux qui résultent des sentiments et des concepts de l'homme peut être avancée ou retardée par les maîtres des foules, mais il est impossible d'empêcher ces phénomènes, car il est impossible de soustraire l'univers aux lois qui le régissent.

Un changement quelconque dans la forme du gouvernement des peuples, l'avènement des démocraties, le triomphe du socialisme ne changeraient rien à

cette situation. Les peuples souverains ne provo-
queront pas des conflits pour des motifs futiles, ainsi
qu'ont pu le faire les empereurs et les rois ; ils seront pacifiques, en principe, parce que ce sont eux
qui se battront. Mais le jour où leurs grands intérêts seront menacés, le jour où leurs passions profondes entreront en action, ils s'élanceront dans les
guerres et ces guerres seront les plus terribles de
toutes. La violence de la lutte entre les populations
du Nord et les populations du Sud des **Etats-Unis**
durant la guerre de Sécession, le déchaînement des
passions populaires pendant la Révolution française,
les dernières guerres des Balkans nous fournissent,
sur ce point, des enseignements qu'on ne saurait trop
méditer. Aujourd'hui même, sous nos yeux, ne
voyons-nous pas les apôtres du pacifisme et du désarmement prêcher chaque jour la lutte des classes,
recourir à la violence pour faire triompher leurs revendications sociales. Ne voyons-nous pas tous les
hommes se grouper par syndicats professionnels. Or,
ces syndicats ne sont pas autre chose que des combinaisons de forces en vue d'éviter ou d'engager les
luttes les plus implacables de toutes, les luttes d'intérêts matériels.

Ainsi, la recherche de la domination, la guerre
sont la conséquence fatale de la nature humaine ;
elles sont les moyens suprêmes qui permettent aux
hommes et aux peuples d'assurer la satisfaction de
leurs besoins, cause finale de toute leur vie ; et on
ne pourra supprimer ces effets qu'en supprimant la

cause, supprimer ces moyens qu'en supprimant le
but, c'est-à-dire en supprimant les besoins, en supprimant la vie.

La guerre, personne ne le conteste, est une chose
terrible qu'il serait souhaitable de voir disparaître.
Mais ne serait-il pas désirable de voir disparaître
aussi la faim, la maladie, la mort, et encore les
hontes et les vices qui germent dans les voluptés de
la paix ? Or, l'homme se défend contre ces doulou-
reuses réalités mais il n'en supprime aucune. De
même, il ne peut supprimer ni la concurrence vitale,
ni la guerre, il ne peut contre elles que se défendre
et être fort. Depuis trois mille ans que poètes et
penseurs écrivent, tout a été dit sur les douceurs de
la fraternité, les atrocités des combats ; cependant
les peuples forts et belliqueux ont continué à battre
et à asservir les peuples faibles et pacifiques. Il y
a deux mille ans que Horace parlait en des vers
immortels « des combats en horreur aux mères »,
cependant la guerre fait toujours pleurer les mères ; contre elle, ni les imprécations, ni les prières
des hommes n'ont eu plus d'effet que n'en eurent les
coups de verge donnés jadis par Xerxès, à la mer,
pour la punir d'avoir englouti ses vaisseaux.

Dans l'avenir, les tentatives de pacification universelle — l'institution des tribunaux d'arbitrage et
la formation des Etats-Unis d'Europe, par exemple
— n'auront pas des résultats plus heureux. Ce sont
là des vérités indiscutables qu'on ne saurait assez
redire aux Français.

Nous admettons que les tribunaux d'arbitrage ne succomberont jamais à la tentation de résoudre les conflits selon le droit lorsque, seulement, le droit aura aussi la force de son côté. Nous admettrons encore que les arbitres ne se trouveront jamais en présence de problèmes juridiquement insolubles, et qu'il leur sera toujours fourni des documents irréfutables, des preuves évidentes. Dans cette hypothèse favorable, les tribunaux d'arbitrage pourront apaiser des conflits peu importants, mais, même dans ce cas, ils n'empêcheront jamais aucune grande guerre.

Des peuples nouveaux sont entrés dans la vie mondiale, et ils y ont introduit, avec eux, des causes nouvelles de conflits ; or, ces peuples, Serbes, Japonais, Bulgares, Chinois et Arabes, paraissent bien mal préparés à l'arbitrage et prétendent se mêler à la vie avec une ardeur d'autant plus grande qu'ils s'éveillent d'un plus long sommeil. De plus, même entre nations de race blanche, les sentences arbitrales ne seront pas respectées quand elles contrarieront les intérêts primordiaux des peuples, et dans ce cas, l'inexécution des sentences restera sans sanction, à moins que cette sanction ne soit la contrainte par la force armée, c'est-à-dire la guerre. L'histoire nous fait connaître la limite de ce que nous pouvons attendre des tribunaux de paix. Une nation est un coin de terre sur lequel l'arbitrage est obligatoire pour tous les individus qui l'habitent. Or, chaque fois que, parmi ces individus, un

groupe nombreux a jugé ses besoins insuffisamment
satisfaits, ce groupe a méprisé l'arbitrage national
et fait appel à la force pour défendre son bon droit.
Telle fut l'origine, par exemple, des guerres de religion et des Révolutions de 1789, de 1830, de 1848 ;
telle est, aujourd'hui, l'origine des terribles rivalités
qui mettent aux prises aux Etats-Unis les ouvriers
américains avec les travailleurs de race jaune ; telle
est encore l'origine des grèves : aucune difficulté ne
se prête à l'arbitrage comme celles qui surgissent
entre patrons et ouvriers d'un même pays, et cependant rien n'est plus fréquent que de voir les conflits
les plus faciles à résoudre prendre une tournure violente et sanglante. Or, nos grèves actuelles ne sont
que le prélude bénin des grands conflits économiques de l'avenir.

La formation des Etats-Unis d'Europe — rêve de
tous les pacifistes — pourra se réaliser un jour, mais
elle se fera non en vue de la paix, mais en vue de la
défense d'intérêts communs, c'est-à-dire en vue de
la guerre ainsi que se sont faites d'ailleurs toutes les
alliances, toutes les fédérations, toutes les patries.
Un jour viendra, peut-être, où tous les peuples européens seront exposés à un même danger qui leur
fera oublier l'opposition de leurs intérêts secondaires
et les unira dans une sorte de Trêve-Blanche pour
défendre ensemble un intérêt principal menacé. Mais
ce jour amènera l'ère des plus grandes luttes qu'ait
vues l'humanité, puisque l'enjeu de ces luttes sera
plus important encore que celui des luttes passées..

Ainsi, demain comme hier, les hommes seront impuissants à supprimer les guerres, et, dans l'avenir plus encore que dans le passé, l'accroissement de la population et l'augmentation des besoins — le progrès — condamneront les peuples qui ne voudront pas périr à travailler sans relâche, à être toujours plus forts.

La recherche de la puissance et de la domination est donc un idéal rigoureusement scientifique, intimement adapté aux nécessités de la vie et cet idéal, auquel, nous l'avons vu, l'Allemagne contemporaine se rallie, tend à assurer aux Germains un avenir illimité.

Il leur donnera, par exemple, une supériorité matérielle incontestable sur les nations qui auront pour idéal la paix et la fraternité des peuples.

La *paix* rend, peut-être, les hommes plus heureux, mais, certainement, elle les rend plus faibles, car la nécessité, la douleur, l'effort seuls maintiennent ou développent les forces physiques et les forces morales.

De plus, les *rêves* de fraternité et de paix amollissent les caractères, affaiblissent l'esprit guerrier, détendent les plus puissants ressorts de l'énergie, et, ainsi, ne préparent pas les âmes aux épreuves terribles de la guerre. Quand vient le jour inévitable des luttes nationales, les peuples pacifiques se défendent quelquefois avec héroïsme, mais ils sont toujours vaincus. Les qualités qui assurent la victoire ne s'improvisent, en effet, ni chez les chefs, ni chez les soldats ; elles sont le fruit d'une éducation persévérante et surtout d'une longue hérédité ; elles sont la récompense d'une préparation militaire opiniâtrement poursuivie dans la suite des générations. Aussi — l'histoire le prouve — la servitude a toujours été le châtiment des races qui étaient devenues pacifiques au milieu de celles qui ne l'étaient pas, et les peuples qui avaient trop aveuglément savouré les délices de la paix ont toujours été finalement anéantis par ceux qui s'étaient préparés à la guerre. Il y a deux mille ans que Lucrèce et Virgile chantaient la volupté de l'existence douce et paisible, mais, de cette vie « sans crainte ni inquiétude » dans les pays merveilleux de Grèce et d'Italie, que menaçaient déjà les Barbares, de cette vie Athènes est morte et Rome après elle.

Ainsi, l'histoire montre, d'une part, que le combat pour l'existence est une loi fatale, et, d'autre part, que les rêves de paix et de fraternité ne préparent pas les peuples à cette guerre inexorable. Elle nous montre que, pour tout homme et pour tout peuple, se retirer de la lutte, c'est se retirer de la vie, c'est appeler vers soi la mort.

En entretenant dans leur âme le culte de la force et de la domination, en repoussant toutes les théories du pacifisme, les Allemands se soumettent donc à la loi de la vie et du progrès, ils mettent à profit les enseignements de l'histoire. Leur morale est une application des lois de la sélection naturelle aux sociétés humaines, elle est un darwinisme social dans lequel ils se considèrent comme étant, et devant rester les « survivants les plus aptes ».

Telles sont les premières raisons pour lesquelles l'idéal allemand possède une puissance d'action exceptionnelle.

Section II. — La puissance particulière de **réalisation** de l'idéal germanique ne résulte pas **seulement** de l'accord de cet idéal avec les lois naturelles de l'univers, cette puissance est encore augmentée par un dernier caractère qu'il importe de mettre en relief.

L'histoire montre que, dans la suite des siècles, un même peuple n'a pas été constamment inspiré par des concepts identiques. Parmi ces concepts, les uns, éphémères comme une mode, ont à peine duré ; d'autres sont restés communs à une ou plusieurs générations ; d'autres enfin sont demeurés presque invariables depuis l'origine des temps historiques.

C'est ainsi, par exemple, que la conception du patriotisme et de l'honneur national en France n'a déjà plus aujourd'hui les caractères qu'elle avait il y a un demi-siècle. Stendhal, en 1840, donnait sa « démission de Français » parce que Louis-Philippe avait, selon lui, déshonoré la France, en refusant, à propos de la question d'Egypte, de déclarer la guerre à l'Europe ; et cet homme qui avait été un des grands écrivains français du XIXe siècle, fit inscrire sur sa tombe au cimetière Montmartre : « Ci-gît Henri Beyle, milanais ». L'attitude de Sten-

dhal n'est d'ailleurs qu'un simple exemple de
l'extrême surexcitation que put causer, dans la France
de 1840, la politique du Grand-Turc. Le 13 juillet
1870, en falsifiant la dépêche d'Ems, Bismarck spé-
culait sur cette irritabilité du sentiment patriotique
que « les Gaulois » avaient montré en 1840, et la
France, tombant dans le piège, se lançait aveuglément dans une guerre terrible sur la seule et fausse
affirmation que le roi de Prusse avait manqué
d'égards à l'ambassadeur de Napoléon III. Aujour-
d'hui, le patriotisme des Français est certainement
aussi profond, mais il est moins puéril qu'autrefois.
Par contre, dans les Français du XVIIIe siècle dé-
fenseurs de la Pologne, libérateurs des Etats-Unis
et soldats de la Révolution ; dans les Français du
XIXe siècle, fondateurs de l'unité grecque et de
l'unité italienne, apôtres de l'Egalité et de la Fraternité, nous reconnaissons ces Gaulois que Strabon
nous dépeint « toujours portés à aller au secours de
ceux qu'on opprime ». Dans notre race actuelle,
nous retrouvons des défauts que César avait déjà
observés chez les Celtes, « hommes aimant les vains
tumultes, avides de nouveautés, légers de caractère,
aussi prompts à espérer que faciles à décourager ». Ainsi, les concepts et les caractères des peuples
sont, les uns éphémères, les autres durables, d'autres presque immuables ; ces derniers forment les
caractères dominants, la physionomie propre des
races.

Or, l'effet social d'un caractère ou d'un concept

est évidemment proportionnel à sa persistance dans
l'âme d'une nation. Il importe donc d'établir la limite de variabilité des concepts et des caractères de
l'Allemagne contemporaine.

Chez les peuples sains, liés par le souvenir d'un
passé et l'espoir d'un avenir communs, on retrouve
d'une façon invariable, à toutes les époques de
l'histoire, le besoin d'unité politique ; ce besoin ne
s'effacera peut-être jamais de l'âme des hommes,
mais l'on peut, en tous cas, admettre comme certain
qu'il ne s'effacera pas de longtemps de l'âme germanique, où il vient de se manifester d'une façon si
éclatante dans le courant du XIX° siècle. La réunion
de tous les Germains en un même Etat ne saurait
donc être un idéal éphémère.

D'autre part, la religion de la force, l'amour de
la violence, le culte de la guerre, caractérisent la
race germanique depuis les premiers âges de l'histoire. Nous retrouvons ces traits essentiels des Allemands du XIX° et du XX° siècle chez leurs ancêtres
les Vandales (1) et les Germains : Vandales que
Jornandès nous montre aimant à détruire pour détruire, et clouant à la porte de leurs cabanes la
tête de l'ennemi vaincu ; Germains dont Strabon et
Tacite signalent l'esprit sanguinaire, la cupidité

____

(1) Le pays des Vandales correspondait à la Poméranie et
au Brandebourg, cœur de la Prusse actuelle. Les Français
ont immortalisé le souvenir des Vandales dans le mot Van-
dalisme. L'épithète de vandale est d'ailleurs restée une injure
dans toutes les langues modernes.

féroce, et dont César a dit : « Leur suprême gloire est d'avoir autour d'eux des pays dévastés ».

Tels étaient les Germains et les Vandales, tels furent les Allemands en 1814 et 1815. Ils ne voulaient pas quitter notre pays, disaient-ils, qu'il ne fût comme si le feu du ciel y avait passé. « Les Prussiens surtout semblent prendre à tâche d'anéantir la France, écrivait dans une de ses Lettres, un étranger, l'historien Sismondi qui vivait à Paris depuis 1813. Ils écrasent le pays avec la ferme intention qu'il ne puisse plus se relever.... Il n'y a aucune horreur qu'ils ne commettent. Tout ce qu'ils ne peuvent pas emporter, ils le détruisent. Ils jettent par les fenêtres tous les livres des bibliothèques, ils cassent toutes les glaces ; dans les fermes, ils mettent le feu aux fourrages et aux provisions de blé qu'ils ne consomment pas, et quand on porte plainte au maréchal Blücher, il répond : « Quoi ! ils n'ont fait que cela ? allez, ils auraient dû en faire davantage encore ».

Tels étaient les Allemands des temps anciens et ceux de 1815, tels furent les Allemands en 1870. Leurs nombreux « Vandalismes » sont encore dans tous les souvenirs, par exemple, la destruction de Saint-Cloud, qui fut brûlé en plein armistice, et surtout la destruction de Châteaudun. La cupidité des Allemands, pendant toute la durée de la dernière guerre, fut égale à celle de leurs ancêtres ; mais, aucune de leurs rapines ne caractérise, peut-être, la mentalité allemande de 1870 aussi bien qu'une lettre trouvée sur le cadavre d'un soldat allemand, citée par l'éminent historien Henri Houssaye, et dans laquelle une jeune fille disait à son ami « de ne pas manquer de lui rapporter des boucles d'oreilles quand on pillera ». « Latrocinia nullam habent infamiam » dit César en parlant des Germains, « ils n'ont aucune honte à piller », puis il ajoute : « ils reçoivent chez eux des marchands moins pour rien acheter que pour vendre le produit du pillage ».

Tels étaient les Allemands des premiers siècles, les Allemands de 1815, ceux de 1870, tels sont encore, nous l'avons montré, les Allemands d'aujourd'hui. Nous avons vu, par exemple, que les commerçants eux-mêmes, gens paisibles par nature, affichent sous nos yeux des dispositions belliqueuses et parlent « de s'ouvrir en France un compte-courant à la pointe des baïonnettes allemandes ». Ainsi, les principaux caractères et les principaux concepts de l'Allemagne contemporaine sont profondément enracinés dans l'âme germanique ; ils en constituent les caractères historiques dominants.

Or, au point de vue particulier qui nous occupe, la connaissance du passé permet de prévoir l'avenir, car les caractères dominants d'une race évoluent très peu : la raison, la volonté, l'éducation sont impuissantes à les modifier ; sur ces caractères, l'action du temps est elle-même lente comme les siècles. Quand on observe les traits essentiels, la physionomie générale des peuples, ils apparaissent comme soumis à des forces qu'ils portent dans leur sein, et à l'action desquelles ils ne peuvent pas se soustraire ; forces fatales qui maintiennent les nations dans leur voie historique propre comme l'attraction universelle maintient les astres dans leur voie céleste.

Par conséquent, les Allemands des temps futurs conserveront longtemps, même malgré eux, et quelle que puisse être la forme de leur gouvernement, la religion de la force, le goût de la domination, le désir de leur unité politique, parce que ces sentiments et ces concepts traduisent et satisfont les aspirations profondes de leur âme.

La persistance et la quasi-invariabilité des principaux caractères de l'idéal germanique augmentent encore la puissance de réalisation de cet idéal, la force d'expansion de l'Allemagne, et aggravent toutes les conséquences que cette expansion et cet idéal peuvent engendrer. Ce n'est pas seulement, en effet, la puissance des sentiments et la valeur des concepts qui font la force et la grandeur des peuples ; il est manifeste que c'est aussi, et surtout, leur durée.

En résumé, nous voyons maintenant que la valeur pratique des aspirations allemandes est particulièrement redoutable en raison du caractère de durabilité de ces aspirations et de leur harmonie avec la loi de la sélection par la concurrence vitale.

De cette puissance de réalisation particulière que porte en lui l'idéal germanique et qui vient s'ajouter à la puissance d'action commune à tout idéal, il

résulte que l'idéal de l'Allemagne a une valeur pratique bien supérieure à la valeur pratique des doctrines dites « humanitaires ». Les apôtres de ces
doctrines s'efforcent de remplacer l'idéal de la solidarité nationale par l'idéal plus large de la solidarité universelle ; le sentiment du patriotisme par le
sentiment plus général de l'amour de l'humanité.
Peut-être réaliseront-ils cette substitution dans le
cœur des hommes pacifiques et rêveurs ; mais les
peuples qui adopteront l'idéal pacifiste et humanitaire ne puiseront dans cet idéal, en raison de sa
nature même, qu'une force insuffisante pour assurer
leur indépendance nationale quand l'heure des conflits inévitables aura sonné. Nous l'avons déjà
prouvé, les rêves de fraternité et de paix amollissent
les caractères, détendent les ressorts de l'énergie et
les peuples pacifiques, quel que puisse être leur héroïsme, sont toujours destinés à la défaite et à la servitude. La faiblesse des peuples qui adopteront l'idéal
pacifiste et humanitaire sera d'autant plus irrémédiable qu'ils renfermeront dans leur sein un grand
nombre d'individus devenus pacifistes dans l'unique
but de jouir des bienfaits de l'Etat sans contribuer
à ses charges, un grand nombre d'égoïsmes incu-
rables déguisés en dévouements universels.

III. Valeur morale et valeur absolue de l'idéal allemand ; conséquences morales du triomphe de la force.

La valeur pratique de l'idéal de l'Allemagne est donc incontestablement supérieure à la valeur pratique des doctrines dites « humanitaires ». La valeur morale de cet idéal est-elle inférieure, ainsi qu'on le prétend, à la valeur morale de ces doctrines ? La question est très discutable.

Les doctrines humanitaires peuvent, nous venons de le voir, n'être qu'une hypocrisie, un masque destiné à cacher l'égoïsme, la lâcheté, l'inaptitude absolue à comprendre ou à pratiquer la solidarité sociale. Il est manifeste que dans ce cas ces doctrines sont sans valeur morale et qu'elles sont même immorales et anti-sociales.

Mais, même quand elles sont l'expression de convictions sincères, ces doctrines n'ont pas une valeur morale supérieure à la valeur de l'idéal allemand. Elles satisfont la sensibilité puisqu'elle tendent à supprimer les maux de la guerre ; mais elles n'encouragent et ne récompensent ni l'effort, ni la vertu, encouragement et récompense qui sont au contraire une conséquence caractéristique de l'idéal allemand.

L'idéal de l'Allemagne est, en effet, d'obtenir une suprématie mondiale. Or, cette suprématie ne sera

possible que le jour où la race germanique sera supérieure à toutes les autres races dans tous les
ordres de manifestations de la vie.

Les moyens que veut employer l'Allemagne pour
arriver à l'hégémonie sont la force et la guerre.
Or, surtout avec le régime moderne du service militaire obligatoire pour tous, la force des peuples,
c'est de la vertu accumulée ; la guerre, un conflit
de civilisations, dans lequel les nations qui succombent, succombent le plus souvent à juste titre, un
conflit moral où les combattants montrent ce qu'ils
valent et où triomphent la discipline, le courage,
l'esprit de sacrifice et la maîtrise de soi.

La préparation à la guerre est elle-même un effort
moral et assure un triomphe moral. Les peuples qui
auront l'idéal le plus élevé, le patriotisme le plus
vivace, accompliront, en effet, le plus vaillamment,
dans l'avenir, cette lourde tâche de la préparation
à la guerre. Les citoyens qui, par un labeur sévère,
mais glorieux, auront acquis la plus grande capacité
de sacrifice, le plus profond instinct de solidarité
seront les vainqueurs des combats futurs. Ainsi,
d'une part, les guerres nationales de demain donneront la mesure de la valeur morale des masses
populaires.

D'autre part, elles feront connaître la vraie valeur de l'élite intellectuelle des nations belligérantes : les meilleurs chimistes inventeront les meilleures poudres : les ingénieurs les plus capables
construiront les meilleures armes, les plus puis-

sants cuirassés ; les chefs dont le caractère sera le mieux trempé commanderont le mieux sur les champs de bataille ; les gouvernements les plus dignes de guider les peuples feront circuler avec le plus d'intensité dans toutes les profondeurs de la vie sociale les idées les plus favorablse à la conservation et au développement de la puissance nationale. Avec le régime du service obligatoire et personnel, une armée forte suppose une profonde éducation de tous les citoyens, et les nations les plus fortes sont les nations dont les gouvernants ont su instituer le système d'éducation, la politique sociale les plus aptes à exalter toutes les énergies et à coordonner leur action en vue d'un idéal commun.

Ainsi, avec le régime de la nation armée, les vertus militaires sont la synthèse de toutes **les autres vertus nationales**, la force militaire est **la résultante de toutes les autres forces nationales**, **l'armée est la fidèle image de la nation entière** et, sous ce régime, un peuple n'est supérieur à un autre au point de vue militaire que parce qu'il lui est supérieur dans tous les ordres de manifestations de la vie.

Dans les prochaines guerres, les triomphes de la force ne seront donc que la consécration de la supériorité intellectuelle et morale des nations victorieuses, ils seront, par leurs résultats généraux, des triomphes de la vertu et du progrès.

L'histoire nous prouve, d'ailleurs, que cette loi de l'avenir a été encore la loi du passé. Les anciens empires d'Asie Mineure avaient une constitution politique et sociale inférieure à celle des Grecs, leurs vainqueurs. De même, tous les peuples que Rome soumit par la force des armes lui étaient inférieurs à tous égards : au moment de sa défaite militaire, la Grèce était depuis trois siècles en pleine décadence et tous les autres vaincus furent arrachés à la barbarie par le triomphe de la civilisation romaine. Au IVe siècle de notre ère, la culture romaine, elle-même, ne servait plus qu'à une vie corrompue privée d'un idéal sain, et la décadence de la civilisation occidentale eût été sans remède si des hommes nouveaux, tous guerriers valeureux, ne fussent venus régénérer le sang latin.

Dans l'époque moderne et l'époque contemporaine, il n'est pas une défaite d'une nation qui ne soit due à ses vices ou à ses fautes ; l'Irlande et la Pologne ont perdu leur indépendance, mais l'histoire nous apprend qu'avant leur disparition de la carte politique de l'Europe, elles ne donnaient que le spectacle de rois vicieux et indifférents au bien public, de chefs ignorants, d'individus divisés par leurs intérêts particuliers, aveuglés par l'égoïsme et incapables de s'unir pour défendre leur patrie et mériter ensemble de vivre en hommes libres.

Aujourd'hui encore, sous nos yeux, les victoires de la force ne sont que des victoires du progrès. Personne n'oserait prétendre que les Européens et les Anglo-Saxons ne sont pas très supérieurs à tous égards aux anthropophages d'Afrique et aux Indiens d'Amérique. Or, c'est seulement par la force, par la guerre, que la race blanche assure le triomphe de la civilisation sur ces derniers vestiges de la barbarie.

L'histoire nous montre donc que la préparation à la guerre et la guerre elle-même ont finalement exercé sur le progrès moral des nations et de l'humanité entière une influence toujours heureuse.

La guerre et la force n'assurent pas seulement la victoire de la civilisation la plus haute, dans la lutte des peuples, elles sont les moyens qu'emploie la nature pour réaliser le progrès universel. Lamarck, Geoffroy Saint-Hilaire, Darwin ont en effet montré que « de la guerre, de la famine et de la mort résulte directement l'état le plus admirable que nous puissions concevoir : la formation lente des êtres supérieurs ».

Il est donc manifeste que c'est une grande erreur de méconnaître à la force un caractère moral et d'opposer l'une à l'autre, ainsi qu'on le fait si souvent en France, la force et le droit, la justice et la force.

Nous venons de voir que, en fait, dans toute l'évolution universelle les triomphes du progrès ne sont que des triomphes de la force ; dans la vie sociale en particulier, les collectivités qui ont survécu sont les collectivités militairement, économiquement, intellectuellement et moralement les plus parfaites, les collectivités qui ont su le mieux, au moment opportun, resserrer le faisceau de toutes leurs forces et

donner à ce faisceau une puissance invincible ; elles
ont survécu parce que c'était justice, parce qu'elles
en avaient non pas la force mais le droit L'histoire
nous montre aussi que s'il n'y a jamais eu de droit
sans force, il n'y a jamais eu également de force
durable sans droit, et de droit véritable qui n'ait fini
par acquérir la force nécessaire pour triompher.
La force nous apparaît donc comme pouvant être
la justice et le droit eux-mêmes et non comme
étant l'antithèse de la justice et du droit.
Sans doute on ne peut affirmer que les triomphes
de la force ne sont toujours que des triomphes du
progrès, de la justice, du droit, et l'on a vu souvent,
quand le droit était sans force suffisante, la force
primer momentanément le droit.

Mais la conclusion à tirer de ce fait indéniable
n'est pas qu'il y a lieu d'opposer le droit, la justice
et la force ; la conclusion qui s'impose a été indiquée par Pascal : puisque la justice sans la force
est impuissante, il faut mettre ensemble la justice
et la force.

L'idéal germanique a donc une valeur morale incontestable ; les Allemands ont raison de voir dans
la suprématie d'une race, non pas le triomphe de
la force brutale, mais la récompense due aux individus les plus aptes et aux peuples les plus sains ;
ils ont raison de voir dans les destinées d'une nation
la conséquence logique de ce qu'elle vaut et de ce
qu'elle a préparé, soit par son énergie, soit par ses
défaillances.

Toutefois nous devons reconnaître que l'idéal de l'Allemagne n'est pas irréprochable, au point de vue philosophique et moral ; la domination des plus forts, la survivance des plus aptes, la guerre créent, en effet, aux faibles, et même à l'humanité entière, une destinée douloureuse. Mais si cet idéal ne satisfait ni la raison, ni la sensibilité de l'honnête homme, c'est parce qu'il est en harmonie avec les nécessités de la vie universelle et que les réalités de l'univers ne sont pas, elles-mêmes, en accord parfait avec tous les rêves de l'esprit et tous les désirs du cœur. Cet idéal ne nous satisfait pas parce que l'évolution universelle, si elle a des raisons d'être, a des raisons qui ni la raison ni le cœur de l'homme ne connaissent.

Tant qu'il ne sera pas donné aux hommes de pouvoir changer la nature des choses ; tant que la volonté de vivre tranquilles et la volonté de vivre seront inconciliables, il n'y aura qu'une morale possible pour les grands peuples qui ne voudront pas succomber dans la lutte universelle : celle de l'effort en vue d'avoir la Force.

Ainsi, la valeur pratique de l'idéal allemand est considérable et elle est bien supérieure à la valeur pratique des doctrines dites humanitaires ; la valeur morale de l'idéal allemand est, elle-même, indiscutable et au moins égale à la valeur morale de ces mêmes doctrines. Il en résulte que la valeur absolue de l'idéal allemand est bien supérieure à la valeur absolue des doctrines humanitaires.

Nous avons étudié les faits actuels et les formes latentes d'expansion que cet idéal a déjà produites, mais il est manifeste que la puissance totale d'expansion de l'Allemagne est supérieure à l'expansion déjà réalisée ou en voie de réalisation, et que cette doctrine sociale allemande, profondément enracinée dans l'âme germanique, en harmonie avec les lois du progrès et les principales lois morales, est susceptible d'engendrer les plus grandes révolutions politiques que l'histoire ait enregistrées.

Or, une force en action ne peut être neutralisée que par une force égale et directement opposée. Par suite, si les peuples menacés ne peuvent opposer, au cœur vaillant des Germains, que des cœurs faibles et des volontés incertaines, l'Allemagne réalisera à son tour le rêve de domination qu'avaient déjà réalisé les Romains, Charlemagne, Charles-Quint et Napoléon. Cette domination allemande serait d'autant plus redoutable que la race germanique jouit d'une volonté froide et persévérante plus susceptible d'assurer la persistance de sa suprématie que ne le fut, dans le passé, l'énergie héroïque, mais capricieuse et mal réglée des races latines.

Il importe donc, au plus haut degré, que les nations menacées prennent des mesures immédiates et énergiques, en vue de la résistance à l'expansion que le culte de la force et la Volonté de Puissance sont susceptibles de donner à la race germanique.

CONCLUSIONS

Nous voici arrivés au terme de notre étude sur l'expansion de l'Allemagne contemporaine, et sur les graves conséquences qu'elle peut engendrer.

Mais, la redoutable menace de cette expansion peut avoir également pour la France et pour tous les peuples menacés les plus heureux résultats, car cette menace est susceptible de stimuler au plus haut point les énergies nationales.

Les Allemands prétendent que tout réveil de la vitalité française est impossible et que notre pays est irrémédiablement entré dans la voie de la décadence. « Les nations sont comme les individus, disent-ils, elles ne sont pas faites pour rester éternellement jeunes et la France, née de longs siècles avant l'Empire des Hohenzollern, doit nécessairement disparaître avant lui ». Ces affirmations sont fausses. On a vu de très vieilles nations redevenir jeunes et puissantes : la Prusse, après Iéna, a fait Sedan. Elle a survécu à un long désastre parce qu'elle a eu la volonté de vivre ; puis, elle a triomphé dans des guerres terribles parce qu'elle a eu la volonté de vaincre.

Or, dans la vie humaine, la volonté des vieillards
ne rend pas la jeunesse ; la volonté d'un mourant
n'arrête pas la mort. On ne saurait donc prétendre
que la vie des nations est identique à la vie des
individus. Les hommes meurent quand leurs des-
tins sont accomplis ; les nations ne meurent que
lorsqu'elles n'ont plus une volonté de vivre suffisante. Si les individus qui forment un même peuple
s'appliquent avec une volonté ferme à transmettre
à leurs descendants une âme et un corps toujours
plus sains, toujours plus forts, ce peuple peut rester « éternellement jeune ».

La France survivra donc aussi longtemps qu'elle
aura la ferme volonté d'accroître ses vertus et sa
force, et elle survivra éternellement si cette volonté
est éternelle.

Nous ne rechercherons pas ici comment peut être
obtenu, selon nous, cet accroissement progressif de
l'aptitude à survivre. Nous dirons seulement que
l'augmentation de l'énergie vitale de la France aura
pour signe extérieur et pour mesure le développement de ses forces et de ses vertus militaires. Sous
le régime de la nation armée, celles-ci sont, en effet,
ainsi que nous l'avons démontré, la synthèse de toutes les autres vertus, la résultante de toutes les autres forces. Un peuple n'est supérieur au point de
vue militaire que parce qu'il est supérieur dans tous
les ordres de manifestations de la vie, et l'amoin-
drissement de la valeur d'une armée nationale prouve
que la valeur totale de la nation s'est elle-même

amoindrie, que cette nation est frappée à la source
profonde de sa vitalité.

Or, aux Allemands qui sourient au « crépuscule
de la France », nous pouvons répondre que notre
pays a fait preuve d'une incontestable jeunesse et
d'une incontestable vigueur intellectuelle depuis
trente ans. Au seul point de vue militaire, la France
a constamment devancé l'Allemagne en tout ce qui
regarde la tactique et l'armement de ses soldats, et,
depuis 1905, elle a donné le spectacle d'une magnifique résurrection de toutes les formes de l'énergie
nationale : cette résurrection a été précisément le
premier résultat des menaces réitérées de l'Allemagne contre la France à l'occasion des conflits dont
le Maroc avait été le prétexte et cet éclatant réveil
de nos énergies sommeillantes doit être pour nous
un réconfort.

Mais il serait dangereux de nous laisser vivre dans
un trop confiant optimisme.

En effet, la simple conservation de la puissance
française et à fortiori le développement de cette
puissance ne sont pas menacés seulement par l'expansion de l'Allemagne, ils sont aussi menacés par
des dangers non moins graves dont la cause première est au sein même de la nation. Il faut pour
pouvoir lutter victorieusement contre les dangers ex-
térieurs supprimer les dangers intérieurs, réorgani-
ser les forces de la France et donner à l'énergie nationale une orientation, un idéal conformes aux du-
res nécessités de la vie universelle.

Il ne faut pas laisser affaiblir dans les cœurs l'amour de la patrie et la volonté de l'effort solidaire de tous les Français en vue de s'entr'aider dans la lutte pour la vie ; ces sentiments ont assuré jusqu'à ce jour à la France l'existence, la puissance et le respect de tous les états ; si la propagande publique et occulte qui se poursuit en France pour affaiblir ces sources de vie n'était pas arrêtée, où est aujourd'hui un groupement national solide, il n'y aurait bientôt plus qu'une juxtaposition d'individus sans liens entre eux, souvent même hostiles, et le moindre effort d'un ennemi bien organisé suffirait à les asservir. Ce fut déjà l'anarchie latine qui, au Moyen-Age, permit à la race germanique de dépasser le Rhin et de déborder hors de son aire jusque dans les bassins de la Moselle, de la Meuse et du Pô. Ce sera encore à la faveur de nos divisions intestines que l'Allemagne essaiera de continuer, à nos dépens, son mouvement d'expansion ; si ces divisions persistent, la puissance et même l'existence de la France sont dans le plus grave péril. Un idéal commun, nous l'avons vu, donne une âme aux peuples ; quand l'idéal disparaît l'âme s'en va ; quand l'âme s'envole la mort vient.

Ce n'est pas seulement l'éducation patriotique, c'est aussi l'éducation politique de la France qui doit être profondément modifiée, de telle façon que l'intérêt national ne puisse jamais être sacrifié aux intérêts des partis et aux intérêts des individus. Nous ne saurions insister sur ce grave sujet et nous nous bornerons à reproduire ici ce qu'écrivait M. Poincaré avant son élection à la Présidence de la République sur la nécessité de cette rééducation : « Le danger est grand, fermer les yeux n'est pas le supprimer... Quand l'idée de faveur se substitue partout à l'idée de droit, quand l'autorité publique se discrédite elle-même, quand le gouvernement flotte au gré des influences parlementaires et se met à la remorque des circonstances, quand la souveraineté de la loi est perpétuellement ébranlée par les préoccupations électorales, la violence apparaît bientôt aux individus isolés ou groupés comme un recours naturel assuré de l'impunité et presque assuré de la victoire. Ce que la République a à refaire, c'est l'esprit national lui-même, qu'elle se hâte si elle ne veut pas que faute de savoir se plier aux disciplines nécessaires la France tombe un jour ou l'autre dans l'anarchie ou dans la servitude ».

Enfin le développement continu de la puissance militaire de la France est un devoir des plus impérieux. Ceux qui discutent ou méconnaissent ce devoir sont victimes de graves erreurs, de sophismes dangereux.

Ils croient que l'entretien des « armées de caserne » est inutile et que l'héroïsme au moment du danger suffit à donner la victoire ; or, l'héroïsme des soldats improvisés est toujours sans résultat pratique, la guerre de 1870 a été la dernière preuve que l'Histoire nous ait donnée de cette vérité expérimentale ; la force militaire des nations est la récom-

pense d'efforts persévérants et méthodiques accumulés de génération en génération et non le résultat d'efforts prodigués seulement au moment du danger
quelque grands et héroïques que soient ces efforts.

Ils croient que les milliards dépensés pour la défense nationale seraient bien mieux employés si on
les affectait aux réformes économiques et sociales ;
or, l'armée assure l'indépendance qui est la première
de toutes les richesses et sans l'armée les autres richesses auxquelles ils rêvent seraient sans utilité
pour leurs compatriotes et profiteraient exclusivement à leurs ennemis. Ils croient que l'existence des
armées est funeste à la puissance économique des
peuples ; or, les auteurs de la richesse nationale sont
aussi bien ceux qui la conservent et rendent sa création possible avec leur armes que ceux qui la créent
par leur travail. Ils prétendent que la France n'est
pas dans l'obligation d'augmenter ses forces militaires et que cet accroissement serait une provocation,
les forces de la Triple Entente étant supérieures à
celles de la Triple Alliance ; or, l'histoire nous apprend qu'il n'y a aucune alliance, aucune amitié qui
soit sûre, et que l'Angleterre en particulier a toujours abandonné ses amis quand cet abandon était
conforme à ses intérêts ; son premier ministre,
M. Chamberlain, n'a-t-il pas tenté vers 1900 de signer avec l'Allemagne une alliance dirigée contre
nous ? La diplomatie est capricieuse parce que les intérêts qui l'inspirent changent eux-mêmes tous les
jours, aussi la France ne doit-elle compter que sur

elle-même ; ses alliances et ses amitiés ne seront solides que si elle est capable de résister victorieusement toute seule ; les alliances ne vont qu'aux forts, les faibles n'obtiennent que des témoignages de neutralité et de dédain.

Ils croient que plus la France sera faible, plus elle sera pacifique, et moins ils seront exposés aux risques de guerre ; or, pour pouvoir faire de la politique pacifique, pour avoir la certitude de vivre dans la paix il faut être fort. Pour que la France ne se trouve pas en état de guerre, deux conditions sont nécessaires : il faut qu'elle n'impose pas la guerre à une autre nation, mais il faut aussi qu'aucune autre nation ne la lui impose, et c'est précisément la meilleure façon d'exposer à la guerre une nation qui possède des richeses immenses et les plus belles colonies du monde que de la rendre incapable de défendre son patrimoine : le jour où la France sera grevée d'une infériorité militaire certaine, l'Allemagne et toutes les autres puissances essaieront de lui imposer leur volonté, et de ces tentatives, de ces pressions naîtra inévitablement la guerre.

Ils trouvent le prix de la paix trop élevé ; or, il est bien moins coûteux d'empêcher la guerre en faisant les sacrifices nécessaires pour avoir une armée forte, que d'exciter par sa faiblesse et ses richesses le mépris, les outrages, les convoitises des nations rivales, et d'avoir à soutenir une guerre, fût-elle victorieuse ; le prix de la paix peut-être élevé, mais

une paix digne ne peut être garantie que par une
armée forte et une telle paix vaut mille fois ce prix.

Ils trouvent que la discipline militaire et le séjour
sous les drapeaux sont une trop grave atteinte à la
liberté ; or, ces sacrifices temporaires sont précisément la cause même de la liberté nationale. Aussi,
ne devons-nous regretter ni le temps ni l'argent que
nous coûtent notre sécurité et notre indépendance ;
si nous perdions cette indépendance, tel qui répu-
gne à coiffer le képi français aurait à porter le casque prussien sans manifester de répugnance, et nous
aurions tous beaucoup plus d'argent à payer et beaucoup plus de temps à perdre pour le seul profit de
nos vainqueurs ; si nous ne voulons pas servir notre
pays nous serons contraints de servir l'Allemagne ;
si nous ne voulons pas payer pour notre armée, les
Allemands nous prendront nos richesses et nous serons ensuite contraints de travailler pour payer la
leur. Il n'est pas d'autres termes au droit d'option
qui résulte pour nous de la nature des choses : si
nous refusons de payer le prix de la sécurité, nous
paierons bien plus cher le prix de la défaite ; si nous
refusons de payer le prix de la force, nous paierons
bien plus cher le prix de la faiblesse.

Sans doute, tous ces efforts nouveaux que nous
impose l'expansion germanique paraîtront douloureux aux esprits qui s'étaient laissé séduire par
l'idéal de la fraternité des hommes, par l'espoir
d'une vie « sans crainte ni inquiétude » sous le beau
ciel de France, par tous les rêves de justice, de

paix, d'amour, d'idéale volupté que poètes, philosophes et politiciens courtisans des foules naïves
ont célébré depuis l'origine du monde.

Mais ces créations de philosophes, de poètes, de
politiciens séducteurs, ne sont, elles aussi, que de
« vieilles chansons pour bercer la misère humaine »,
et il importe, au plus haut degré, que les Français
ne se laissent pas endormir par le rythme de ces
berceuses. Avant de philosopher et de rêver, il faut
vivre ; or vivre c'est combattre, et pour sortir vainqueur des combats de la vie il n'est qu'un moyen,
c'est d'être fort et de travailler chacun, sans relâche, au développement de sa force individuelle et
de la force de sa patrie.

Travailler en vue d'avoir la force, ce n'est pas, il
importe de le redire, travailler contre la justice,
contre le droit, contre l'idéal ; non seulement il n'y
a aucune opposition entre ces fins de l'activité, mais
souvent, nous l'avons montré, la force n'est que de
la justice, de la vertu, du droit accumulés, toujours
le droit, l'idéal sans la force sont impuissants et
toujours la force est nécessaire au triomphe de la
justice ; il est donc nécessaire de mettre ensemble
la justice et la force et de faire que ce qui paraît
juste soit **fort**.

TABLE DES MATIÈRES